H. Pudlatz

Einführung in die Programmiersprache Modula-2

Hilmar Pudlatz

Einführung in die Programmiersprache Modula-2

2., verbesserte Auflage

Friedr. Vieweg & Sohn   Braunschweig / Wiesbaden

1. Auflage 1988
2., verb. Auflage 1990

Der Verlag Vieweg ist ein Unternehmen der Verlagsgruppe Bertelsmann International.

Umschlaggestaltung: Peter Lenz, Wiesbaden

ISBN-13: 978-3-528-14582-8   e-ISBN-13: 978-3-322-84093-6
DOI: 10.1007/978-3-322-84093-6

Vorwort zur 1. Auflage

Das vorliegende Buch ist aus Vorlesungen über die Sprache Modula-2 entstanden, die ich am Rechenzentrum der Universität Münster gehalten habe.
Zweck war die allgemeine Einführung in die Methoden der Programmierung und
der Software-Technik am Beispiel einer modernen, kompakten und leistungsfä-
higen Programmiersprache. Die Absicht dieser Einführung liegt nicht so sehr in
einer systematischen Darstellung der Syntax der Sprache, sie folgt vielmehr
dem didaktischen Konzept des schrittweisen Heranführens des Lesers an deren
Benutzung unter Verwendung zahlreicher Beispielprogramme, bei deren
Zusammenstellung ich versucht habe, einen vernünftigen Kompromiß zwischen
dem nur für die jeweilige Erklärung Notwendigen und dem für die Darstellung
grundlegender Algorithmen Wünschenwerten zu finden.

Die meisten Programme wurden auf einem Rechner IBM 4381 unter dem
Betriebssystem VM/CMS mit der Version 2 der Waterloo-Implementierung gete-
stet, ein kleinerer Teil mit der Version 3 der LOGITECH-Implementierung auf
dem IBM-PC unter MS-DOS. Für die Benutzung des Buches sollte es uner-
heblich sein, welche Implementierung der Sprache verwendet wird. Wesentliche
Unterschiede werden sich erst im Kapitel 11 ergeben, wo auf die
implementationsspezifischen Eigenheiten näher eingegangen wird. Soweit
Unterschiede bei den verschiedenen Programmierumgebungen (Großrechner
oder Mikrocomputer) auftreten, wird im Text auf die Besonderheiten hingewiesen.

Das Buch soll den Leser in die Lage versetzen, im Selbststudium oder neben
einer Vorlesung die Benutzung der Programmiersprache zu erlernen, wobei ich
unterstelle, daß er die Möglichkeit hat und auch intensiv nutzt, eigene kleine
Programme auf einem Rechner zu testen, um so im Dialog mit dem Rechner
als einem geduldigen Trainingspartner durch gemachte und korrigierte Fehler
(„trial and error") sich den vollen Umfang der Sprache zu erarbeiten. Hierfür
seien auch die ab dem 2. Kapitel jedem Kapitel mitgegebenen Übungsaufgaben
empfohlen.

Münster, im Mai 1988   H.P.

Vorwort zur 2. Auflage

In der Neuauflage habe ich mich auf die Korrektur von typographischen Fehlern und kleinere redaktionelle Verbesserungen beschränkt. Auf die Aufnahme von Lösungen zu den Übungsaufgaben habe ich aus den schon in der ersten Auflage genannten Gründen verzichtet. Die Notwendigkeit, in relativ kurzer Zeit eine neue Auflage vorzubereiten, bestätigt zudem das Konzept des Buches hinsichtlich der Ausgewogenheit von Text- und Programmteil.

Münster, im März 1990   H.P.

INHALT

1   EINLEITUNG

1.1   Aufbau eines Rechners

Einen Rechner haben wir uns als ein universell einsetzbares Gerät vorzustellen, das durch ein in ihm gespeichertes Programm zu einer Maschine für einen bestimmten Zweck wird. Im Unterschied zu einer Waschmaschine, die ja auch über ein „Programm" verfügt, das die unterschiedlichsten Funktionen veranlaßt, wie „Wasser einlassen", „Vorwaschmittel einspülen", „5 Minuten rotieren", „Wasser abpumpen", „Schleudergang einschalten" etc., ist das Programm in einem Rechner nicht fest eingebaut, sondern dieser kann durch Einlesen und Abspeichern („Laden") eines bestimmten Programms für die verschiedensten Zwecke „programmiert" werden.

In einem modernen Computer läuft nun nicht nur ein Programm ab, sondern er ist in der Lage, mehrere Programme gleichzeitig oder fast gleichzeitig ablaufen zu lassen („Time sharing"). Einige dieser Programme sind für die richtige Funktion des Computers erforderlich und steuern die unterschiedlichsten Abläufe, wie die Bedienung der sogenannten peripheren Einheiten (Plattenlaufwerke, Leser, Drucker, Geräte zur Datenfernverabeitung, Bildschirmterminals usw.), die Aufteilung der verschiedenen Ressourcen des Computers (Hauptspeicher, zentrales Rechenwerk usw.) unter den gleichzeitig an ihm arbeitenden Benutzern, ferner allgemein benötigte Programme, wie Programme zur Datenmanipulation, -umwandlung, -speicherung und -wiederauffindung, und die Übersetzerprogramme für die verschiedenen Programmiersprachen. All diese Programme bilden das „Betriebssystem", ohne das der Computer ein funktionsunfähiger Haufen Schrott wäre.

Für unsere Zwecke soll die folgende Sichtweise eines Computers ausreichen: er enthält eine zentrale Verarbeitungseinheit und periphere Geräte, wie das Terminal (Tastatur und Bildschirm), eine oder mehrere Magnetplatten zur Speicherung von Daten, einen Drucker und einen Leser[1]. Die Realisierung dieses idealisierten Computers ist auf dem jeweils real zur Verfügung stehenden Computer von Fall zu Fall unterschiedlich und muß im Einzelfall erfragt werden. (Dieses Buch soll keine Anleitung zur Benutzung eines bestimmten Computers sein!)

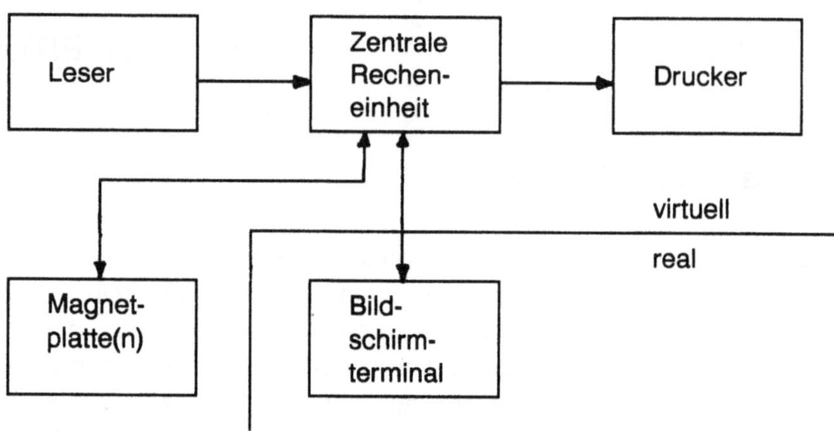

Häufig ist das Bildschirmterminal das einzige, was der Benutzer von dem Computer, an dem er arbeitet, zu sehen bekommt, während die übrigen Komponenten „virtualisiert" sind, d.h. sie werden vom Betriebssystem des Rechners für jeden einzelnen Benutzer nachgebildet in Gestalt von Magnetplattenbereichen für die anderen peripheren Einheiten und durch kurzzeitige Bereitstellung der zentralen Recheneinheit reihum an alle Benutzer.

Das Bildschirmterminal kann in einigen Fällen (z.B. bei Mikrocomputern) die Funktionen von Leser und Drucker übernehmen. Der doppelt gerichtete Pfeil soll hier die beiden Richtungen des Datenflusses zwischen Terminal und Zentraleinheit zum Ausdruck bringen. Tatsächlich kann man in vielen Fällen auf einen Leser und/oder Drucker verzichten. Oft übernimmt nämlich das Terminal die Funktion der Eingabeeinheit, wobei die Datenhaltung direkt im Computer auf den verfügbaren Magnetplatten erfolgt, so daß das Einschleusen von Programmen und Daten in den Rechner letztlich mit Hilfe der Magnetplattenperipherie abgewickelt wird. Natürlich will man gelegentlich auch Programm- und Ergebnislisten mit nach Hause nehmen. Dann ist ein Drucker unentbehrlich.

---

[1] früher „Lochkartenleser" genannt, weil Programme und zu verarbeitende Daten von Lochkarten eingelesen wurden. Eine Lochkarte konnte jeweils eine Textzeile von bis zu 80 Zeichen Länge aufnehmen, eine Längeneinheit, die sich noch heute in der Zeilenbreite der meist verwendeten Bildschirmterminals wiederfindet.

1.2 Programmierung

Wie schon erwähnt, wird das „Allzweckgerät Computer" durch ein **Programm** zu einer Spezialmaschine für die Lösung eines bestimmten Problems. Die Konstruktion eines Programms ist daher der Konstruktion einer neuen Maschine vergleichbar, die ingenieurmäßiges, d.h. präzises Vorgehen erfordert. Man spricht im englischen Sprachraum daher auch von „Software Engineering". Wie der Ingenieur von einer zunächst groben Vorstellung der Wirkungsweise über mehrere Zwischenschritte zur Detailzeichnung einer neuen Maschine gelangt, muß man sich auch die Einzelschritte bis zur Fertigstellung eines fehlerfrei funktionierenden Programms vorstellen, von denen weiter unten die Rede sein wird.

Die Programmierung einer Maschine kann man grob skizzieren als die Angabe einer Folge von Schalterfunktionen (Ein- bzw. Ausschalten gewisser Komponenten) oder abstrakt gesprochen als Folge von Werten „0" oder „1"[2]. In der Tat liegt ein Programm intern als eine endliche Folge von Nullen und Einsen („Maschinenprogramm") in einem Rechner vor. Ein Programm nun aber in dieser Form zu entwerfen, würde selbst bei kleinen Problemstellungen die Konzentration des Programmierers überfordern. Deshalb ist es notwendig, ein Verfahren zur Lösung eines bestimmten Problems (in der Mathematik sagt man dazu „Algorithmus") auf einem höheren Abstraktionsniveau formulieren zu können, einem Niveau also, bei dem von der maschinennahen Interpretation und Realisierung abstrahiert wird. Da die Interpretation eines solchen Abstraktionsschemas später dem Rechner selbst überlassen werden soll, ist es erforderlich, sich bei dessen Formulierung einer präzisen, formalen Notation zu bedienen. Diese formale Notation nennt man eine **Programmiersprache**.

Da eine Programmiersprache nicht Selbstzweck ist, sondern in ihr geschriebene Programme letztlich auf einem Rechner ablaufen sollen, gehört zu ihr stets mindestens eine Betriebssystemkomponente, die es erlaubt, in dieser Programmiersprache geschriebene Programme in die „Maschinensprache" des jeweiligen Computers zu übersetzen. Solche Übersetzungsprogramme nennt man **Compiler**. Üblicherweise gehört zur Realisierung einer Programmiersprache auf einem Rechner u.a. noch die Bereitstellung eines sogenannten **Laufzeitsystems**. Das ist eine bestimmte Umgebung für das ablaufende Maschinenprogramm, die oft gebrauchte und daher nicht immer wieder neu zu übersetzende Hilfsroutinen (z.B. zur Berechnung der Sinus-Funktion), aber auch Routinen zur Fehlerbehandlung während des Programmablaufs enthält.

---

[2] Dies sind die kleinsten Einheiten der Informationsspeicherung, die man BIT („BInary digiT") nennt. Eine Folge von 8 Bits heißt BYTE. Analog der Bildung „km" aus „m" nennt man 1024 Byte ein „Kilobyte (KB)". Man mißt die Speicherkapazität von Rechnern und externen Speichern in KB, MB und GB (Megabyte, Gigabyte).

1.3   Entwicklung der Programmiersprachen bis Modula

Bereits seit den Anfängen in der Entwicklung automatischer, d.h. elektrischer und schließlich elektronischer Rechenanlagen (K. Zuse 1936, H. Aiken 1946) datieren die Versuche, mittels künstlicher Sprachen die Kommunikation mit diesen Geräten zu vereinfachen und damit einem größeren Publikum zugänglich zu machen. Ihre Zahl ist heute kaum noch überschaubar und hat sogar die Anzahl natürlicher Sprachen auf unserem Globus übertroffen, galt es doch bisweilen als schick, daß jeder Informatiker, der etwas auf sich hielt, seine eigene Programmiersprache entwarf.

Im praktischen Gebrauch befinden sich heute jedoch nur wenige Sprachen, die meist von den Anfängen der Entwicklung der Programmiersprachen überkommen sind (Assembler, FORTRAN, COBOL, Pearl, LISP u.a.). Keiner dieser gängigen Computersprachen ist es gelungen, den Rang einer „Weltsprache", also einer universellen, für alle Anwendungen brauchbaren und gleichzeitig weithin akzeptierten Sprache zu erreichen. Eine universelle Sprache der erstgenannten Art (die omnipotente Sprache) hat immer die Tendenz, schwer erlernbar und schwer handhabbar zu sein. Sie ist also fast zwangsläufig eine Sprache geringer Akzeptanz. Umgekehrt sind leicht zu erlernende Sprachen meist weniger leistungsfähig. Beispiele für beide Arten hat es in der Entwicklung der Programmiersprachen genügend gegeben.

Eine gewisse Lebendigkeit in der Entwicklung neuer Programmiersprachen herrscht bei einer Familie von Sprachen, deren Urahn die Sprache Algol60 ist. Hier ist es der glücklichen Hand eines Computerwissenschaftlers (N. Wirth) zu danken, daß einfache und dennoch mächtige Programmierwerkzeuge entstanden sind wie Algol W, Pascal und schließlich Modula-2, bei der der oben postulierte Antagonismus von Omnipotenz und Akzeptanz aufgehoben scheint.

Die Sprache Pascal z.B., die von Wirth als reine Lernsprache konzipiert war, drang schnell in die technisch-wissenschaftliche und sogar kaufmännische Programmierpraxis vor, Bereiche, für die sie ursprünglich nicht gedacht war. Hier zeigten sich dann auch bald gewisse unausbleibliche Schwächen, denen Wirth durch die Vorstellung der Sprache Modula-2 begegnete.

Modula-2[3] basiert konzeptionell auf der Sprache Pascal und einer experimentellen Sprache Modula, in der modulare Programmierung und asynchrone Programmstrukturen („multiprogramming") vorhanden waren. Zur Unterstützung einer stärkeren Akzeptanz, die sie verdient, hätte sie vielleicht besser „Pascal-2" heißen können. Dies hätte aber möglicherweise den Eindruck einer

---

3   Niklaus Wirth: Programming in Modula-2. Third, Corrected Edition, Springer 1985

Aufwärtskompatibilität verschiedener Sprachversionen erweckt, wie sie etwa bei der Sprache FORTRAN eingehalten wurde. Modula-2 hingegen hat eine gegenüber Pascal geänderte Syntax der sprachlichen Grundstrukturen, die eine Aufwärtskompatibilität von Pascal in Richtung Modula-2 ausschließt. Hingegen gibt es Bestrebungen von Anbietern von Modula-2-Systemen, durch Umsetzungsprogramme von Pascal nach Modula-2 Pascal-Benutzern den Übergang auf diese mächtigere Sprache zu erleichtern.

Eine Bemerkung am Schluß dieses Abschnitts: Da die Vorläufersprache Modula über eine lokale Bedeutung nicht hinausgekommen ist und auch dort von Modula-2 abgelöst wurde, scheint mir die bereits in der Überschrift benutzte Kurzform „Modula", die auch von Wirth vorgeschlagen wird, legitim.

1.4   Schritte bei der Programmentwicklung

Bevor von grundauf die Bestandteile der Modula-Sprache und damit die ersten Programme vorgestellt werden, soll der Prozeß der Programmentwicklung näher betrachtet werden. In den seltensten Fällen wird auch ein erfahrener Programmierer ein Programm sofort in sein Bildschirmterminal eintippen, wenn es sich nicht gerade um eine wirklich triviale Aufgabe handelt. Zur Programmierung gehören i.a. folgende Phasen:

- Problemanalyse

- Algorithmisierung der einzelnen Teilschritte

- Auswahl einer geeigneten Programmiersprache

- Kodierung in dieser Programmiersprache

- Syntaxtest

- Programmverifikation

- Dokumentation

- Installation

- Produktion

Der Analyse eines Problems bezüglich seiner computergerechten Aufbereitung sollte die Überlegung vorangestellt werden, ob das betreffende Problem überhaupt sinnvoll von einem Computer gelöst werden sollte, bzw. ob eine Lösung des Problems überhaupt mit dem Computer möglich ist, und wenn ja, ob er in der Lage ist, in vernünftiger Zeit die gestellte Aufgabe zu bearbeiten. Diese Überlegung setzt einiges an Erfahrung im Umgang mit dem Problemlösen mit

Computern voraus. Zu Beginn einer Laufbahn als Computerfachmann können Sie also nur hoffen, daß Ihnen nur Aufgaben gestellt werden, bei denen diese anfänglichen Fragen positiv beantwortet werden konnten.

Die Problemanalyse erfordert eine computergerechte Aufbereitung des Problems, die eine Zerlegung in Einzelschritte in zeitlich-logischer Reihenfolge beinhaltet. Sie muß die Struktur der Eingabedaten und die Art und den Umfang der gewünschten Ergebnisse bereits in dieser Phase festlegen.

Unter Algorithmisierung eines Problems versteht man die Bereitstellung eines Lösungsverfahrens (Algorithmus), das im einfachsten Falle darin besteht, ein bekanntes, bereits als Programmbaustein vorliegendes Verfahren aus einer schriftlich oder maschinengerecht fixierten Programmbibliothek zu übernehmen bzw. umzusetzen. Im ungünstigen Fall wird man sich ein solches Verfahren selbst überlegen müssen, was recht zeitaufwendig sein kann, aber doch zu den am meisten befriedigenden Aspekten der Programmentwicklung gehört.

Die Algorithmisierung hängt davon ab, welche Struktur der Eingabedaten vorliegt, etwa ob sie der Größe nach sortiert sind oder nicht. Liegen die Eingabedaten noch nicht vor, so hat man an dieser Stelle noch die Möglichkeit, Einfluß auf die für die Problemlösung geeignetste Struktur der Eingabedaten zu nehmen.

Die Auswahl einer geeigneten Programmiersprache kann u.U. eine wichtige Teilaufgabe sein. Die meisten der sogenannten höheren Programmiersprachen, zu denen auch Modula zählt, sind problemorientiert, d.h. für die unterschiedlichsten Probleme mehr oder weniger gut geeignet. In unserem Falle werden wir die Beispiele natürlich so wählen, daß sie sich einer Bearbeitung mit Modula nicht entziehen.

Die Umsetzung des Lösungsverfahrens in die gewählte Programmiersprache – das eigentliche Programmieren also – erfordert natürlich eine gute Kenntnis der benötigten sprachlichen Ausdrucksmittel. Häufig hat man hier die Wahl zwischen verschiedenen Möglichkeiten, da auch in einer Programmiersprache eine gewisse wünschenswerte Redundanz steckt. Dabei stellt sich oft heraus, daß die Verwendung eines bestimmten sprachlichen Konstruktes die Lesbarkeit erheblich steigern kann (ein nicht zu unterschätzender Aspekt der Wartbarkeit von Programmen), während die Verwendung anderer Ausdrucksformen innerhalb derselben Sprache einen wesentlich schnelleren Programmcode erzeugen kann, was bei langlaufenden („teuren") Produktionsprogrammen sehr wichtig ist.

Liegt ein Programm erst einmal in maschinengerechter Form vor, so wird man es probehalber durch den Compiler übersetzen lassen, um Verstöße gegen die Logik der Programmiersprache zu überprüfen. Meist wird es sich hier um

Schreibfehler bei der Kodierung handeln. Der Compiler erkennt jeden solchen Verstoß und gibt kommentierte Fehlermeldungen aus, die die Stelle des Fehlers im Programm und dessen Art näher beschreiben.

Unter Programmverifikation versteht man einen semantischen Programmtest am Schreibtisch, der in der Praxis so aussieht, daß für alle denkbaren Eingaben in ein Programm die richtige Funktion des Programms überprüft wird (Beweisen der Korrektheit eines Programms). Dies kann für nicht ganz triviale Programme ein durchaus kompliziertes Unterfangen sein, weshalb es oft unterbleibt. Stattdessen begnügt man sich oft mit der Auswahl einer größeren Anzahl signifikanter Eingabedatensätze und der Überprüfung der Richtigkeit der Programmfunktionen für diese Daten.

Die Installation eines Programms, d.h. die Einrichtung für einen bestimmten Rechner kann wiederum neue Probleme aufwerfen. So ist die Anpassung an eine vorgegebene Speichergröße oder an Schnittstellen zu verschiedenen Ein-/Ausgabegeräten zu beachten. Oft ist eine Umprogrammierung erforderlich, wenn es hier zu Unverträglichkeiten kommt, der Vorgang des Programmierens muß dann in unserer Übersicht einen oder mehrere Punkte davor wieder neu einsetzen. Dieses zyklische Verfahren kann bei jedem der zuvor genannten Punkte erforderlich sein, so daß die Entwicklung eines Programms sich mitunter (oft unvorhergesehenerweise) in die Länge ziehen kann.

Der letzte Punkt, die Produktion, ist das Ziel eines jeden Programms, in dem es seine Funktionsfähigkeit, ein gutes Laufzeitverhalten bei Vorliegen der Produktionsdaten, Benutzerfreundlichkeit (bei der Benutzung durch andere als den Programmentwickler) und vieles mehr unter Beweis stellen muß. Mitunter ergeben sich noch hier Anforderungen an das Programm, die zu einer Änderung an vorhergegangener Stelle innerhalb des obigen Schemas führen kann.

Bereits angedeutet wurde die Möglichkeit, daß während der Lebensdauer, also der Zeit vom Entwurf bis zur „Verschrottung" eines Programms der Wunsch nach Veränderung auftreten kann. Hier ist eine saubere Programmierung und die Dokumentation von größter Wichtigkeit, damit nicht nur der Programmierer selbst, sondern auch ein möglicher Nachfolger in der Wartung des Programms in kurzer Zeit die Übersicht über die Programmfunktionen wiedererlangt.

2 GRUNDBEGRIFFE DER PROGRAMMIERUNG

2.1 Ein Beispiel

Wir wollen mit einem einfachen Beispiel beginnen, das sich bezüglich der eben postulierten Aufteilung des Programmiervorgangs recht elementar darstellt: In einem Programm soll die Summe der Zahlen 17 und 4 gebildet und ausgegeben werden. Die Problemanalyse und die Algorithmisierung sind hier trivial, so daß sofort die Realisierung in der Sprache Modula angegeben werden kann:

```
 1   MODULE Summe;
 2      FROM InOut IMPORT WriteInt, WriteLn;
 3      VAR  A, B, C: INTEGER;
 4   BEGIN
 5      A := 17;
 6      B := 4;
 7      C := A + B;
 8      WriteInt(C, 4);
 9      WriteLn
10   END Summe.
```

Die Numerierung der Zeilen ist links vom Programmtext so wiedergegeben, wie sie im Ausgabeprotokoll eines Compilers erfolgt. Sie gehört nicht zum Modula-Programm und dient hier und im folgenden nur zur Orientierung.

Wir stellen fest, daß das Programm durch das Wort MODULE eingeleitet wird, auf das ein von uns frei gewählter Programmname („Summe") folgt. Die Zeile wird durch ein Semikolon abgeschlossen. Am Ende des Programms steht das Wort END, gefolgt vom selben Programmnamen und einem Punkt. Dies ist zwingend vorgeschrieben. Ein Deklarationsteil (Zeilen 2 und 3) wird vom eigentlichen Programmrumpf (Zeilen 5 bis 9) durch das Wort BEGIN abgetrennt.

Im Deklarationsteil kann man ablesen, was mit dem im Programmrumpf angegebenen Bezeichnungen (WriteInt, WriteLn bzw. A, B und C) gemeint ist: Die unterschiedliche Form der beiden Zeilen läßt vermuten, daß es sich bei den

Benennungen um qualitativ verschiedene Angaben handelt. Die mit dem Wort FROM beginnende Zeile besagt, daß aus der Bibliothek „InOut" die Prozeduren WriteInt und WriteLn in das Programm importiert werden sollen. Sie dienen der Ausgabe von Ergebnissen und werden unten beschrieben. Die Deklaration in Zeile 3 besagt, daß die Namen A, B und C (die hier frei gewählt wurden und z.B. auch Summand1, Summand2 und Summe heißen könnten) die Speicherplätze für drei ganze Zahlen (englisch: INTEGER) bezeichnen. Da von vornherein nicht feststeht, welche Zahlen die so benannten Speicherplätze aufnehmen sollen, und diese im Programmablauf auch unterschiedlich sein können, sprechen wir hier von der Deklaration von Variablen (VAR).

Der auf das Wort BEGIN folgende Programmrumpf enthält nun die vom Programm durchzuführenden Aktionen, die **Anweisungen**. Die ersten drei Anweisungen (Zeilen 5 bis 7) haben eine einheitliche Form, es handelt sich hierbei um Wertzuweisungen an die Variablen A, B und C. Der Zuweisungsoperator : = entsteht durch das unmittelbare Aneinanderfügen der Zeichen Doppelpunkt und Gleichheitszeichen. Links vom Zuweisungsoperator steht eine Variable, der der rechts vom Zuweisungsoperator stehende Wert zugewiesen werden soll. Dies kann eine Konstante (Zeilen 5 und 6), der aktuelle Wert einer Variablen oder ein Ausdruck sein, dessen Wert erst bestimmt werden muß. (In Zeile 7 wird die Summe der in den Variablen A und B gespeicherten Werte berechnet.)

Wichtig ist, daß die in der Deklaration als ganzzahlig bezeichneten Variablen auch ganzzahlige Werte erhalten, daß also insbesondere in einem Ausdruck wieder ein ganzzahliger Wert berechnet wird. Denn nur ganzzahlige Werte können auf einen als ganzzahlig (INTEGER) deklarierten Speicherplatz zugewiesen werden. Modula prüft schon während der Übersetzung, ob rechts vom Zuweisungsoperator ein gültiger Ausdruck steht, d.h. ob dessen Typ mit der Deklaration der links vom Zuweisungszeichen stehenden Variablen übereinstimmt. Diese Übereinstimmung ist nämlich auch gegeben bei Ausdrücken, in denen außer der Addition noch die Subtraktion (A – B) oder die Multiplikation (A∗B) vorkommen. Die Division führt i.a. aus dem Bereich der ganzen Zahlen heraus, weswegen sie in Modula anders behandelt wird (wir werden bald darauf zurückkommen).

In Zeile 8 wird der Wert der Variablen C ausgegeben. Der Befehl WriteInt dient ausschließlich der Ausgabe ganzer Zahlen. Genauer gesagt handelt es sich bei WriteInt um die Bezeichnung eines vorgefertigten Programmstücks, einer Prozedur aus der Prozedurbibliothek InOut, in der verschiedene Prozeduren enthalten sind, die die Eingabe von Werten in das Programm (Input) bzw. die Ausgabe von Ergebnissen auf den Bildschirm oder den Drucker (Output) besorgen.

WriteInt erwartet zwei durch Komma getrennte Angaben, nämlich die auszugebende Größe selbst und eine Angabe darüber, wie diese dargestellt werden soll.

Die Zahl 4 bedeutet dabei, daß die Zahlen jeweils in einem Feld der Länge 4 ausgegeben werden sollen und zwar so, daß die Einerziffer der auszugebenden Zahl in der am weitesten rechts stehenden Feldposition ausgegeben wird, wir sprechen von einer **rechtsbündigen** Ausgabe. Hat die Zahl weniger Stellen, als die Feldlänge (hier: 4) angibt, so werden links Leerstellen vorangestellt (wir benutzen gelegentlich auch die englische Bezeichnung „Blank" für Leerstelle, weil's eben kürzer ist).

Die Prozedur WriteLn sorgt für den Abschluß der Ausgabe in der jeweiligen Ausgabezeile („Line"). Da die Ausgabe auf zeilenorientierten Ausgabemedien erst dann erfolgt, wenn die Zeile voll ist oder vorzeitig für voll erklärt wird, was durch WriteLn geschieht, sieht man nichts auf dem Bildschirm, bevor nicht die Prozedur WriteLn ausgeführt wird. Anders gesagt, wenn WriteLn vergessen wurde, hört das Programm auf, ohne daß Sie eine Ausgabe zu sehen bekommen.   Sobald unser kleines Programm aber seine Ausführung beendet hat, sehen wir auf dem Bildschirm als Ergebnis der Rechnung die Zahl 21. Beachten Sie bitte, daß die Zahl rechtsbündig in einem Feld mit vier Stellen steht (vor der Zahl stehen zwei Blanks).

2.2   Namen und Schlüsselwörter

Schauen wir uns den Programmrumpf noch einmal genau an, so stellen wir fest, daß außer den Konstanten 17 und 4 und gewissen Sonderzeichen keine anderen Benennungen im Programmrumpf vorkommen, die nicht im Deklarationsteil (in den Zeilen 2 und 3) erwähnt wurden. Dies ist kein Zufall, sondern eine Notwendigkeit: wenn eine Bezeichnung im Programmrumpf vorkommt, die nicht vorher erklärt wurde, so liegt ein Fehler vor. Modula verlangt nämlich die Deklaration aller im Programm verwendeten Namen.

Wie jede Sprache hat auch eine Programmiersprache einen gewissen Wortschatz, bei dem jedes einzelne Wort eine feststehende Bedeutung hat. Solche Wörter mit feststehender Bedeutung nennen wir **Schlüsselwörter**. Wir haben oben schon einige kennengelernt: MODULE, FROM, IMPORT, VAR, BEGIN, END. Schlüsselwörter dürfen nur in der für sie reservierten Bedeutung verwendet werden, insbesondere sind sie nicht als Variablennamen zulässig.

Um von vornherein festzulegen, welche Bezeichnungen als selbstgewählte Namen unzulässig sind – weil sie eben Schlüsselwörter sind – sei vorab der ganze „**Wortschatz**" von **Modula** vorgestellt:

AND	ELSIF	LOOP	REPEAT
ARRAY	END	MOD	RETURN
BEGIN	EXIT	MODULE	SET
BY	EXPORT	NOT	THEN
CASE	FOR	OF	TO
CONST	FROM	OR	TYPE
DEFINITION	IF	POINTER	UNTIL
DIV	IMPLEMENTATION	PROCEDURE	VAR
DO	IMPORT	QUALIFIED	WHILE
ELSE	IN	RECORD	WITH

Diese 40 Wörter sind nur in der angegebenen Schreibweise als Schlüsselwörter der Sprache Modula anzusehen. Werden die Wörter jedoch teilweise oder ganz kleingeschrieben, so dürfen sie durchaus zur Bezeichnung von Variablen verwendet werden.

Sinnvolle Konstruktionen mit Elementen einer Sprache entstehen nur dann, wenn man sich an deren Grammatik (Syntax) hält. Im Gegensatz zur natürlichen Sprache gelten bei einer Programmiersprache sehr strenge Regeln. So ist in Modula genau festgelegt, wie gültige Bezeichnungen für Namen gebildet werden: Ein Name muß mit einem Buchstaben beginnen, wobei Groß- und Kleinbuchstaben als verschieden gelten. Auf den ersten Buchstaben dürfen weitere Buchstaben oder Ziffern (0 bis 9) folgen. Die Verwendung anderer Zeichen (auch von Blanks) in Namen gilt als Fehler.

Es ist zu beachten, daß in dieser Definition keine Einschränkung bezüglich der Länge von Namen enthalten ist. Sie dürfen also beliebig lang sein. Faktisch wird jede Implementierung der Sprache Modula (d.h. jede Realisierung für einen bestimmten Rechnertyp) hier eine obere Grenze für die erlaubte Länge von Namen setzen, etwa die Länge einer Bildschirmzeile. Diese Regelung gehört aber in den Bereich der Semantik[4] einer bestimmten Programmiersprache bzw. zur Pragmatik der jeweiligen Implementierung.

---

4   Die Semantik definiert die Bedeutung bestimmter Sprachregeln, in der auch Einschränkungen im Gebrauch festgelegt werden. Sie gehört zusammen mit der Syntax zur vollständigen Beschreibung einer Programmiersprache.

2.3 Die Datentypen INTEGER und CARDINAL

In unserem ersten kleinen Programmbeispiel haben wir eine Bezeichnung vorerst ausgeklammert: INTEGER. Sie zählt nicht zu den Schlüsselwörtern. Folglich ist INTEGER ein Name und zwar der Name eines Datentyps. Das einmalige Vorkommen dieser Bezeichnung scheint zunächst der Regel zu widersprechen, daß in Modula-Programmen alle Bezeichnungen, die nicht Schlüsselwörter sind, deklariert werden müssen. INTEGER gehört aber zu denjenigen Bezeichnungen in Modula, die nicht explizit deklariert werden, weil sie implizit deklariert sind. Da sie auf der Ebene von Benennungen anzusiedeln sind, wie etwa ABS als Name der Funktion, die den Absolutwert einer Zahl bestimmt und die in Modula ebenfalls implizit deklariert ist, kommt ihnen hier eine Sonderrolle zu. Sie dürfen sehr wohl mit einer anderen Bedeutung deklariert werden. Dann steht aber die alte Bedeutung nicht mehr zur Verfügung. Hat man z.B. ABS als INTEGER-Variable deklariert, so kann man im gleichen Zusammenhang die Funktion ABS nicht mehr verwenden.

Vorab sei eine Zusammenstellung derjenigen Namen gegeben, die intern mit einer bestimmten Bedeutung deklariert sind. Um Kollisionen mit der vordeklarierten Bedeutung zu vermeiden, sollte man diese Namen möglichst nicht in anderer Bedeutung verwenden:

ABS	DEC	INCL	SIZE
BITSET	EXCL	INTEGER	TRUE
BOOLEAN	FALSE	NIL	TRUNC
CAP	FLOAT	ODD	VAL
CARDINAL	HALT	ORD	
CHAR	HIGH	PROC	
CHR	INC	REAL	

Die Tabelle enthält Bezeichnungen von Typen, Funktionen, Prozeduren und Konstanten, auf die zu gegebener Zeit zurückzukommen sein wird.

Was aber sind nun Variablen vom Typ INTEGER? Hier sollen einige Erläuterungen zur Syntax und Semantik gegeben werden. Zuvor wollen wir uns aber mit einem Formalismus zur Beschreibung der Syntax einer Sprache vertraut machen, der sogenannten EBNF („Extended Backus Naur Form"): Die allgemeine Form einer Syntaxregel in der EBNF ist

```
Begriff = Syntaxregel
```

Hier kann **Syntaxregel** für ein „Terminalsymbol" stehen, das ist eine Zeichenkette, die für sich steht, also nicht weiter erklärt zu werden braucht. Ein Terminalsymbol wollen wir in dieser Erklärung in einfache oder doppelte Apostrophe
einschließen oder vollständig in Großbuchstaben schreiben. Ein Beispiel:

```
Zuweisungsoperator = ":="
```

Das Terminalsymbol := bezeichnet sich selbst und bedarf keiner weiteren
Erklärung. Durch die obige Regel ist also erklärt, wie ein Zuweisungsoperator
in Modula aussieht.

Hier sollen alle Bildungsregeln der EBNF zusammengestellt werden, die wir für
die Beschreibung der Syntax von Modula benötigen:

```
Begriff   =   Terminalsymbol         (1)
Begriff   =   Begriff1               (2)
Begriff   =   Begriff1 Begriff2      (3)
Begriff   =   Begriff1 | Begriff2    (4)
Begriff   =   [ Begriff1 ]           (5)
Begriff   =   { Begriff1 }           (6)
```

Ein Begriff kann wiederum durch einen anderen Begriff[5] erklärt werden (2), er
kann durch einfache Aneinanderreihung zweier Begriffe beschrieben werden
(3). Dieser Fall möge durch ein einfaches Beispiel aus der Sprachbeschreibung
von Modula erläutert werden: Eine **Zuweisung** wird definiert durch die Aneinanderreihung eines Variablennamens (hier allgemeiner „Bezeichner" genannt,
was später genauer zu erklären sein wird) mit dem Zuweisungsoperator und
einem Ausdruck, dessen Wert zu bestimmen ist.

```
Zuweisung      = Bezeichner ":=" Ausdruck
```

Ein Begriff kann dadurch erklärt werden, daß für seine Bildung eine Auswahl
unter zwei oder mehr Alternativen zulässig ist (4), der senkrechte Strich ist als
„oder" zu lesen. Die Regel

```
Begriff = (Ha | He)(ger | gel)
```

---

[5] Zur Unterscheidung bezeichnen wir weitere Begriffe mit „Begriff1" und „Begriff2"

erlaubt die Bildung der vier Begriffe Hager, Hagel, Heger und Hegel (die Klammerung ist hier notwendig, um anzuzeigen, wieweit die Alternativen sich erstrecken sollen und was miteinander zu verketten ist.

Schließlich besagt die Bildungsregel (5), daß der erklärende Begriff, der meist in anderem Kontext steht, auch entfallen kann, während durch die Regel (6) festgelegt wird, daß ein Begriff keinmal oder beliebig oft hintereinander angegeben werden kann.

Im folgenden soll gezeigt werden, wie ein Name in der EBNF-Schreibweise beschrieben werden kann:

```
Name          = Buchstabe { Buchstabe | Ziffer }
```

Hierbei sei „Buchstabe" selbsterklärend. Wir könnten aber auch alle 52 Groß- und Kleinbuchstaben als Terminalsymbole hinschreiben, jeweils durch ein |-Zeichen getrennt. Bei den Ziffern wollen wir es einmal explizit tun:

```
OktZiffer     = "0" | "1" | "2" | "3" | "4" | "5" | "6" | "7"
Ziffer        = Oktziffer | "8" | "9"
HexZiffer     = Ziffer | "A" | "B" | "C" | "D" | "E" | "F"
```

Hiermit ist gleichzeitig erklärt, welche Ziffern im Oktal- und Hexadezimalsystem gelten (OktZiffer bzw. HexZiffer). Mit diesen Begriffen sind wir in der Lage, die erlaubten Schreibweisen für positive ganzzahlige Konstanten („GanzeZahl") in Modula anzugeben:

```
GanzeZahl     = Ziffer { Ziffer } | Ziffer { HexZiffer } "H" |
                OktZiffer { OktZiffer } "B"
CharKonstante = OktZiffer { OktZiffer } "C"
```

Positive ganze Zahlen können also sowohl in dezimaler, als auch in oktaler bzw. hexadezimaler Form angegeben werden. So ist 255, 0FFH oder 377B die gleiche Zahl in den oben genannten Zahlensystemen. Da Hexadezimalzahlen nur aus Buchstaben (den Ersatzziffern für 11 bis 15) bestehen können, reicht es nicht aus, die Hexadezimalzahl BAC durch ein H zu ergänzen als BACH (beide Schreibweisen könnten auch für einen Namen stehen!). Erst 0BACH löst die Mehrdeutigkeit auf, was in der obigen Regel zum Ausdruck kommt.

In der obigen Beschreibung ist mit dem Begriff CharKonstante eine Möglichkeit zur Angabe einzelner Zeichen in oktaler Form angegeben. Sie unterscheidet sich von der Bildung oktaler ganzzahliger Konstanten lediglich durch das anhängende „C".

Eine ganze Zahl kann auch ein negatives Vorzeichen enthalten. Zahlen vom Typ INTEGER haben einen bestimmten Wertebereich, der von der Wortlänge w des jeweiligen Rechners abhängt, das ist eine feste Anzahl von **Bits** (dualen Nullen und Einsen), die als strukturierende Einheit des Speichers und des Rechenwerks dient. Die gängigsten Rechnertypen haben die Wortlänge 16 („16-Bit-Rechner", Mikrorechner) bzw. 32 (Minirechner, Großrechner). Der Wertebereich der INTEGER-Zahlen für die erstgenannten ist

$$-2^{15} \leq i \leq 2^{15} - 1, \quad \text{d.h.}$$
$$-32\,768 \leq i \leq 32\,767$$

bzw. für die zuletzt genannten

$$-2^{31} \leq i \leq 2^{31} - 1, \quad \text{d.h.}$$
$$-2\,147\,483\,648 \leq i \leq 2\,147\,483\,647$$

Die Beispielprogramme dieses Buches wurden überwiegend auf einem Großrechner erprobt.

Hat man es nur mit positiven ganzen Zahlen zu tun, so würde man in beiden Fällen die Hälfte des Zahlenbereichs verschenken. Man kann sich nun einen Zahlentyp vorstellen, bei dem statt der fehlenden negativen Zahlen der Zahlenbereich nach oben hin verdoppelt ist, wobei der Rechner den gleichen Speicherplatz benötigt. Modula kennt einen solchen Zahlentyp unter der Bezeichnung CARDINAL. Der Bereich dieses Typs ist somit

$$0 \leq i \leq 2^{16} - 1, \quad \text{d.h.}$$
$$0 \leq i \leq 65\,535$$

für 16-Bit-Rechner und

$$0 \leq i \leq 2^{32} - 1, \quad \text{d.h.}$$
$$0 \leq i \leq 4\,294\,967\,295$$

für 32-Bit-Rechner. CARDINAL-Zahlen werden häufig zum Zählen verwendet und haben noch andere Vorteile, von denen noch die Rede sein wird.

2.4 Kommentare und Zeichenketten

Die Ausgabe unseres ersten Programmes war recht spartanisch: nur eine Zahl, von der man nur wußte, was sie bedeutete, wenn man die einzelnen Anweisungen des Programms noch im Kopf hatte. Wir wollen nun ein weiteres einfaches Programm kennenlernen, das sehr viel „beredter" sein soll als jenes. Außerdem soll es in *dem* Sinne allgemeiner sein, als es nicht nur eine feste Berechnung durchführt, sondern beliebige Zahlen verarbeitet, die vom Benutzer in das Programm eingegeben bzw. – aus der Sicht des Programms – eingelesen werden können.

```
 1   MODULE Produkt; (* Programm zur Multiplikation zweier *)
 2                    (*    einzulesender ganzer Zahlen     *)
 3     FROM InOut IMPORT WriteInt, WriteLn,
 4                       WriteString, ReadInt;
 5     VAR  A, B, C: INTEGER;
 6   BEGIN
 7     WriteString ("Multiplikation zweier Zahlen"); WriteLn;
 8     WriteString ("erster Faktor: "); WriteLn; ReadInt (A);
 9     WriteString ("zweiter Faktor:"); WriteLn; ReadInt (B);
10     C := A*B;
11     WriteString ("Das Produkt beider Zahlen ist ");
12     WriteInt (C, 1);
13     WriteLn
14   END Produkt.
```

Beim Lesen des Programms bemerken wir zunächst einige deutsche Texte: In Zeile 1 und 2 ist ein Text jeweils von den Zeichengruppen (* und *) eingeschlossen. Dies ist ein **Kommentar**, der nur für den menschlichen Leser bestimmt ist und vom Compiler übergangen wird. Kommentare dienen der Dokumentation von Programmen. Nach dem Lesen der ersten beiden Zeilen dieses Programms weiß man also sofort, was das Programm leisten soll, ohne daß man das ganze Programm durchgelesen hat. Kommentare sind überall dort zulässig, wo Blanks erlaubt sind, d.h. vor und nach Sonderzeichen, wie „,", „;", „(", „:=" usw., und zwischen Schlüsselwörtern, Sonderzeichen und Namen.

Andere Texte dieses Beispiels stehen in Doppelapostrophen. Sie sind von anderer Qualität als die Kommentare, da sie vom Compiler bearbeitet werden, um Teil der Ausgabe des Programms zu werden. Sie sind von ähnlicher Art wie die Zahlenkonstanten 17 und 4 im vorherigen Programm, es sind Textkonstanten, die vom Programm lediglich ausgegeben werden sollen mit einer eigens für die Ausgabe von Texten bereitgestellten Prozedur WriteString. String ist die englische Bezeichnung für das, was wir im Deutschen mit **Zeichenkette** bezeichnen. Gelegentlich werden wir auch einfach den kurzen englischen Ausdruck verwenden. In Zeichenketten dürfen alle Zeichen stehen, außer den Doppelapostrophen selber, da diese ja als Begrenzer für eine Zeichenkettenkonstante dienen. Es ist auch erlaubt, Zeichenketten in einfache Apostrophe einzuschließen, in diesem Fall darf ein String keinen einfachen Apostroph enthalten, dann wohl aber einen Doppelapostroph. In der Sprache der EBNF ist eine Zeichenkette so erklärt:

Zeichenkette   = ”’” { Zeichen } ”’” | ’”’ { Zeichen } ’”’

In der Erklärung müßte man genau genommen zwei verschiedene Begriffe für den Begriff „Zeichen" setzen und durch Terminalsymbole beschreiben: das erste Vorkommen von „Zeichen" darf alle möglichen Zeichen[6] enthalten außer dem Apostroph, während beim zweiten Vorkommen nur der Doppelapostroph auszuschließen ist.

Zum Einlesen von INTEGER-Zahlen wird in InOut die Prozedur ReadInt zur Verfügung gestellt, die wir genau wie die Prozedur WriteString importieren müssen (Zeile 4). Die Ausgabe der Texte auf dem Bildschirm sagt uns, was das Programm tun wird, und fordert uns gleichfalls zur Eingabe bestimmter Zahlen auf. Vor der Ausgabe des Ergebnisses wird ein Text ausgegeben, der das Ergebnis näher beschreibt. Die Längenangabe 1 bei WriteInt in Zeile 12 heißt nicht, daß wir uns in der Ausgabe auf einstellige Ergebnisse beschränken müssen. Wenn die Längenangabe nicht ausreicht, wird automatisch in ein Feld der minimal benötigten Länge ausgegeben. Diese Form der Ausgabe wählt man immer dann, wenn diese möglichst kompakt sein soll.

Mit dem letzten Programm haben wir eine einfache Möglichkeit kennengelernt, ein **Dialogprogramm** zu schreiben. Dies ist ein Programm, das bei seinem Ablauf uns ein Zwiegespräch mit dem Rechner suggeriert. Der Rechner fordert uns sogar auf, etwas zu tun, nämlich eine Zahl einzutippen (die mit der ENTER-Taste abzuschließen ist), bevor er weiterrechnet. Programme, die diese Interaktion mit dem Benutzer nicht vorsehen, nennt man Stapelprogramme (sie wurden früher in Lochkartenstapeln abgearbeitet).

Das vorstehende Programm wollen wir noch etwas erweitern, um alle auf INTEGER- und CARDINAL-Zahlen definierten arithmetischen Operationen in Modula kennenzulernen:

---

6 Der erlaubte Zeichensatz ist vom jeweiligen Rechnertyp abhängig. Bei den Mikrorechnern finden wir meist den Satz der 128 ASCII-Zeichen, bei Großrechnern auch einen Zeichensatz von 256 Zeichen mit dem Namen EBCDIC-Code (ASCII = American Standard Code for Information Interchange, EBCDIC = Extended Binary Coded Decimal Interchange Code).

```
 1   MODULE Arithmetik; (* Summe, Differenz, Produkt,      *)
 2                       (* Quotient und Divisionsrest     *)
 3     FROM InOut IMPORT ReadCard, WriteCard, WriteLn,
 4                       WriteString;
 5     VAR  A, B, Summe, Differenz, Produkt,
 6             Quotient, Rest: CARDINAL;
 7   BEGIN
 8     WriteString ("Arithmetik bei CARDINAL-Zahlen");
 9     WriteLn;
10     WriteString ("erste Zahl:  "); WriteLn; ReadCard (A);
11     WriteString ("zweite Zahl: "); WriteLn; ReadCard (B);
12     Summe     := A + B;
13     Differenz := A - B;
14     Produkt   := A * B;
15     Quotient  := A DIV B;
16     Rest      := A MOD B;
17     WriteString ("Summe Differenz Produkt Quotient Rest");
18     WriteLn;
19     WriteCard (Summe,    5); WriteCard (Differenz, 10);
20     WriteCard (Produkt, 8); WriteCard (Quotient,   9);
21     WriteCard (Rest,     5); WriteLn
22   END Arithmetik.
```

Gegenüber dem letzten Programm fallen die Prozeduren ReadCard und WriteCard auf, die ausschließlich der Ein- und Ausgabe von CARDINAL-Zahlen dienen. ReadInt und WriteInt dürfen hierfür nicht verwendet werden, obwohl der Gebrauch sonst identisch ist, was die Zahl und Bedeutung der Argumente betrifft. Zu den arithmetischen Ausdrücken in den Zeilen 12 bis 16 ist folgendes zu sagen: Summe und Produkt führen, sofern die beteiligten Operanden nicht zu groß sind, nicht aus dem Bereich der nichtnegativen ganzen Zahlen (CARDINAL) heraus. Vorsicht dagegen ist geboten bei der Differenz, deren Ergebnis nur dann im CARDINAL-Bereich liegt, wenn A größer oder gleich B ist, ferner ist der Quotient nur für solche B erklärt, die nicht gleich Null sind. Mit dem Quotienten ist ansonsten das ganzzahlige Ergebnis gemeint: so ergibt 17 dividiert durch 5 (17 DIV 5) das Resultat 3 mit dem Rest 2. Dieser Rest bei ganzzahliger Division wird gerade durch die Operation in Zeile 16 bestimmt (17 MOD 5 liefert das Ergebnis 2). Der Divisionsrest I MOD K ist identisch mit dem arithmetischen Ausdruck I − (I DIV J)*J.

Das Ergebnis eines Dialogs mit dem Rechner kann etwa folgendermaßen aussehen:

```
Arithmetik bei CARDINAL-Zahlen:
erste Zahl:
95
zweite Zahl:
42
Summe Differenz Produkt Quotient Rest
  137        53    3990        2   11
```

Die genannten Operationen sind auch für INTEGER-Zahlen zugelassen, wobei für die Operation DIV die Einschränkung $B \neq 0$ gilt und die Operation MOD nur erklärt ist für $A \geqq 0$ und $B > 0$.

In diesem Programm wurde die Lesbarkeit noch weiter gesteigert durch die Verwendung „sprechender Namen" (Summe, Differenz usw. im Gegensatz zu Namen wie I, J, X, Y, X2RQ usw.). Dies gehört mit der sinnvollen Verwendung von Kommentaren, einer nicht zu stark komprimierten Schreibweise und dem strukturierenden Einrücken (wir kommen noch darauf zurück) zu den Mitteln, ein Programm übersichtlich und auch für Außenstehende verständlich zu halten. Bei der Verwendung sprechender Namen ist es wichtig, einen guten Kompromiß zwischen Deutlichkeit und Geschwätzigkeit zu finden. Das soll heißen: obwohl Modula die Verwendung beliebig langer Namen gestattet, bringt es nichts, statt „Quotient" etwa „QuotientZweierPositiverGanzerZahlen" zu schreiben. Da man die meisten Namen öfter schreiben muß, besteht leicht die Gefahr, daß man sich dabei verschreibt. Eines können wir an dem obigen „Bandwurm" aber noch lernen: wenn es unbedingt sein muß, daß ein Name aus mehreren Wörtern besteht, so ist es zweckmäßig und durchaus gebräuchlich, den Anfang eines jeden Wortes groß zu schreiben, um die Lesbarkeit zu erhöhen.

Der Anweisungsteil unseres Programms zerfällt deutlich in einen Zuweisungsteil und einen Ausgabeteil, der aus Prozeduraufrufen der verschiedenen Ausgabeprozeduren besteht. Dies sind nur zwei verschiedene Arten von Anweisungen, später werden wir mehr kennenlernen. Dennoch soll schon hier die allgemeine Syntax für eine Anweisung gegeben werden:

```
Anweisung  = [  Zuweisung | ProzedurAufruf |
                IfAnweisung | CaseAnweisung |
                WhileAnweisung | RepeatAnweisung | ForAnweisung |
                LoopAnweisung | EXIT |
                WithAnweisung | RETURN [ Ausdruck ]  ]
```

Die nächste der noch zu erklärenden Anweisungen (die „IfAnweisung") wird schon im folgenden Kapitels besprochen werden.

2.5 Übungen

Von diesem Kapitel an sind Sie in der Lage, Programmieraufgaben zunächst geringen, dann steigenden Schwierigkeitsgrades zu bearbeiten. Sie beziehen sich auf den im jeweiligen Kapitel vermittelten Stoff und werden zur Kontrolle des erarbeiteten Wissenstandes empfohlen. Auf die Wiedergabe von Lösungen der Programmieraufgaben wird verzichtet, um den Umfang des Buches nicht zu sehr zu vergrößern, zumal sie sich teilweise durch einfache Modifikation bzw. Kombination des angegegenen Beispielmaterials ergeben.

Aufgabe 1:

Welche der folgenden Namen sind in Modula zur Bezeichnung von Variablen zulässig? Warum sind einige der Bezeichnungen nicht erlaubt?

a) Modula   d) 1E4
b) WriteLn   e) einevielzulangeBezeichnung
c) ein__Beispiel   f) IMPLEMENTATION

Aufgabe 2:

Ergänzen Sie die folgende Tabelle so, daß in den Spalten der gleiche Zahlenwert bezüglich der in der Zeile angebenen Zahlenbasis steht:

dezimal	25			
hexadezimal		0FAH		
oktal			173B	
dual				01010011_2

Aufgabe 3:

Ein Programm soll den folgenden Text in vier Zeilen untereinander ausdrucken:

```
Vom Autor der Sprache "Pascal" entwickelt,
ist Modula-2 eine moderne Programmiersprache,
die im Gegensatz zu jener keine reine 'Lernsprache',
sondern eine Sprache für Produktionsaufgaben sein will.
```

3   ELEMENTARE PROGRAMMSTRUKTUREN

Die bisherigen Programmbeispiele hatten eines gemeinsam: Sie wurden –
Anweisung für Anweisung – in der angegebenen Reihenfolge abgearbeitet. Eine
Anweisung, die räumlich nach einer anderen stand, wurde auch zeitlich nach
dieser ausgeführt. Diese Form der Programmstruktur nennen wir eine
Sequenz. Als Vorstufe zur Programmierung ist der Struktogrammentwurf anzu-
sehen (Nassi-Shneiderman-Diagramm), der die Sequenz als Folge einzelner
Aktionen darstellt:

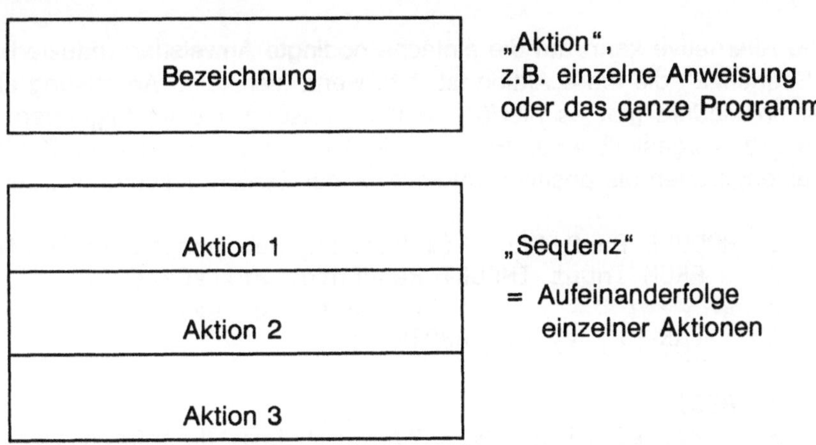

„Aktion",
z.B. einzelne Anweisung
oder das ganze Programm

„Sequenz"

= Aufeinanderfolge
einzelner Aktionen

Eine Sequenz bezeichnen wir auch als Anweisungsfolge, die in Modula wie folgt
beschrieben werden kann:

```
Anweisungsfolge  =  Anweisung { ";" Anweisung }
```

Man beachte, daß nur jeweils *zwischen* zwei Anweisungen ein Semikolon steht.
Dieses hat also trennende und nicht abschließende Funktion. Da aber diese
einfache Regel in der Praxis selten richtig angewandt wird, ist in die Sprach-

beschreibung die „leere Anweisung" („Tue nichts!") eingefügt worden. Das ist eine Anweisung, bei der nichts hinzuschreiben ist (vgl. das äußere eckige Klammerpaar bei der Syntaxbeschreibung von „Anweisung" auf Seite 20). Wenn also nach der letzten Anweisung einer Sequenz ein Semikolon steht, nehmen wir an, daß dieses die letzte Anweisung von einer leeren Anweisung trennt. Wir wollen überflüssige leere Anweisungen nach Möglichkeit vermeiden.

3.1 Bedingte Anweisungen

In diesem Abschnitt wollen wir nun zwei andere Programmstrukturen und deren Realisierung in Modula kennenlernen, die **Alternative** und die **Wiederholung**.

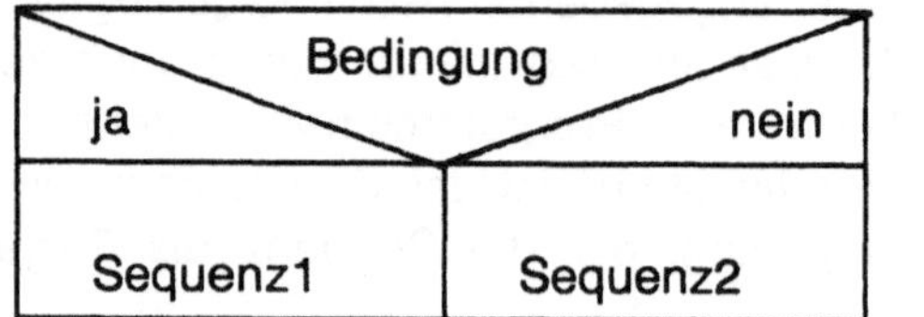

„Alternative"

Die Alternative kann auf die einfache **bedingte Anweisung** reduziert sein, wenn „Sequenz2" die leere Aktion ist, d.h. wenn hier keine Anweisung auszuführen ist. In Modula gibt es hierfür die IF-Anweisung, die im folgenden Programmbeispiel vorgestellt wird. Es soll der Abstand zweier ganzer Zahlen auf der Zahlengeraden als positive Differenz beider Zahlen bestimmt werden:

```
 1   MODULE PosDiff;    (* Bildung der positiven Differenz  *)
 2     FROM InOut IMPORT ReadCard, WriteCard,
 3                       WriteString, WriteLn;
 4     VAR  x, y, d: CARDINAL;

 5   BEGIN
 6     WriteString ("x = "); WriteLn;  ReadCard (x);
 7     WriteString ("y = "); WriteLn;  ReadCard (y);

 8     IF x > y THEN
 9        d := x - y
10     ELSE
11        d := y - x
12     END;

13     WriteString ("positive Differenz = ");
14     WriteCard (d, 1);  WriteLn;
15   END PosDiff.
```

Die bedingte Anweisung in der alternativen Form steht in den Zeilen 8 bis 12. Die Bedingung, die die Ausführung der Teilanweisungen (Zeile 9 bzw. 11) steuert, heißt „x > y" und ist entweder wahr oder falsch, je nachdem ob der eingelesene Wert von x größer als der Wert von y ist oder nicht. Im ersten Fall wird die Anweisung in Zeile 9, im zweiten Fall die Anweisung in Zeile 11 ausgeführt. In jedem Fall ist die berechnete Differenz nicht negativ und liefert somit den Abstand beider Zahlen auf der Zahlengeraden als gültige CARDINAL-Zahl.

Eine Anmerkung zur Schreibweise: Die Teilanweisungen in den Zeilen 9 und 11 sind eingerückt zur Erhöhung der Übersichtlichkeit und damit der Lesbarkeit des Programms. Dies mag hier noch etwas gekünstelt erscheinen. Wenn man jedoch bedenkt, daß jede dieser Anweisungen wiederum Anweisungsfolgen sein dürfen, so wird deutlich, daß den Schlüsselwörtern THEN, ELSE und END eine strukturierende Funktion innerhalb der IF-Anweisung zukommt, deren Hervorhebung die Lesbarkeit eines Programms verbessert.

In der Syntaxbeschreibung der IF-Anweisung mit Hilfe der EBNF-Schreibweise soll (fast) alles zusammengetragen werden, was zu diesem Thema gehört:

```
IfAnweisung    = IF Bedingung THEN Anweisungsfolge
                 { ELSIF Bedingung THEN Anweisungsfolge }
                 [ ELSE Anweisungsfolge ] END
Bedingung      = EinfacherAusdr RelOp EinfacherAusdr
RelOp          = " = " | "#" | " < > " | " < " | " > " | " < = " | " > = " | IN
```

Bedingung ist ein relationaler Ausdruck („Vergleichsausdruck"), wobei ein relationaler Operator („RelOp") zwischen zwei „einfachen Ausdrücken" steht. Wir wollen diese vorerst als arithmetische Ausdrücke auffassen, d.h. als Ausdrücke, die letztlich Zahlenwerte repräsentieren. Zahlen kann man in einer Relation miteinander vergleichen. Es bedeuten:

=	gleich
# oder < >	ungleich
<	kleiner als
< =	kleiner als oder gleich
>	größer als
> =	größer als oder gleich
IN	ist ein Element von

Der letzte (mengentheoretische) Operator ist hier schon der Vollständigkeit halber erwähnt, womit aber zugleich deutlich wird, daß die Interpretation „arithmetischer Ausdruck" des Begriffs „einfacher Ausdruck" noch unvollständig ist. (Dieser Begriff wird auf Seite 46 präzisiert.)

Die obige Syntax der IF-Anweisung läßt gegenüber der eben erklärten „einfachen Alternative" sowohl eine vereinfachte als auch eine komplexere Form zu, die wir einmal nebeneinander betrachten wollen:

```
IF x > 10 THEN          IF x < 0 THEN
   y := x - 1              y := -1
END                     ELSIF x > 0 THEN
                           y := 1
                        ELSE
                           y := 0
                        END
```

Wir sehen links den Fall, daß eine Anweisung nur dann ausgeführt wird, wenn eine bestimmte Bedingung erfüllt ist (einfache bedingte Anweisung). Das bedeutet, daß bei Nichterfülltsein der Bedingung nichts ausgeführt wird (da eine mit ELSE eingeleitete Alternative fehlt). Rechts daneben ist eine komplexere Abfragestruktur gezeigt, wobei die Variable y verschiedene Werte zugewiesen bekommt, je nachdem ob das Vorzeichen von x kleiner oder größer als Null ist, oder ob x gleich Null ist.

Vergleicht man die Syntax für eine allgemeine Anweisung (auf Seite 20), für die IF-Anweisung (auf Seite 25) und die Anweisungsfolge (auf Seite 23), so erkennt man, daß die Definition rekursiver Art ist: In der IF-Anweisung kommen Anweisungsfolgen vor, deren einzelne Anweisungen wieder IF-Anweisungen sein können. Dies bedeutet, daß IF-Anweisungen beliebig ineinander verschachtelt sein dürfen. Damit wir hierbei die Übersicht behalten, rücken wir die einzelnen Anweisungsfolgen ein. Ein Beispiel soll dies verdeutlichen:

```
 1  MODULE Zwischen;
 2    FROM InOut IMPORT ReadCard, WriteString, WriteLn;
 3    VAR  a, b, c: CARDINAL;
 4  BEGIN
 5    WriteString ("Gib 3 ganze Zahlen a, b, c ein:");
 6    WriteLn; ReadCard (a); ReadCard (b); ReadCard (c);

 7    IF a <= b THEN
 8      IF b <= c THEN
 9        WriteString ("a <= b <= c")
10      ELSIF a <= c THEN
11        WriteString ("a <= c <  b")
12      ELSE
13        WriteString ("c <  a <= b")
14      END
```

```
15    ELSE
16      IF a <= c THEN
17        WriteString ("b <  a <= c")
18      ELSIF b <= c THEN
19        WriteString ("b <= c <  a")
20      ELSE
21        WriteString ("c <  b <  a")
22      END
23    END;
24    WriteLn
25  END Zwischen.
```

Das Programm liest drei CARDINAL-Zahlen ein und untersucht, welche der drei Zahlen zwischen den beiden anderen liegt. Den sechs Anordnungen von drei Zahlen entsprechend unterscheidet das Programm sechs Fälle, die jeweils zu dreien gruppiert sind.

In den Zeilen 7 bis 23 steht eine einzige IF-Anweisung in der alternativen Form, deren Anweisungsfolgen wiederum alternative IF-Anweisungen sind. Man beachte, daß die Schreibweise der Zeichenketten zur Analyse der Reihenfolge der drei Zahlen eine Kurzschreibweise für die „Zwischen"-Beziehung darstellt. So bedeutet etwa a <= b <= c in Zeile 9, daß sowohl a <= b als auch b <= c gilt. Dies ist im mathematischen Sprachgebrauch durchaus üblich, als Bedingung für eine IF-Anweisung etwa ist a <= b <= c jedoch nicht zulässig. Was hier richtig zu tun ist, werden wir im Kapitel über die logischen Ausdrücke erfahren. Zum Verständnis der obigen Bedingungen sei darauf hingewiesen, daß das logische Gegenteil der Bedingung a <= b – die unausgesprochen vor einer entsprechenden ELSE-Klausel steht – die Bedingung b < a ist. Analog sind a < b und b <= a logische Gegensatzpaare.

Das Schlüsselwort ELSIF kann man unschwer als die Zusammenziehung der Wörter ELSE und IF erkennen. Man beachte aber, daß es nicht durch die letzten beiden Schlüsselwörter ersetzt werden kann, ohne daß nicht wenigstens ein Verstoß gegen die Syntax resultiert:

```
IF x < 0 THEN            IF x < 0 THEN
  y := x - 1              y := x - 1
ELSIF x > 10 THEN       ELSE IF x > 10 THEN
  y := x + 1              y := x + 1
ELSE                    ELSE
  y := x                 y := x
END                     END
                        END
```

Das rechte Beispiel zeigt, daß noch ein zweites END angefügt werden muß, um
ein syntaktisch korrektes Programmstück zu erhalten. Ein sinnvolleres Einrücken bei der nach dem ersten ELSE folgenden IF-Anweisung, als es hier
gezeigt ist, würde dies verdeutlichen.

3.2 Schleifen

Die **Wiederholung** ist eine weitere Konstruktion zur Überwindung des streng
sequentiellen Programmablaufs: Gelegentlich ist es nötig, ein Programmstück
mehrfach zu durchlaufen. Dies kann von einer Bedingung abhängig gemacht
werden, z.B. solange noch weitere Daten eingelesen werden konnten.

Hierbei ist zu unterscheiden, ob die Bedingung zur Bestimmung eines erneuten
Durchlaufs des zu wiederholenden Programmteils („Schleife") am Anfang oder
am Ende des jeweiligen Programmstücks steht. Wir sprechen dann von einer
abweisenden bzw. einer **nicht abweisenden Schleife.** Für beide Arten der
Schleifenbildung sei der Formalismus des Nassi-Shneiderman-Diagramms
angegeben, dem die Realisierung in Modula und einige kurze Programmbeispiele folgen:

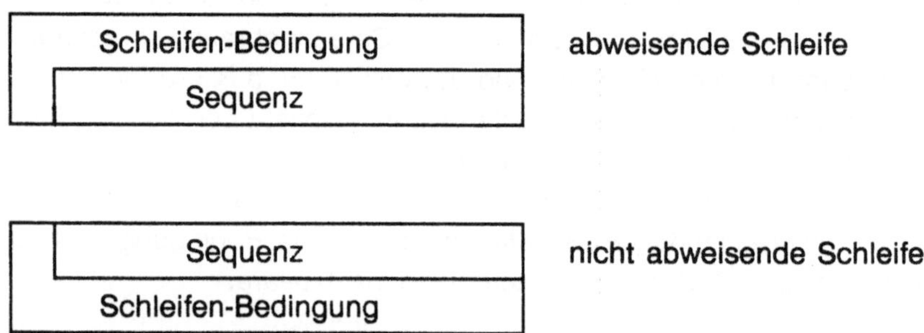

Für die Realisierung in Modula gibt es verschiedene Möglichkeiten, die
zunächst in der Kurzdarstellung der EBNF angegeben werden sollen:

```
WhileAnweisung     = WHILE Bedingung DO Anweisungsfolge END
RepeatAnweisung    = REPEAT Anweisungsfolge UNTIL Bedingung
ForAnweisung       = FOR Name ":=" Ausdruck TO Ausdruck
                     [ BY ConstAusdruck ] DO Anweisungsfolge END
LoopAnweisung      = LOOP Anweisungsfolge END
```

Die abweisende Schleife (WHILE-Schleife) erfragt zu Beginn das Zutreffen der
Schleifenbedingung. Dies bedeutet, daß eine solche Schleife überhaupt nicht

durchlaufen wird, wenn die Schleifenbedingung gleich am Anfang (und nicht erst im Verlaufe des wiederholten Durchlaufs) den Wert „falsch" ergibt.

Wir wollen die abweisende Schleife im folgenden Programm einsetzen, um den **größten gemeinsamen Teiler** („g.g.T.") zweier positiver ganzer Zahlen zu ermitteln. Teiler einer ganzen Zahl ist eine andere ganze Zahl, die ohne Rest in ihr aufgeht. Ein gemeinsamer Teiler zweier ganzer Zahlen kann dazu dienen, einen gemeinsamen Faktor auszuklammern oder einen Bruch zu kürzen. Das Programm geht von der Tatsache aus, daß jeder gemeinsame Teiler zweier Zahlen – und somit auch der größte gemeinsame Teiler – zugleich Teiler der Differenz beider Zahlen ist:

```
 1   MODULE GGTO;
 2     (* einmalige Berechnung des g.g.T. durch        *)
 3     (* fortgesetzte Bildung der positiven Differenz  *)

 4     FROM InOut IMPORT WriteString, WriteCard, WriteLn,
 5                 ReadCard;
 6     VAR  x, y: CARDINAL;

 7   BEGIN
 8     WriteString ("Gib zwei positive ganze Zahlen ein!");
 9     WriteLn;
10     ReadCard (x); ReadCard (y);
11     WHILE x # y DO
12       IF x > y THEN
13           x := x - y
14       ELSE
15           y := y - x
16       END
17     END;
18     WriteString ("g.g.T. = "); WriteCard (x,1);  WriteLn
19   END GGTO.
```

In diesem Beispiel soll nur eine Anweisung (die IF-Anweisung in den Zeilen 12 bis 16) in Abhängigkeit vom Zutreffen der Bedingung „x # y" wiederholt ausgeführt werden. Trifft die Bedingung gleich am Anfang nicht zu, ist also x = y, so ist jede der beiden Zahlen ein Teiler der anderen und damit größter gemeinsamer Teiler beider Zahlen. Wurden etwa die Zahlen x = 24 und y = 32 eingelesen, so wird die Schleife mehrfach durchlaufen, wobei nacheinander y = 8, x = 16 und x = 8 berechnet werden. Vor einem erneuten Durchlauf ergibt die Prüfung, ob x ungleich y ist, den Wert „falsch", so daß die Schleife jetzt abgebrochen und das Ergebnis „g.g.T = 8" ausgegeben wird.

3.3 Die Einleseschleife

Als wichtigstes Anwendungsfeld für die abweisende Schleife wird die **Einlese-Schleife** diskutiert. Hierbei wird zunächst beispielhaft ein Wert eingelesen und, wenn dieser eine bestimmte Bedingung erfüllt, eine Programmschleife betreten, in der gewisse Berechnungen und Ausgabeanweisungen durchgeführt werden sollen. Vor dem erneuten Durchlauf der Schleife ist eine neuer Wert (innerhalb der Schleife) einzulesen, so daß anhand der Schleifenbedingung geprüft werden kann, ob die Schleife erneut durchlaufen werden soll oder nicht.

Die allgemeine Form der Programmstruktur „Einleseschleife" sei zunächst an einem Struktogramm veranschaulicht:

Wert einlesen
Schleifenbedingung (abhängig vom eingelesenen Wert)
Verarbeitungssequenz
neuen Wert einlesen

Als vollständiges Beispiel verwenden wir das gleiche Programm wie eben, das wir jedoch in die erwähnte Einleseschleife einbetten. Diese Schleife soll dann abgebrochen werden, wenn die erste der beiden einzulesenden Zahlen Null ist. Dies zeigt das folgende Struktogramm:

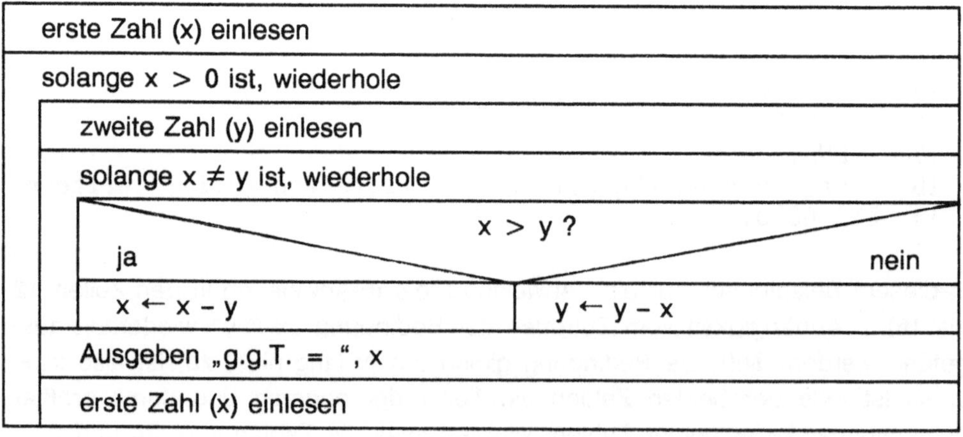

Die Umsetzung in ein Modula-Programm läßt die im Struktogramm angegebene Schachtelung zweier WHILE-Schleifen deutlich werden:

```
 1   MODULE GGT1;
 2     (* wiederholte Berechnung des g.g.T. nach *)
 3     (* der Methode der positiven Differenz    *)
 4     FROM InOut IMPORT WriteString, WriteCard, WriteLn,
 5                 ReadCard;
 6     VAR  x, y: CARDINAL;

 7   BEGIN
 8     WriteString ("Gib zwei positive ganze Zahlen x, y ");
 9     WriteString ("an (Ende, wenn x = 0): "); WriteLn;
10     ReadCard(x);

11     WHILE x > 0 DO
12       ReadCard (y);
13       WHILE x # y DO
14         IF x > y THEN
15           x := x - y
16         ELSE
17           y := y - x
18         END
19       END;

20       WriteString ("g.g.T = ");  WriteCard(x, 1);
21       WriteLn; WriteString ("neues x, y: "); WriteLn;
22       ReadCard (x)
23     END
24   END GGT1.
```

Das beliebige Verschachteln von Schleifen ist auch hier aufgrund der Syntax möglich, da in der Anweisungsfolge der Schleife natürlich wiederum eine Schleifenanweisung vorkommen darf.

Die Einleseschleife ist – wie oben postuliert – als abweisende Schleife programmiert (Zeile 10 bis 23), d.h. nach dem Versuch, einen gültigen Wert einzulesen, ist die Möglichkeit gegeben, die Schleife überhaupt nicht zu betreten. Wir werden später sehen, daß man auch den Erfolg beim Einlesen in einer auf das Schlüsselwort WHILE folgenden Bedingung abfragen kann, was z.B. dann angebracht ist, wenn die Eingabe in das Programm von einer externen Datei kommt und es sich erweist, daß diese Datei entweder nicht existiert, bereits das Ende der Datei erreicht ist oder aber ein ungültiges Zeichen angetroffen wurde.

Über die weiteren Arten, in Modula Schleifen zu bilden, werden wir im folgenden Kapitel mehr erfahren.

3.4 Die CASE-Anweisung

Das nächste Programm zeigt als weitere Form der bedingten Anweisung die
Mehrfachverzweigung (CASE-Anweisung) mit folgender Syntax:

```
CaseAnweisung   = CASE Ausdruck OF Fall { "|" Fall }
                  [ ELSE Anweisungsfolge ] END
Fall            = [ CaseMarkenliste ":" Anweisungsfolge ]
CaseMarkenliste = CaseMarke { "," CaseMarke }
CaseMarke       = ConstAusdruck [ ".." ConstAusdruck ]
```

In der CASE-Anweisung sind mehrere Anweisungsfolgen („Fälle") zusammengefaßt, von denen aber nur eine bestimmte ausgeführt wird. Zur Auswahl eines
bestimmten Falles wird zunächst der Wert des nach dem Schlüsselwort CASE
stehenden Ausdrucks (des „Case-Selektors") bestimmt und anschließend die-
jenige Anweisungsfolge ausgeführt, vor der – durch Doppelpunkt abgetrennt –
der oben ermittelte Wert des CASE-Selektors (die „Case-Marke") steht. Damit
die Auswahl der zugehörigen Anweisungsfolge eindeutig bestimmt ist, darf eine
Case-Marke jeweils nur in *einer* Case-Markenliste vorkommen, d.h. zwei verschiedene Case-Markenlisten dürfen kein gemeinsames Element enthalten.

Wir wollen uns dies am aktuellen Programmbeispiel klarmachen (Zeile 18 bis
29 und 43 bis 51):

```
 1   MODULE Wochentag;
 2     (* Wochentagsname eines Datums unseres Jahrhunderts *)
 3     FROM InOut IMPORT WriteString, WriteCard, WriteLn,
 4                       ReadCard;
 5     VAR i, Tag, Monat, Jahr,
 6         AnzTage, MLaenge: CARDINAL;

 7   BEGIN
 8     WriteString ('Gib Tag, Monat und Jahr ein ');
 9     WriteString ('(Ende mit Tag = 0): '); WriteLn;
10     ReadCard (Tag);

11     WHILE Tag > 0 DO
12       ReadCard (Monat);     ReadCard (Jahr);
13       WriteString ('Der '); WriteCard (Tag  ,2);
14       WriteString ('. ');   WriteCard (Monat,2);
15       WriteString ('. 19'); WriteCard (Jahr ,2);
```

```
16          AnzTage := Tag;
17          FOR i := 1 TO Monat-1 DO
18            CASE i OF
19               1,3,5,7,8,10,12: AnzTage := AnzTage + 31
20             | 4,6,9,11:          AnzTage := AnzTage + 30
21            ELSE
22              IF Jahr = 0 THEN
23                 AnzTage := AnzTage + 28
24              ELSIF Jahr MOD 4 = 0 THEN
25                 AnzTage := AnzTage + 29
26              ELSE
27                 AnzTage := AnzTage + 28
28              END
29            END
30          END;

31          FOR i := 0 TO Jahr-1 DO
32            IF i = 0 THEN
33                AnzTage := AnzTage + 365
34            ELSIF i MOD 4 = 0 THEN
35                AnzTage := AnzTage + 366
36            ELSE
37                AnzTage := AnzTage + 365
38            END
39          END;

40          WriteString (' ist der '); WriteCard (AnzTage,5);
41          WriteString ('. Tag dieses Jahrhunderts.');
42          WriteLn; WriteString ('Es ist ein ');
43          CASE AnzTage MOD 7 OF
44             0: WriteString ('Sonntag.')
45           | 1: WriteString ('Montag.')
46           | 2: WriteString ('Dienstag.')
47           | 3: WriteString ('Mittwoch.')
48           | 4: WriteString ('Donnerstag.')
49           | 5: WriteString ('Freitag.')
50           | 6: WriteString ('Sonnabend.')
51          END;
52          WriteLn; WriteString ('nächster Tag? '); WriteLn;
53          ReadCard (Tag);
54       END
55   END Wochentag.
```

Das Programm ermittelt den Wochentagsnamen eines gültigen[7] Datums
unseres Jahrhunderts aus der Kenntnis, daß der 1. Januar 1900 ein Montag
war und der Tatsache, daß ein Gemeinjahr 365 Tage und ein Schaltjahr 366

Tage hat. Ein Schaltjahr ist ein Jahr, dessen Jahreszahl ohne Rest durch 4 teilbar ist („Jahr MOD 4 = 0"), ausgenommen sind die vollen Jahrhunderte, die nicht ohne Rest durch 400 teilbar sind (Schaltregel des Gregorianischen Kalenders). In unserem Programm müssen wir also berücksichtigen, daß das Jahr 1900 kein Schaltjahr ist („Jahr # 0"; da wir ohnehin nur dieses Jahrhundert betrachten, geben wir die Jahreszahl zweistellig ein).

Die FOR-Schleifen (Zeilen 17 bis 30 bzw. 31 bis 39) stellen eine Form der abweisenden Schleife dar. Wir betrachten zunächst die gegenüber der vollständigen Syntax auf Seite 28 vereinfachte Form und sehen uns dazu die FOR-Schleife in den Zeilen 31 bis 39 an:

Die Schleifenvariable i durchläuft alle Jahre vom Jahr 0 bis zu dem Jahr, das vor dem angegebenen Jahr liegt (Jahr-1). Die Zahl 0 stellt hier den Anfangswert, der Ausdruck Jahr-1 den Endwert für die Schleifenvariable dar. Zu Beginn des Durchlaufs einer Schleife wird geprüft, ob die Schleifenvariable bereits den Endwert überschritten hat. Ist dies schon anfangs der Fall, so wird die Schleife gar nicht erst betreten, die Schleife ist abweisend. Dies tritt in unserem Beispiel dann ein, wenn wir den Wochentag eines Datums im Jahr 1900 bestimmen wollen.

Durch Addition der Tageszahlen der Jahre vor dem aktuellen Jahr (Zeile 31 bis 39), der Tageszahlen der Monate vor dem aktuellen Monat des gewünschten Jahres (Zeile 17 bis 30) und der Tage des aktuellen Monats (Zeile 16) erhält man die laufende Nummer des betrachteten Datums in diesem Jahrhundert (AnzTage). Der Rest der Division dieser Zahl durch 7 erlaubt es, auf einfache Weise den Wochentag zu ermitteln: Der Wert 0 steht für Sonntag, 1 für Montag etc. und 6 für Sonnabend).

Die 7 Fälle für den Ausdruck des Wochentagsnamens werden in der CASE-Anweisung in den Zeilen 43 bis 51 behandelt. Da jeder Fall vom nächsten durch einen senkrechten Strich (|) getrennt ist, sind pro Fall mehrere Anweisungen möglich. Das Trennzeichen „|" wirkt daher wie eine Art Super-Semikolon. Jeder Fall kann nicht nur durch eine einzige Konstante bezeichnet werden, sondern durch Listen der Gestalt

```
1,3,5,7,8,10,12 (vgl. Zeile 20)
1..5,10..12      (zusammenhängende Abschnitte)
```

Schließlich ist für alle nicht explizit in Case-Markenlisten aufgeführten Fälle eine durch ELSE eingeleitete Alternative erlaubt (vgl. Zeile 21 bis 29). Diese hätte

---

[7]   Eine Prüfung der Gültigkeit des eingegebenen Datums unterbleibt hier. Es sei aber auf ein späteres Programmbeispiel verwiesen (auf Seite 59).

auch einfach durch den Wert 2 (Februar) beschrieben werden können. Eine durch ELSE eingeleitete Alternative empfiehlt sich immer dann, wenn nicht alle möglichen Fälle in Case-Markenlisten aufgezählt wurden und die Angabe einer Aktion für *alle* möglichen Fälle gewünscht wird.

3.5 Übungen

Aufgabe 4:

Ein Programm soll eine Zahl *n* einlesen und anschließend *n* weitere Zahlen. Ausgegeben werden sollen die Summe und das Produkt dieser *n* Zahlen.

Aufgabe 5:

Schreiben Sie ein Programm, das eine Folge von Zahlen berechnet und diese zeilenweise ausgibt. Die Zahlenfolge ist dabei so zu erzeugen:
Die ersten beiden Glieder der Folge seien die Zahlen 0 und 1, jede weitere Zahl der Folge ist die Summe ihrer beiden Vorgänger ("Fibonacci-Folge"). Die Berechnung weiterer Folgenglieder soll abgebrochen werden, wenn eine der Zahlen den Wert 20000 übersteigt.

Aufgabe 6:

Schreiben Sie ein Programm zur Bestimmung aller „vollkommenen Zahlen" zwischen 1 und 1000. Eine Zahl ist dann vollkommen, wenn sie mit der Summe ihrer echten Teiler übereinstimmt, z.B.

$$6 \ = \ 1 + 2 + 3$$

Ein echter Teiler ist jede positive Zahl, die echt kleiner als die zu untersuchende ist, und die ohne Rest in ihr aufgeht. Unterhalb 1000 gibt es nur noch zwei weitere vollkommene Zahlen, die also zusammen mit der eben genannten auszudrucken sind.

Aufgabe 7:

Entwerfen Sie für die folgende Aufgabe 8 ein Struktogramm.

Aufgabe 8:

Schreiben Sie ein Programm, das für die Zahlen von $u_0 = 2$ bis 1000 verifiziert, daß die jeweils nach der folgenden Vorschrift zu bildende Folge nach endlich vielen Schritten den Wert 1 erreicht („Ulam's Problem"):

$$u_{i+1} = \quad u_i / 2, \text{ falls } u_i \text{ gerade und}$$
$$3\, u_i + 1, \text{ falls } u_i \text{ ungerade ist.}$$

Die Anzahl der Glieder der jeweiligen Folge ist auszugeben.

4   EINFACHE DATENTYPEN

4.1   Der Datentyp REAL

Bisher ist nur von ganzzahligen Datentypen die Rede gewesen und zwar in den Erscheinungsformen INTEGER und CARDINAL. Es soll nun gezeigt werden, wie man Speicherplätze für Zahlen mit Nachkommastellen deklariert und wie man mit solchen Zahlen umgeht. Der Datentyp für solche Zahlen heißt in Modula REAL. Dieser Datentyp zählt mit den zuvor genannten zu den „einfachen" d.h. nicht strukturierten Datentypen.

Zunächst wieder ein Beispiel: Ein Programm soll feststellen, in welchem Zeitraum sich ein vorhandenes Startkapital bei einem Zinssatz von 5 % verdoppelt hat, wenn am Ende eines jeden Jahres die Zinsen dem Kapital zugeschlagen werden, um mit diesem zusammen verzinst zu werden (Zinseszins).

```
 1  MODULE Sparen1;
 2    FROM InOut IMPORT WriteString, WriteLn;
 3    FROM RealInOut IMPORT ReadReal, WriteReal;
 4    VAR  Startkapital, Geld, Zinsen: REAL;
 5  BEGIN
 6    WriteString ('Welches Startkapital besitzen Sie?');
 7    WriteLn;
 8    ReadReal (Startkapital);
 9    Geld := Startkapital;

10    WriteString ('  Kapital    Zinsen    Kapital');
11    WriteLn;
12    WriteString ('  am Anfang              am Ende');
13    WriteLn;
```

```
14    REPEAT
15       WriteReal (Geld, 10);
16       Zinsen := Geld * 0.05;
17       WriteReal (Zinsen, 10);
18       Geld := Geld + Zinsen;
19       WriteReal (Geld, 10);
20       WriteLn
21    UNTIL Geld >= 2.*Startkapital
22 END Sparen1.
```

Da die Programmschleife mindestens einmal durchlaufen werden muß und jeweils am Schleifenende feststeht, ob die Schleife noch einmal durchlaufen werden soll, ist die nicht abweisende Schleife (REPEAT-Schleife, Zeilen 14 bis 21) hier die geeignete Struktur. Im Gegensatz zu den meisten syntaktischen Einheiten in Modula wird die REPEAT-Schleife nicht durch END, sondern durch die UNTIL-Klausel beendet: Alles, was zwischen REPEAT und UNTIL steht, ist solange zu wiederholen, bis die nach UNTIL stehende Bedingung erfüllt ist.

Im angegebenen Programm finden sich noch andere wichtige Details: In Zeile 4 bemerken wir den oben erwähnten Datentyp REAL. Zahlen vom Typ REAL werden nicht nur im kaufmännischen Bereich verwendet – wie in unserem Beispiel –, sondern auch im technisch-wissenschaftlichen. Hier benötigt man einen großen Wertebereich, in dem sehr kleine, aber auch sehr große Zahlen enthalten sind. In der Praxis hat sich die „halblogarithmische" Schreibweise eingebürgert, z.B. $12{,}75 \cdot 10^{19}$ oder $-0{,}348 \cdot 10^{-23}$. Bei der Speicherung solcher Zahlen wird immer eine normierte Form benutzt, bei der die Zahl vor der Zehnerpotenz (die „Mantisse") kleiner als Eins und der Exponent entsprechend angepaßt ist.

Das Dezimalkomma ist in der Schreibweise der Programmiersprache Modula ein „Dezimalpunkt", und der Exponent kann auch ganz fehlen (vgl. Zeile 16). Wie Konstanten des Typs REAL aussehen dürfen, zeigen die folgenden Syntaxregeln, deren erste zunächst unseren Zahlbegriff erweitert:

```
Zahl           = GanzeZahl | Bruchzahl
Bruchzahl      = Ziffer { Ziffer } "." { Ziffer } [ Skalenfaktor ]
Skalenfaktor   = "E" [ " + " | "–" ] Ziffer { Ziffer }
```

Die Schreibweise E (für Exponent), etwa in 1.57E3, ist zu lesen als „mal Zehn hoch", am Beispiel also $1.57 \cdot 10^{3}$ oder 1570. Eine Bruchzahl (REAL) muß einen Dezimalpunkt enthalten, vor dem mindestens eine Ziffer steht und nach dem keine Ziffer stehen braucht. Ein Skalenfaktor kann auch ganz fehlen. Wenn er vorhanden ist, so sagt die Syntaxregel nichts über die erlaubte Größe des

Exponenten aus, weil diese vom Rechnertyp abhängen kann. Für den Absolutbetrag A von REAL-Zahlen sind folgende Angaben typisch:

$$3.205 \cdot 10^{-306} \leq A \leq 1.797 \cdot 10^{+308}$$

für einen 16-Bit-(Mikro-)Rechner, bzw.

$$5.398 \cdot 10^{-79} \leq A \leq 7.237 \cdot 10^{+75}$$

für einen 32-Bit-(Groß-)Rechner. Die unterschiedlichen Größenordnungen liegen an einer unterschiedlichen Speicherungsart des Exponenten.

Auch bei REAL-Zahlen sind Addition, Subtraktion und Multiplikation mit den von INTEGER und CARDINAL her bekannten Operatoren definiert, für die Division ist ein eigener Operator vorgesehen (A / B), da die Division im Rahmen der jeweiligen Rechengenauigkeit (typisch sind 16 Dezimalstellen) exakt durchgeführt wird. Auf REAL-Variablen dürfen nur Zahlen vom Typ REAL zugewiesen werden, INTEGER- und CARDINAL-Zahlen sind nicht erlaubt.

Für die Ein- und Ausgabe von REAL-Zahlen gibt es einen eigenen Bibliotheksmodul mit dem Namen RealInOut, aus dem wir die Prozeduren ReadReal und WriteReal importieren müssen. Die Eingabe einer REAL-Konstanten über ReadReal entspricht der Zuweisung, d.h. die einzulesenden Zahlen müssen einen Dezimalpunkt enthalten. Bei der Ausgabeprozedur WriteReal (Zeile 15 und 19 des letzten Beispiels) gibt der zweite Parameter wie bei WriteInt und WriteCard die Länge des Feldes an, in das die als erster Parameter angegebene Zahl rechtsbündig auszugeben ist. Die Ausgabe kann mit oder ohne Skalenfaktor erfolgen, je nachdem ob die auszugebende Zahl ohne Skalenfaktor in das Ausgabefeld paßt oder nicht. Ist ein Skalenfaktor erforderlich, so werden für diesen 4 bzw. 5 Stellen der Feldlänge benötigt (z.B. 1.234E–56), die von der Stellenzahl der Mantisse abgezogen werden. Die letzte angezeigte Nachkommastelle wird dabei aufgerundet, wenn eine nicht mehr anzeigbare Stelle größer als 4 ist.

4.2   Typ-Konvertierung und Typ-Transfer

Wir haben im letzten Abschnitt gesehen, daß das Rechnen mit REAL-Zahlen eine in sich abgeschlossene Welt ist, ebenso wie es das Rechnen mit INTEGER- und CARDINAL-Zahlen jeweils für sich ist. Rechenoperationen und Zuweisungen bei Zahlen verschiedenen Typs sind prinzipiell nicht zulässig. Diese Einschränkung ist sinnvoll, um unbeabsichtigte (automatisch greifende) Typ-Konvertierungsmechanismen auszuschalten. Solche an sich erwünschten Mechanismen sind in Modula dennoch vorhanden, sie müssen nur explizit angegeben werden. Will man, daß die CARDINAL-Zahl c in die REAL-Zahl r umgewandelt wird oder umgekehrt, so kann dies durch Aufruf einer in der Sprache enthaltenen **Typ-Konvertierungsfunktion** erreicht werden:

```
r := FLOAT (c)
c := TRUNC (r)
```

Die Funktion FLOAT wandelt die interne Darstellung der angegebenen CARDINAL-Zahl c in die der REAL-Darstellung um. TRUNC schneidet zunächst eventuelle Nachkommastellen der REAL-Zahl r ab und wandelt schließlich die erhaltene ganze Zahl in eine Zahl des Typs CARDINAL um, falls diese Zahl nicht negativ und im Bereich der CARDINAL-Zahlen gültig ist.

Von den genannten Konvertierungsfunktionen zu unterscheiden sind solche Funktionen, die lediglich die interne Darstellung der jeweiligen Zahl anders interpretieren. Man nennt sie **Typ-Transferfunktionen**. Hierzu gehören die Funktionen INTEGER und CARDINAL, die jeweils eine CARDINAL-Zahl c als INTEGER-Zahl i interpretieren bzw. umgekehrt:

```
c := CARDINAL (i)
i := INTEGER  (c)
```

Obwohl dies nicht zwingend vorgeschrieben ist, kann eine INTEGER-Zahl i sinnvollerweise nur dann als eine CARDINAL-Zahl mit demselben Wert interpretiert werden, wenn sie nicht negativ ist. Umgekehrt ergibt die Interpretation einer CARDINAL-Zahl c nur dann eine INTEGER-Zahl mit dem gleichen Wert, wenn sie eine gültige positive INTEGER-Zahl ist.

Es gibt keine Konvertierungsfunktionen zwischen INTEGER und REAL (eine Modula-Implementation kann sie allerdings in eigenen – nicht allgemein benutzten – Bibliotheksmoduln zur Verfügung stellen[8]). Man kann aber auf dem Umweg der CARDINAL-Zahl-Umwandlung auch eine INTEGER- in eine REAL-Zahl konvertieren, was die zentrale Bedeutung der CARDINAL-Zahlen in Modula erkennen läßt:

```
IF i < O THEN                       IF r < O. THEN
   r := -FLOAT(CARDINAL(-i))           i := -INTEGER(TRUNC(-r))
ELSE                                ELSE
   r :=  FLOAT(CARDINAL(i))            i :=  INTEGER(TRUNC(r))
END                                 END
```

---

[8] In Waterloo-Modula sind dies die Konvertierungsfunktionen real und entier, die im Bibliotheksmodul MathLib0 enthalten sind und etwa durch die im Text folgenden Anweisungen realisiert sind.

Wir wollen das Zinseszins-Programm des vorletzten Abschnitts unter Einbeziehung der Typ-Konvertierung noch einmal betrachten. Wer das erwähnte Programm einmal laufen ließ, wird über die vielen Nachkommastellen bei den Geldbeträgen nicht sehr glücklich gewesen sein, wo doch nur maximal zwei Stellen nach dem Komma für die Pfennige benötigt werden. Das Programm werde daher so abgeändert, daß es zwischendurch mit Pfennigen rechnet, die dann wieder in DM mit maximal zwei Nachkommastellen umgewandelt werden. Der Einfachheit halber bringen wir 1000 DM auf die Bank (fragen also nicht nach einem Startkapital) und zählen stattdessen die Jahre mit:

```
 1  MODULE Sparen2;
 2    FROM InOut IMPORT WriteString, WriteLn, WriteCard,
 3               OpenOutput;
 4    FROM RealInOut IMPORT WriteReal;
 5    VAR  Geld, Zinsen: REAL;
 6         Jahr: CARDINAL;
 7  BEGIN
 8    OpenOutput('Sparen Data');
 9    Jahr := 0;
10    Geld := 1000.;
11    WriteString ('Jahr   Kapital    Zinsen    Kapital');
12    WriteLn;
13    WriteString ('        am Anfang            am Ende');
14    WriteLn; WriteLn;
15    REPEAT
16      INC (Jahr);
17      WriteCard (Jahr, 4);
18      WriteReal (Geld, 10);
19      Zinsen := FLOAT(TRUNC(Geld * 5. + 0.5)) / 100.;
20      Geld   := Geld + Zinsen;
21      WriteReal (Zinsen, 10);
22      WriteReal (Geld, 10);
23      WriteLn
24    UNTIL Geld >= 2000.
25  END Sparen2.
```

Richten wir unser Augenmerk zunächst auf die Rundungsoperation in Zeile 19. Dort wird das angesparte Kapital (Geld), das in DM vorliegt mit dem Zinssatz 5 multipliziert, wodurch die Zinsen in Pfg erhalten werden. Bevor wir dort Nachkommastellen mittels TRUNC entfernen, wird zum Zweck der kaufmännischen Rundung 0.5 Pfg addiert. Vor der Division der erhaltenen CARDINAL-Zahl durch 100.0 muß diese noch mit FLOAT in eine REAL-Zahl konvertiert werden.

Mit OpenOutput lernen wir eine neue Prozedur aus dem Modul InOut kennen, die dazu dient, die Ausgabe des Programms auf eine externe Magnetplatten-datei umzulenken (Zeilen 3 und 8). Das Argument dieser Prozedur ist die Dateibezeichnung[9]. Diese Datei wird nachfolgend aufgelistet:

```
Jahr    Kapital      Zinsen    Kapital
        am Anfang              am Ende

  1       1000          50       1050
  2       1050        52.5     1102.5
  3     1102.5       55.13    1157.63
  4    1157.63       57.88    1215.51
  5    1215.51       60.78    1276.29
  6    1276.29       63.81     1340.1
  7     1340.1          67     1407.1
  8     1407.1       70.35    1477.45
  9    1477.45       73.87    1551.32
 10    1551.32       77.57    1628.89
 11    1628.89       81.44    1710.33
 12    1710.33       85.52    1795.85
 13    1795.85       89.79    1885.64
 14    1885.64       94.28    1979.92
 15    1979.92          99    2078.92
```

Wir verwenden hier erstmals eine Variablendeklaration, bei der Variablen ver-schiedener Typen deklariert werden. Das einleitende VAR ist dann nur einmal zu schreiben, gefolgt von den Namenlisten, die mit den verschiedenen Typen verbunden werden. Allgemein hat eine Deklaration folgendes Aussehen, wobei wir bemerken, daß außer Variablen auch noch andere syntaktische Begriffe deklariert werden können, von denen die Deklaration von Typen und Kon-stanten uns als nächstes beschäftigen wird:

```
Deklaration         = CONST { ConstDeklaration ";" } |
                      TYPE { TypDeklaration ";" } |
                      VAR { VarDeklaration ";" } |
                      ProzDeklaration ";" |
                      ModulDeklaration ";"
VarDeklaration      = NamenListe ":" Typ
NamenListe          = Name { "," Name }
```

---

[9] Die gezeigte Form ist im Betriebssystem CMS gebräuchlich. Bei anderen Betriebssystemen kann die Dateibezeichnung anders aussehen, z.B. SPAREN.DAT.

Ein weiteres „Bonbon" unseres Programmbeispiels ist die eingebaute Prozedur INC, die intern deklariert ist, und deren Aufgabe es ist, den Wert des übertragenen Argumentes um 1 zu erhöhen. Sie leistet zwar dasselbe wie die Zuweisung i := i + 1, sollte aber einen schnelleren Objektcode liefern als diese. Die Inkrementierungsprozedur INC ist eigentlich eine „generische" Prozedur, d.h. sie steht für eine Familie von Funktionen, da sie noch in einer anderen Form benutzt werden kann und beides sowohl für INTEGER- als auch für CARDINAL-Zahlen: INC (i, j) ist gleichbedeutend mit i := i + j. Der Vollständigkeit halber sei hier die entsprechende Dekrementierungsprozedur erwähnt: DEC (i) bzw. DEC (i, j) liefert dasselbe wie i := i – 1 bzw. i := i – j.[10]

Zum Schluß sei die Aufmerksamkeit auf die Abbruchbedingung der REPEAT-Schleife gelenkt (Zeile 24): Auf beiden Seiten des Vergleichsoperators müssen Ausdrücke des gleichen Typs stehen, hier also Ausdrücke des Typs REAL. Die Zahl 2000 wäre vom Typ CARDINAL, die nicht mit der REAL-Variablen Geld verglichen werden darf.

Als weiteres Beispiel für das Rechnen mit REAL-Größen im Zusammenhang mit der Benutzung von Typ-Konvertierungsfunktionen sei das folgende genannt:

Bei einem Auto soll der Anhalteweg bei einer bestimmten Geschwindigkeit ermittelt werden, wenn das Fahrzeug nach einer „Schrecksekunde" abgebremst wird. Grob über den Daumen gepeilt wird in der Schrecksekunde 3/10 des numerischen Wertes der Geschwindigkeit (in km/h) in Metern zurückgelegt, während der Bremsweg sich als Quadrat der Geschwindigkeit, dividiert durch 100, berechnet. Die entsprechenden Daten sollen für 5, 10, 15, ... 120 km/h ausgegeben werden:

```
 1   MODULE Bremsen;
 2      FROM InOut IMPORT WriteLn, WriteCard, WriteString;
 3      FROM RealInOut IMPORT WriteReal;
 4      VAR  Tempo:       CARDINAL;
 5           Bremsweg, Anhalteweg: REAL;

 6   BEGIN
 7      WriteString ('Geschwindigkeit Bremsweg Anhalteweg');
 8      WriteLn;
 9      WriteString ('    (km/h)        (m)        (m)    ');
10      WriteLn;
11      Writeln;
```

---

[10] Die Funktionen INC und DEC sind in beiden Formen nicht nur für INTEGER und CARDINAL, sondern für alle Datentypen mit aufzählbarem Wertebereich (wie BOOLEAN, CHAR u.a.) definiert.

```
12      FOR Tempo := 5 TO 100 BY 5 DO
13         Bremsweg   := FLOAT(Tempo*Tempo)/100.;
14         Anhalteweg := Bremsweg + 3.*FLOAT(Tempo)/10.;
15         WriteCard (Tempo, 8);
16         WriteReal (Bremsweg, 15);
17         WriteReal (Anhalteweg, 15);
18         WriteLn
19      END
20   END Bremsen.
```

Die FOR-Schleife (Zeilen 12 bis 19) enthält das Schlüsselwort BY, hinter dem die Schrittweite für die Inkrementierung der Schleifenvariablen Tempo angegeben ist. In der Schleife werden also nacheinander die Geschwindigkeiten 5, 10, 15, ..., 95, 100 Stundenkilometer verarbeitet.

Wenn die in der Syntaxbeschreibung auf Seite 28 angegebene BY-Klausel fehlt, dann wird der Wert +1 angenommen. Die Schleifenlaufrichtung kann auch fallend sein, also von höheren zu niedrigeren Werten. Dann muß nach BY eine negative Schrittweite angegeben werden.

4.3   Der Datentyp BOOLEAN, Prioritäten

In IF-Anweisungen und den besprochenen Schleifen-Anweisungen kamen „Bedingungen" vor, die den Ablauf dieser Anweisungen steuerten. Als Bedingungen haben wir bisher nur einfache Vergleichsausdrücke kennengelernt. Es können dort aber komplexere (logische) Ausdrücke stehen, deren Werte sich als „wahr" bzw. „falsch" ergeben. Variablen, die einen dieser beiden logischen Wahrheitswerte annehmen können, nennt man „boolesch" nach dem englischen Mathematiker und Logiker George Boole, dem Begründer der mathematischen Aussagenlogik, mit der man logische Aussagenverknüpfungen durch einen mathematischen Formalismus beschreiben kann.

Logische Aussagen kann man negieren oder durch die Wörter „und" und „oder" miteinander zu neuen Aussagen verknüpfen. Gleiches ist mit booleschen Ausdrücken möglich. Ein Beispiel soll zeigen, wie man mit booleschen Größen in Modula umgeht:

```
1   MODULE Boole;
2      FROM InOut IMPORT WriteString, WriteLn;
3      VAR  A, B: BOOLEAN;

4   BEGIN
5      WriteString (' A       B     A & B  A v B'); WriteLn;
6      WriteString ('------------------------------'); WriteLn;
```

```
 7     FOR A := FALSE TO TRUE DO
 8       FOR B := FALSE TO TRUE DO
 9         IF A        THEN WriteString (' true  ')
10                     ELSE WriteString (' false ') END;
11         IF B        THEN WriteString (' true  ')
12                     ELSE WriteString (' false ') END;
13         IF A AND B  THEN WriteString (' true  ')
14                     ELSE WriteString (' false ') END;
15         IF A OR B   THEN WriteString (' true  ')
16                     ELSE WriteString (' false ') END;
17         WriteLn
18       END
19     END
20  END Boole.
```

Zur Bezeichnung boolescher Variablen gibt es den einfachen Typ BOOLEAN.
Variablen dieses Typs können nur die beiden Werte FALSE und TRUE annehmen, die in dieser Reihenfolge angeordnet sind. Eine FOR-Schleife, bei der die
Laufvariable (A bzw. B in den Zeilen 7 und 8) diese Werte in dieser Richtung
durchläuft, ist zulässig: Die Schleifen, die hier ineinander verschachtelt sind,
werden jeweils genau zweimal durchlaufen. In den Zeilen 9, 11, 13 bzw. 15 fällt
des weiteren auf, daß boolesche Ausdrücke die in IF-Anweisungen verwendeten
Vergleichsausdrücke (die bisher einzige Form für „Bedingungen") ersetzen
können. Sie stellen die allgemeine Form für Bedingungen in IF-, WHILE- und
auch REPEAT-Anweisungen dar.

Da es keine Ein-/Ausgabeprozeduren für boolesche Größen gibt (vergleichbar
den Prozeduren ReadInt und WriteInt für INTEGER), müssen wir uns mit einer
Reihe alternativer IF-Anweisungen behelfen. Die Ausgabe des Programms sieht
so aus:

```
    A       B      A & B   A v B
    ---------------------------------
    false   false   false   false
    false   true    false   true
    true    false   false   true
    true    true    true    true
```

Die Spalte „A & B" zeigt an, daß die Verknüpfung A AND B nur dann den Wert
TRUE ergibt, wenn beide Variablen den Wert TRUE haben, während es bei
„A v B" (für A OR B) offenbar ausreicht, wenn mindestens eine Variable den
Wert TRUE hat, damit die Verknüpfung A OR B den Wert TRUE besitzt.

Die Umkehrung des Wertes eines booleschen Ausdrucks geschieht dadurch, daß der Negationsoperator NOT vor den Ausdruck gestellt wird: Hat A den Wert TRUE, so hat NOT A den Wert FALSE und umgekehrt.

Ähnlich wie bei den arithmetischen Ausdrücken kann man auch mit booleschen Ausdrücken komplexere Ausdrücke bilden, z.B. NOT A OR B oder A AND NOT B OR B AND NOT A. Während bei dem arithmetischen Ausdruck a∗b+c∗d offenbar die Regel „Punktrechnung geht vor Strichrechnung" gilt, scheint eine Abarbeitungsreihenfolge bei den beiden letztgenannten booleschen Ausdrücken nicht von vornherein klar. Es gibt aber auch hier exakte Regeln, die wir aus der Syntaxbeschreibung für die Bildung von Ausdrücken ableiten können:

```
Ausdruck           = EinfacherAusdr [ RelOp EinfacherAusdr ]
EinfacherAusdr     = [ ”+” | ”–” ] Term { AddOperator Term }
AddOperator        = ”+” | ”–” | OR
Term               = Faktor { MultOperator Faktor }
MultOperator       = ”∗” | ”/” | DIV | MOD | AND | ”&”
Faktor             = Zahl | Zeichenkette | Menge | ”(” Ausdruck ”)” |
                     NOT Faktor | Bezeichner [ AktualParameter ]
```

Als erstes vergessen wir die Syntaxbeschreibung für „Bedingung" und ersetzen sie durch den allgemeineren „Ausdruck", der – wie bereits oben erläutert – als boolescher Ausdruck zu verstehen ist (der Vergleichsausdruck ist nach obiger Regel zur Bildung von Ausdrücken nur ein Spezialfall).

An der arithmetischen „Punkt- vor Strichrechnungs"-Regel soll überprüft werden, wie Modula den Ausdruck A + B∗(C – D) abarbeitet:

Zunächst reduziert sich „Ausdruck" auf einen „einfachen Ausdruck", da kein relationaler Operator vorkommt. Dieser wiederum ist von der Gestalt „Term + Term". Beide Terme müssen zunächst ausgewertet werden, bevor die Addition ausgeführt werden kann. Der erste Term ist nach der vierten obigen Regel ein Faktor, der eine Variable bezeichnet, während der zweite Term von der Gestalt „Faktor ∗ Faktor" ist. Der erste dieser Faktoren bezeichnet wiederum eine Variable, der zweite ist ein in Klammern stehender Ausdruck, der nach der ersten der oben genannten Regeln weiter auszuwerten ist. Wir haben es hier mit einer rekursiven Definition zu tun, die uns in der Syntaxbeschreibung von Modula noch öfter begegnen wird: der in Klammern stehende Ausdruck kann wiederum alle Bildungsregeln für Ausdrücke für sich beanspruchen, wie der ursprüngliche Ausdruck. Das bedeutet u.a., daß es von der Modula-Syntax erlaubt ist, einen Ausdruck nicht nur in einfache, sondern in beliebig viele Klammerpaare einzuschließen.

Der zweite Term kann erst ausgewertet werden, wenn dessen zweiter Faktor ausgewertet ist. Aus den obigen Syntaxregeln entnimmt man, daß für die Operationen in Modula eine hierarchische Ordnung gilt. Den Operatoren sind dabei Prioritätsstufen zugeordnet, wobei folgendes zu beachten ist:

- Bei Operationen mit Operanden gleicher Stufe (z.B. „ + " und „–") erfolgt die Auswertung eines Ausdrucks von links nach rechts – also in der Reihenfolge des Aufschreibens der einzelnen Operanden.
- Ausdrücke mit Operatoren verschiedener Priorität werden so ausgewertet, daß zunächst die Operatoren mit der höchsten auftretenden Priorität zum Zuge kommen (entsprechend der höheren Stufennummer der folgenden Tabelle), dann die Operatoren der nächst niedrigeren Priorität und so fort.

Im Ausdruck „a > b + 1" wird zunächst der Teilausdruck b + 1 ausgewertet, das Ergebnis in einem temporären Speicher t festgehalten und dann der Wert des Ausdrucks a > t bestimmt, da der + -Operator eine höhere Priorität besitzt als der > -Operator.

Stufe	Operation
4	NOT, Klammer- und Funktionsauswertung
3	Punktoperationen: *, /, DIV, MOD, AND, &
2	Strichoperationen: +, –, OR, Präfix + und –
1	Vergleichsoperationen: =, #, < >, < =, > =, IN

Die Regel über Funktionsauswertungen ergibt sich aus den verwendeten Begriffen „Bezeichner" und „Aktualparameter", die später erklärt werden. Hier können wir uns den Sachverhalt zunächst an einem Ausdruck etwa der Gestalt A + TRUNC(B) * C klar machen. Auch der Begriff „Menge" wird zusammen mit dem Schlüsselwort IN im nächsten Kapitel behandelt. Der logische Operator & ist in der Waterloo-Implementierung eine Abkürzung für den Operator AND.

Klammern kann man in Ausdrücken überall dort setzen, wo es wegen der Prioritätsregeln erforderlich wird, z.B. (A + B) * (C + D). Ist man sich über die Prioritätenfolge im unklaren, so ist ein zusätzliches, eventuell überflüssiges Klammerpaar auf jeden Fall unschädlich. Als Konsequenz für die Schreibweise von Ausdrücken wollen wir uns merken, daß in der folgenden IF-Anweisung die Klammern auf keinen Fall fortgelassen werden dürfen:

```
IF (A <= B) AND (C <= D) THEN ...
```

Sind A, B, C und D Zahlen, so würde ohne Klammerung wegen der Prioritätsregeln der ungültige Ausdruck B AND C gebildet werden, da die logischen Operatoren AND, OR und NOT nur auf boolesche Ausdrücke angewendet wer-

den dürfen. Aber auch bei booleschen Variablen A, B, C und D würde ein
unzulässiger Vergleich entstehen, da in Vergleichsausdrücken nur *ein*
relationaler Operator stehen darf.

4.4   Der Datentyp CHAR

Abschließend soll ein elementarer Datentyp behandelt werden, der es erlaubt,
Buchstaben, Ziffern, Satz- und Sonderzeichen zu speichern und zu verarbeiten.
Die Wertemenge dieses Datentyps ist von der jeweiligen Implementierung von
Modula abhängig, genauer von dem zugrundeliegenden Zeichen-Code des
Rechners. Im wesentlichen gibt es zwei Zeichensätze, den – bereits früher
erwähnten – ASCII- und den EBCDIC-Code. Der erste hat in der Regel 128
verschiedene Zeichen (7-Bit-Code), der zweite hat 256 (8-Bit-Code). Wir wollen
einmal die 256 ($= 2^8$) EBCDIC-Zeichen von einem Programm ausgeben lassen:

```
 1   MODULE CharSet;
 2     FROM InOut IMPORT WriteLn, WriteString,
 3                       Write, WriteHex;
 4     VAR  i, j : CARDINAL;
 5     BEGIN
 6       (* obere Beschriftung *)
 7       WriteString ('    ');
 8       FOR i := 0 TO 15 DO Write (' '); WriteHex (i,1) END;
 9       WriteLn;
10       (* oberer Rahmen *)
11       WriteString
12         ('   +-------------------------------+');
13       WriteLn;
14       (* linke Beschriftung und senkrechter Rahmen *)
15       FOR i := 0 TO 15 DO
16         WriteHex (i, 1); WriteString (' |');
17         FOR j := i TO 240+i BY 16 DO
18           IF j < 64 THEN WriteString (' -')
19                     ELSE Write (' '); Write (CHR(j)) END
20         END;
21         WriteString (' |'); WriteLn
22       END;
23       (* unterer Rahmen *)
24       WriteString
25         ('   +-------------------------------+');
26       WriteLn
27     END CharSet.
```

Die Ausgabe des Programms hat folgendes Aussehen:

```
            0 1 2 3 4 5 6 7 8 9 A B C D E F
   +-----------------------------------------+
 0 | - - - -     & - - - - - - { } - 0 |
 1 | - - - - - - / - a j - - A J - 1 |
 2 | - - - - - - - - b k s - B K S 2 |
 3 | - - - - - - - - c l t - C L T 3 |
 4 | - - - - - - - - d m u - D M U 4 |
 5 | - - - - - - - - e n v - E N V 5 |
 6 | - - - - - - - - f o w - F O W 6 |
 7 | - - - - - - - - g p x - G P X 7 |
 8 | - - - - - - - - h q y - H Q Y 8 |
 9 | - - - - - - - - i r z - I R Z 9 |
 A | - - - - ¢ ! - : - - - - - - - - |
 B | - - - - . $ , # - - - - - - - - |
 C | - - - - < * % @ - - - - - - - - |
 D | - - - - ( ) _ ' - - [ ] - - - - |
 E | - - - - + ; > = - - - - - - - - |
 F | - - - - | - ? " - - - - - - - - |
   +-----------------------------------------+
```

Jedes Zeichen wird mit 8 Bit (= 1 Byte) dargestellt, die man als zwei
Hexadezimalziffern schreiben kann (00 bis FF), für je ein Halbbyte eine
Hexadezimalziffer. Das erste Halbbyte steht in unserer Tabelle am oberen
Rand, während das zweite am linken Tabellenrand steht. Das zugeordnete
Zeichen steht im Kreuzungspunkt der jeweiligen Zeile und Spalte (Das Blank
entspricht der Hexadezimalzahl 40, das Gleichheitszeichen der Hexadezimal-
zahl 7E).

Da Modula es gestattet, ganze Zahlen in hexadezimaler und oktaler Form auszugeben, gibt es im Modul InOut auch entsprechende Ausgabe-Routinen:
WriteHex, WriteOct (Eingabe-Routinen sind nicht vorgesehen). Beide Routinen
entsprechen in Zahl und Bedeutung der Parameter den Routinen WriteCard und
WriteInt (Zeile 8 und 16): Der erste Parameter ist die auszugebende Zahl, der
zweite ist die Feldlänge.

Für die Deklaration von Zeichen gibt es den Datentyp CHAR. Im obigen Programm wird er nicht gebraucht, weil die verwendeten Zeichen nicht gespeichert
werden müssen. Stattdessen wird die Funktion CHR verwendet, um Werte von
Typ CHAR zu erzeugen. Sie kann als Argumente die Zahlen 0 bis 255 tragen,
die den 256 EBCDIC-Zeichen zugeordnet werden (Zeile 19). Die zwei ineinander
geschachtelten Schleifen geben die Zeichen zwar zeilenweise aus, aber so, daß
die Tabelle spaltenweise gelesen werden kann.

Von den insgesamt 256 Zeichen der Tabelle sind viele im Zeichensatz des
verwendeten Druckers oder Bildschirms nicht enthalten bzw. haben steuernden
Einfluß auf die Ausgabe (automatischer Zeilen- oder Seitenvorschub u.ä.). Ihre
Ausgabe muß in der Tabelle daher gezielt durch ein anderes Zeichen ersetzt
werden (vgl. Zeile 18).

Auffallend ist, daß im EBCDIC-Zeichensatz die Kleinbuchstaben vor den Großbuchstaben und diese wieder vor den Ziffern erscheinen, während einige Satz-
und Sonderzeichen (einschließlich des Leerzeichens) vor den Buchstaben
rangieren. Beim ASCII-Zeichensatz liegen die Verhältnisse anders (Ziffern vor
Großbuchstaben und diese vor den Kleinbuchstaben).

Konstanten vom Typ CHAR sind einzelne in Hochkomma oder Gänsefüßchen
eingeschlossene Zeichen (Zeile 8 und 19 des letzten Programms). Für die
Ausgabe von Zeichen gibt es die Prozedur Write, der Gebrauch der Eingabe-
prozedur Read wird im folgenden Programm gezeigt:

```
 1   MODULE Saetze;
 2     FROM InOut IMPORT Read, Write, WriteLn, WriteString,
 3                       WriteCard, Done, OpenInput;
 4     VAR  Klein, Gross, Sonst, Saetze: CARDINAL;
 5          z: CHAR;

 6   BEGIN
 7     Klein := 0; Gross := 0; Sonst := 0; Saetze := 0;
 8     OpenInput ('Text Beispiel');

 9     LOOP
10       Read (z);
11       IF NOT Done THEN EXIT END;
12       Write (z);
13       IF    (z >= 'a') & (z <= 'z') THEN INC (Klein)
14       ELSIF (z >= 'A') & (z <= 'Z') THEN INC (Gross)
15       ELSE  INC (Sonst);
16             IF z = '.' THEN INC (Saetze) END
17       END
18     END;
```

```
19      WriteLn;  WriteString ('Der Text enthält ');
20      WriteCard (Saetze,1); WriteString (' Sätze mit');
21      WriteCard (Gross, 1);
22      WriteString (' Großbuchstaben, ');  WriteLn;
23      WriteCard (Klein ,1);
24      WriteString (' Kleinbuchstaben und ');
25      WriteCard (Sonst ,1);
26      WriteString (' sonstigen Zeichen.'); WriteLn
27   END Saetze.
```

Die Ausgabe des Programms hat etwa folgendes Aussehen:

```
Diese Datei enthält etwas Spielmaterial, an dem die
Möglichkeiten der Textverarbeitung von Modula demonstriert
werden sollen. Wir beginnen mit einem einfachen Beispiel,
in dem Sätze gezählt werden. Später folgen etwas
anspruchsvollere Anwendungen, bei denen wir den Text in
Wörter zerlegen und diese alphabetisch sortieren wollen.

Der Text enthält 3 Sätze mit 13 Großbuchstaben,
267 Kleinbuchstaben und 200 sonstigen Zeichen.
```

Ähnlich wie im Programm Sparen2 mit der Prozedur OpenOutput die Ausgabe
des Programms auf eine Plattendatei umgelenkt werden konnte, so wird hier
mittels der von InOut importierten Prozedur OpenInput als Programm-Eingabe
die vorhandenen Plattendatei 'TEXT BEISPIEL' definiert (Zeile 8). Die Umlenkung der Ein- bzw. Ausgabe geschieht zum Zeitpunkt der Ausführung der
jeweiligen Prozedur. Es kann also am Anfang der Programmausführung die
Ein-/Ausgabe vom bzw. zum Terminal erfolgen und erst später durch ein
OpenInput bzw. OpenOutput umgelenkt werden. Durch die Aufrufe CloseInput
bzw. CloseOutput – parameterlose Prozeduren, die von InOut importiert werden
müssen – wird wieder das Terminal zur Ein- bzw. Ausgabe-Einheit.

Das Programm enthält die bisher noch nicht besprochene – weil seltener
benötigte – LOOP-Schleife. Das Sprachkonstrukt LOOP – END (Zeile 9 und 18)
stellt im Prinzip eine Endlosschleife dar, für deren Abbruch eine eigene Anweisung existiert, die EXIT-Anweisung, deren Ausführung in der Regel von einer
Bedingung abhängig gemacht wird (Zeile 11) und die einen Sprung hinter das
END der LOOP-Schleife bewirkt.   Die Schleifenbedingung kann am Anfang
(abweisende Schleife), mittendrin oder am Ende (nicht abweisende Schleife)
stehen. In unserem Falle könnte die LOOP-Schleife also auch durch eine
WHILE-Schleife ersetzt werden, was dem Leser als Übung empfohlen sei.

Die boolesche Variable Done wird aus dem Modul InOut importiert. Ihr wird
nach jeder Ein-/Ausgabeoperation ein neuer Wert zugewiesen: Done erhält den

Wert TRUE, wenn die Operation erfolgreich war, sonst FALSE. In unserem Beispiel bedeutet dies nach dem Read in Zeile 10, daß ein Zeichen eingelesen werden konnte bzw. dies nicht der Fall war, weil das Ende der Datei erreicht wurde. Im letzten Fall bewirkt die Anweisung in Zeile 11, daß aus der Schleife herausgesprungen und das Programm mit Zeile 19 fortgesetzt wird.

Die Datei wird durch den Write-Befehl in Zeile 12 zeichenweise ausgegeben, wobei auch die Zeilenstruktur der Textdatei erhalten bleibt: Die Zeilenendsymbole „EOL" (= End Of Line) der Eingabedatei bewirken auch bei der Ausgabe den Beginn einer neuen Zeile. Wollte man nach jeder Zeile in der Ausgabe eine Leerzeile einschieben, so müßte das Zeilenendsymbol EOL aus InOut importiert und abgefragt werden (REPEAT ... UNTIL z = EOL), um danach ein zusätzliches WriteLn einzufügen.

Die Abfrage nach Kleinbuchstaben (Zeile 13) und Großbuchstaben (Zeile 14) ist bei zugrundeliegendem ASCII-Code korrekt, müßte aber im EBCDIC-Code wegen der Dreiteilung der jeweiligen Buchstabengruppe (vgl. die Ausgabe des letzten Programms) genauer beschrieben werden. Dies sei dem Leser als Fingerübung in der Benutzung der Prioritätsregeln für relationale Operatoren und die logischen Operatoren AND und OR empfohlen. Beim Zählen der Sätze unseres Textes wird davon ausgegangen, daß Punkte nur am Ende von Sätzen stehen und nirgends sonst.

4.5 Übungen

Aufgabe 9:

Die Temperatur wird in Amerika in „Grad Fahrenheit" (F) gemessen. Für die Umrechnung der bei uns gebrächlichen „Grad Celsius" (C) in die Fahrenheit-skala gilt

```
F =  1.8·C + 32
```

Berechnen Sie (mit Hilfe eines Programms) eine Tabelle der Fahrenheit-Werte für alle ganzzahligen Celsius-Werte von 0 bis 40 Grad.

Aufgabe 10:

Die Summe

```
s = 1 - 1/2 + 1/3 - 1/4 +-... + 1/(2*n+1)
```

ist für verschiedene Werte von n sowohl vorwärts als auch rückwärts zu berechnen. Da REAL-Zahlen nur mit einer beschränkten Genauigkeit berechnet

werden, können beide Summen verschieden sein. Welche der beiden Berechnungen führt auf das genauere Ergebnis? Bestimmen Sie die Differenz beider
Summen. Das Programm soll beenden, wenn n = 0 eingegeben wurde.

Aufgabe 11:

Ersetzen Sie die im Programm Saetze angegebene LOOP-Schleife durch eine
WHILE-Schleife unter Beachtung der Stellung des Einlesebefehls. Die Abfrage
auf Buchstaben soll dabei so verändert werden, daß der besonderen Struktur
des EBCDIC-Zeichensatzes Rechnung getragen wird (vgl. die Ausgabe des
Programms CharSet).

Aufgabe 12:

Entwerfen Sie ein Struktogramm für das in der folgenden Aufgabe 13 zu
erstellende Programm.

Aufgabe 13:

Schreiben Sie ein Programm, das für beliebige reelle Zahlen a, b und c die
Lösungen der quadratischen Gleichung

$$a \cdot x^2 + b \cdot x + c = 0$$

berechnet, wobei für die Lösungen die Formel

$$x_{1,2} = (-b \pm \sqrt{(b^2 - 4 \cdot a \cdot c)})/(2 \cdot a)$$

gilt, falls a ≠ 0 ist. Hier sind d := $b^2 - 4 \cdot a \cdot c$ ≧ 0 bzw. < 0 gesondert zu
betrachten (reelle oder komplexe Lösungen). Ferner ist im linearen Fall
(„a¢ = ¢0“) zu untersuchen, was passiert, wenn b und/oder c ebenfalls Null
sind.
Zur Berechnung der Wurzel können Sie aus dem Modul MathLib0 die Funktion
sqrt (für „square root“ = Quadratwurzel) importieren.

Aufgabe 14:

Beweisen Sie mit Hilfe eines Programms die Gültigkeit der folgenden Aussagen,
indem Sie (analog der Vorgehensweise im Programm Boole) die Spalten entsprechender Wertetafeln miteinander vergleichen:

a) „de Morgan'sche Regeln“:

```
NOT ( a AND b) = NOT a OR  NOT b,
NOT ( a OR  b) = NOT a AND NOT b,
```

b) Für den in Modula nicht vorhandenen Operator „XOR" (eXclusive OR =
   „ausschließendes ODER") gilt: a XOR b hat den Wert TRUE, wenn genau
   einer der beiden Ausdrücke a und b den Wert TRUE besitzt, und sonst
   FALSE. Zeigen Sie

```
1)   a XOR b = (a AND NOT b) OR (b AND NOT a)
2)   a XOR b = (a OR b) AND NOT (a AND b)
```

5   STRUKTURIERTE DATENTYPEN I

Die bisher behandelten Typen CARDINAL, INTEGER, REAL, BOOLEAN und CHAR gehören zu den „einfachen" Datentypen, deren Aufzählung damit noch nicht erschöpft ist. Dennoch wollen wir uns bereits den „strukturierten" Datentypen zuwenden, die für ernsthafte Programmieraufgaben unbedingt erforderlich sind. Als Hilfsmittel hierfür soll im folgenden die Typ-Deklaration besprochen werden, die neue Ausdrucksmöglichkeiten bezüglich der Definition abstrakter Datentypen bietet. Darüber hinaus werden mit den Unterbereichs- und Aufzählungstypen zwei weitere einfache Datentypen vorgestellt, die für die Konstruktion strukturierter ARRAY-Typen benötigt werden.

5.1   Die CONST- und TYPE-Deklaration

Will man in einem Programm eine Kurzbezeichnung (einen Namen) für eine immer wieder verwendete Konstante einführen, so kann man sie als Variable deklarieren und eine einmalige Wertzuweisung an diese Variable vornehmen. Modula gestattet es aber, Konstanten als solche zu bezeichnen. Nach der Deklaration von Konstanten und damit Festlegung ihrer Werte können diese durch Verwechslung mit Variablen nicht mehr unbeabsichtigt modifiziert werden.

Die Benennung einer Konstanten geschieht in dem schon früher in EBNF-Schreibweise angegebenen Deklarationsteil eines Programms. Nach dem einleitenden Schlüsselwort CONST können mehrere Konstanten deklariert werden („ConstDeklaration"):

```
ConstDeklaration   = Name " = " ConstAusdruck
ConstAusdruck      = Ausdruck
TypDeklaration     = Name " = " Typ
```

Die Syntaxregel, die ConstAusdruck näher beschreibt, bedarf einer semantischen Interpretation: ConstAusdruck ist formal wie ein Ausdruck aufgebaut,
jedoch mit der Einschränkung, daß die in ihm enthaltenen Namen Konstanten
bezeichnen müssen. Dies werde im folgenden Beispiel verdeutlicht, das
zugleich die Deklaration mehrerer Konstanten nach dem Schlüsselwort CONST
zeigt:

```
CONST  Pi      = 3.14159265;
       Radius  = 17.;
       Flaeche = Pi*Radius*Radius;
```

Das letzte Beispiel für eine Konstante (Flaeche) veranschaulicht die Deklaration einer Konstanten durch einen aus Konstanten gebildeten Ausdruck. Im
Beispielprogramm des folgenden Abschnitts wird die Deklaration einer Konstanten gezeigt.

Die Deklaration eines selbstbezeichneten Datentyps sieht zunächst genau so
aus wie die einer Konstanten. Sinnvolle Anwendungen können hier noch nicht
gegeben werden, es sei denn, man wäre z.B. mit der englischen Bezeichnung
INTEGER für die Deklaration von ganzen Zahlen nicht zufrieden und möchte
dafür lieber ein anderes Wort wählen:

```
TYPE  Ganz = INTEGER;
VAR   A, B, C: Ganz;
```

Auf ähnliche Weise kann man sich die Deklaration und Verwendung des Typs
„String" im folgenden Programm verdeutlichen.

5.2 Der Datentyp String

Im folgenden wollen wir die Verwendung des Bibliotheksmoduls Strings
betrachten, aus dem neben einigen Prozeduren auch der Datentyp String
(„Zeichenkette") importiert wird. Dieser Typ gehört nicht zur engeren Sprach-
definition von Modula, ist aber in den meisten Implementierungen in einem
eigenen Modul deklariert, da mit ihm Aufgaben der Textverarbeitung leichter zu
bewältigen sind.

Der Typ String unterscheidet sich von den bisher besprochenen
„elementaren" Datentypen durch seine später genauer zu erläuternde Struktur;
wie er intern realisiert ist, braucht uns hier (noch) nicht zu interessieren, da wir
alle Werkzeuge zur Behandlung von Ausdrücken dieses Typs im Bibliotheksmodul Strings zur Verfügung gestellt bekommen.

Im nachstehenden Programm wird ein Text nach dem längsten, sowie nach
dem in lexikalischer Ordnung am weitesten hinten stehenden Wort durchsucht
und gleichzeitig nach dem Vorkommen des Wortes „Modula" gefahndet. Wir
verwenden das gleiche Textbeispiel wie im letzten Programm, indem als Eingabe dieselbe externe Plattendatei benutzt wird:

```
 1   MODULE Woerter;
 2     FROM  InOut   IMPORT OpenInput, Done, Write, WriteLn,
 3                          WriteString, ReadString;
 4     FROM  Strings IMPORT String, Assign, CompareStr,
 5                          Length;
 6     CONST Suchwort  = 'Modula';
 7     VAR   S, SLast, SLang: String;
 8           Gefunden: BOOLEAN;
 9   BEGIN
10     OpenInput ('Text Beispiel');
11     Assign ('', SLast);
12     Assign ('', SLang);
13     Gefunden := FALSE;
14     ReadString (S);
15     WHILE Done DO
16       Gefunden := Gefunden OR
17                   (CompareStr (S, Suchwort) = 0);
18       IF CompareStr (S, SLast) = 1 THEN
19         Assign (S, SLast)
20       END;
21       IF Length(S) > Length(SLang) THEN
22         Assign (S, SLang)
23       END;
24       ReadString (S)
25     END;
26     WriteString ('Das längste Wort ist ');
27     WriteString (SLang); Write ('.'); WriteLn;
28     WriteString ('Das alphabetisch letzte Wort ist ');
29     WriteString (SLast); Write ('.'); WriteLn;
30     WriteString (Suchwort); WriteString (' im Text ');
31     IF NOT Gefunden THEN WriteString ('nicht ') END;
32     WriteString ('gefunden.'); WriteLn
33   END Woerter.
```

In Zeile 11 und 12 wird die Prozedur Assign verwendet (assign = zuweisen),
die zwei Argumente hat, von denen das erste auf das zweite, das eine Variable
sein muß, zugewiesen wird. Die Bereitstellung einer eigenen Prozedur für die
Zuweisung einer Zeichenkette ist erforderlich, da String ein „strukturierter
Datentyp" ist, bei dem die Zuweisung in Modula nicht einfach mit dem

Zuweisungsoperator erfolgen kann. Das jeweils erste Argument in beiden Zuweisungen ist eine Zeichenkettenkonstante, die wir schon als Text in der Ausgabeanweisung WriteString kennengelernt haben. Da beide begrenzenden Apostrophe unmittelbar aufeinanderfolgen, handelt es sich hierbei um Zeichenketten der Länge Null.

In den Zeilen 15 bis 25 haben wir es wieder mit einer Einleseschleife zu tun, wobei vor der WHILE-Schleife und an deren Ende die Prozedur ReadString aus dem Modul Strings verwendet wird, um mittels eines Einlesebefehls Zuweisungen auf die Zeichenkettenvariable S vorzunehmen. ReadString ist das Pendant zu WriteString, mit dem wir ab sofort nicht nur Stringkonstanten, sondern auch Stringvariablen ausgeben können (vgl. Zeilen 27, 29 und 30). ReadString greift sich aus einem fortlaufenden Text, wie er in unserer Datei „Text Beispiel" vorliegt, durch Leerstellen begrenzte Bruchstücke („Wörter") heraus, zerlegt den Text also automatisch in seine Bestandteile.

In Zeile 6 ist die String-Konstante 'Modula' mit einem Namen benannt worden (CONST-Deklaration). Dieser wird in Zeile 17 verwendet: Die Funktion CompareStr vergleicht die beiden als Argumente übergebenen Zeichenketten miteinander und liefert den Wert –1, wenn die erste lexikalisch kleiner als die zweite ist (wenn sie im Lexikon also vor jener stehen würde), sie liefert den Wert 0, wenn beide Zeichenketten gleich sind und sonst den Wert + 1. Der Vergleich dieses Funktionswertes mit der Konstanten 0 wird also TRUE oder FALSE je nachdem, ob S gleich Suchwort ist oder nicht. Im ersten Fall wurde das gesuchte Wort gefunden. In Zeile 18 bis 20 wird die lexikalisch größte Zeichenkette ermittelt.

Die in Zeile 21 verwendete Funktion Length ermittelt die Länge einer Zeichenkette (die Anzahl der in ihr enthaltenen Zeichen). Bei der Suche nach der längsten Zeichenkette unseres Textes müssen wir uns die bisher längste merken (SLang).

An dieser Stelle sei erwähnt, daß der Modul Strings noch weitere Prozeduren (Concat, Copy, Insert, Delete), die Funktion Pos und die Konstanten StrLen und EOS enthält, auf die später eingegangen wird.

5.3 Der Unterbereichs- und Aufzählungstyp

Zur Vorbereitung auf den strukturierten Datentyp ARRAY werden noch zwei einfache Datentypen benötigt: der Unterbereichstyp und der Aufzählungstyp. Um zu erkennen, wie ein Unterbereichstyp gebildet wird, sehen wir uns aus dem folgenden Syntax-Kästchen zunächst den einfachsten Weg an: QuName (Abkürzung für „qualifizierter Name") läßt sich zunächst (unter Fortlassung der Wiederholung) als der bisher bekannte Namenbegriff auffassen. So wird etwa ein einfacher Typ durch einen Namen beschrieben (BOOLEAN, CHAR, CARDINAL, INTEGER, REAL) bzw. ist ein Unterbereichs- oder Aufzählungstyp:

```
QuName            = Name { "." Name }
Typ               = EinfacherTyp | ArrayTyp | SetTyp |
                    RecordTyp | ProcedureTyp | PointerTyp
EinfacherTyp      = QuName | Unterbereichstyp | Aufzählungstyp
Unterbereichstyp  = [ QuName ] "[" ConstAusdruck ".." ConstAusdruck "]"
Aufzählungstyp    = "(" NamenListe ")"
```

Ein Unterbereich (Abschnitt) der ganzen Zahlen läßt sich mit der TYPE-Deklaration wie folgt beschreiben:

```
TYPE  KleineZahl = [1..100];
```

Variablen dieses Typs können Werte im Bereich zwischen 1 und 100 einschließlich annehmen. Bei den meisten Implementationen bringt die Deklaration eines Unterbereichstyps keine Speicherplatzersparnis gegenüber dem zugrundeliegenden Typ. So kämen Variablen, die vom obigen Typ KleineZahl sind, mit nur einem Byte an Speicherbedarf aus, also gerade einem Viertel des Speicherbedarfs einer CARDINAL-Variablen. Ein praktischer Nutzen liegt jedoch in der Überprüfung der Größe von Variablen eines Unterbereichstyps während der Übersetzung und zur Laufzeit des Programms. Das folgende Beispiel soll dies erläutern:

```
1   MODULE PruefDat;
2     (* Pruefung von Daten unseres Jahrhunderts *)
3     FROM InOut IMPORT WriteString, WriteCard, WriteLn,
4                       Write, ReadCard;
5     VAR  Tag:      [0..31];
6          Monat:    [1..12];
7          Jahr:     [0..99];
8          MLaenge:  [28..31];
9          x:        CARDINAL;

10    BEGIN
11      WriteString ('Gib Tag, Monat und Jahr ein ');
12      WriteString ('(Ende mit Tag = 0): '); WriteLn;
13      ReadCard (x); Tag := x;
```

```
14      WHILE Tag # 0 DO
15         ReadCard (x); Monat := x;
16         ReadCard (x); Jahr  := x;
17         WriteString ('Der '); WriteCard (Tag, 2);
18         WriteString ('. ');   WriteCard (Monat, 2);
19         WriteString ('. 19');
20         IF Jahr < 10 THEN Write ('0') END;
21         WriteCard (Jahr, 1);
22         WriteString (' ist ein ');

23         CASE Monat OF
24            1,3,5,7,8,10,12: MLaenge := 31 |
25            4,6,9,11:        MLaenge := 30 |
26            2:  IF (Jahr MOD 4 = 0) & (Jahr # 0)
27                     THEN MLaenge := 29
28                     ELSE MLaenge := 28
29                END
30         END;
31         IF Tag > MLaenge THEN WriteString ('un') END;
32         WriteString('gültiges Datum.'); WriteLn;
33         ReadCard (x); Tag := x
34      END
35   END PruefDat.
```

Das Programm soll Datumsangaben verarbeiten. Tage liegen normalerweise im Bereich 1 bis 31, Monatsnummern im Bereich 1 bis 12, und die Angabe des Jahres soll zweistellig sein, also im Bereich 0 bis 99 einschließlich liegen. Da das Programm abbrechen soll, wenn ein Tag mit der Nummer Null eingelesen wurde, müssen wir auch diesen Wert im angegebenen Unterbereichstyp zulassen (Zeile 5). Da die Unterbereichstypen in den Zeilen 5 bis 8 nur einmal im Programm auftauchen, haben wir sie hier nicht mittels einer Typdeklaration mit einem eigenen Namen versehen.

Die Monatslängen liegen im Bereich 28 bis 31 und werden vom Programm gesetzt (Zeilen 23 bis 30). Der in der CASE-Anweisung abgefragte Monat kann nur noch die Werte 1 bis 12 einschließlich haben. Ein ELSE für einen anderen Monatswert erübrigt sich, da die Prüfung des Wertes der Variablen Monat bereits bei der Zuweisung in Zeile 15 passiert. Würde etwa die Zahl 13 auf die Variable Monat zugewiesen werden, so meldete das Laufzeitsystem eine Überschreitung der angegebenen Grenzen des Unterbereichs [1..12]. Gleiches geschieht bei den Variablen Tag und Jahr (Zeile 13 und 16). Die vom Programm explizit durchgeführte Datumsprüfung kann sich nun auf die Prüfung der Obergrenze für die Tagesnummer des angegebenen Monats beschränken (Zeile 31), wobei das Programm ein ungültiges Datum meldet, während die übrigen fehlerhaften Daten das Laufzeitsystem zu einem Fehlerabbruch zwingen.

Dieser gewollte Fehlerabbruch mag hier noch etwas künstlich erscheinen. Er wird aber dann fast immer anzustreben sein, wenn man an die Hauptverwendung des Unterbreichstyps als Indextyp eines Feldtyps denkt, die uns im nächsten Abschnitt beschäftigen wird.

Das obige Programm gibt Anlaß, uns mit einer weiteren Problematik zu beschäftigen, nämlich der „Verträglichkeit" eines Unterbereichs- mit seinem Grundtyp. In der Regel ergibt sich der jeweilige Grundtyp aus den den Unterbreich definierenden Konstanten, z.B. ist ['a'..'z'] ein Unterbereich des Typs CHAR, während er beim weiter vorn deklarierten Typ KleineZahl nicht klar ist: er könnte sowohl INTEGER als auch CARDINAL sein. Will man hier den Unterbereich eindeutig einem der beiden Grundtypen zuordnen, so kann man den Namen INTEGER bzw. CARDINAL vor den Unterbereich setzen:

```
TYPE  KleineZahl = CARDINAL [1..100];
```

(vgl. die Syntax der Typdeklaration).

Eine Variable eines bestimmten Unterbereichstyps kann einen Ausdruck des zugehörigen Basistyps aufnehmen, wenn dieser wertmäßig im angegebenen Unterbereich liegt. Umgekehrt kann ein Ausdruck eines Unterbereichs einer Variablen vom zugehörigen Basistyp zugewiesen werden. Ebenso können zwei Variablen verschiedener Unterbereichstypen desselben Basistyps aufeinander zugewiesen werden, wenn die jeweiligen Werte im „aufnehmenden" Unterbereich liegen. Schließlich kann eine Variable, deren Typbezeichnung lediglich ein Synonym eines anderen Typs ist, einen Ausdruck von eben diesem anderen Typ aufnehmen (vgl. etwa den Typ Ganz auf Seite 56).

Die Syntax eines Aufzählungstyps wurde bereits oben gegeben: Dieser wird dadurch definiert, daß eine in Klammern eingeschlossene geordnete Liste seiner Werte angegeben wird, wobei die Werte durch Namen repräsentiert werden. Auf diese Weise lassen sich Typen mit „sprechenden" Konstantenbezeichnungen angeben:

```
TYPE  Ampel = (rot, gelb, gruen);
```

Aber auch ein schon bekannter Typ kann als implizit deklarierter Aufzählungstyp aufgefaßt werden:

```
TYPE  BOOLEAN = (FALSE, TRUE);
```

Den Konstanten so definierter Typen ist damit gleichzeitig eine Ordnungszahl zugewiesen, die mit 0 beginnt. So haben beim Typ Ampel die Farben „rot", „gelb" und „gruen" die Ordnungszahlen 0, 1 bzw. 2. In Modula gibt es hierfür die Funktion ORD und deren Umkehrfunktion VAL:

```
ORD (rot)   = 0        VAL (Ampel, 0) = rot
ORD (gelb)  = 1        VAL (Ampel, 1) = gelb
ORD (gruen) = 2        VAL (Ampel, 2) = gruen
```

Das erste Argument von VAL ist ein Typ (hier: Ampel) und das zweite die Ordnungszahl des von VAL ermittelten Wertes. Ist T ein Typ und X eine Konstante
dieses Typs, so gilt also VAL (T, ORD (X)) = X .

Ein Beispiel soll die Verwendung eines Aufzählungstyps demonstrieren:

```
 1   MODULE  Morgen;
 2     FROM  InOut   IMPORT ReadString, WriteString, WriteLn;
 3     FROM  Strings IMPORT String, Pos, Length;
 4     CONST Tage      = 'MoDiMiDoFrSaSo';
 5     TYPE  Wochentag = (Mo, Di, Mi, Do, Fr, Sa, So);
 6     VAR   Tag:    String;
 7           morgen: Wochentag;
 8           Stelle: CARDINAL;
 9   BEGIN
10     LOOP
11       WriteString ('Gib einen Wochentag ein ');
12       WriteString ('(zwei Anfangsbuchstaben): '); WriteLn;
13       ReadString (Tag);
14       Stelle := Pos (Tag, Tage);

15       IF Stelle = Length (Tage) THEN
16         WriteString ('ungültige Eingabe'); WriteLn;
17         EXIT
18       ELSE
19         WriteString ('der folgende Tag ist ');
20         morgen := VAL(Wochentag,(Stelle DIV 2 + 1) MOD 7);

21         CASE morgen OF
22           Mo: WriteString ('Montag');
23         | Di: WriteString ('Dienstag')
24         | Mi: WriteString ('Mittwoch')
25         | Do: WriteString ('Donnerstag')
26         | Fr: WriteString ('Freitag')
27         | Sa: WriteString ('Samstag')
28         | So: WriteString ('Sonntag')
29         END;
30         WriteLn
31       END
32     END
33   END Morgen.
```

Das Programm gibt auf die abgekürzte Eingabe eines Wochentags (Mo, Di, Mi, Do, Fr, Sa, So) den jeweils folgenden Wochentag im Klartext aus. Es endet, sobald keines der obigen Zweibuchstabenkürzel eingegeben wurde.   Die Wochentagsabkürzungen sind Zeichenketten (Strings) der Länge 2, sie sind nicht mit den Namen der Konstanten des Typs Wochentag (Zeile 5) zu verwechseln. Konstanten eines Aufzählungstyps können weder eingelesen noch ausgegeben werden. Beim angegebenen Beispielprogramm, das aber dennoch Ein- bzw. Ausgabe für den Aufzählungstyp Wochentag vornimmt, behelfen wir uns auf unterschiedliche Weise:

Bei der Eingabe wird die eingelesene Zeichenkette mit Hilfe der Funktionen Pos und VAL auf die korrespondierende Konstante des Typs Wochentag abge- bildet. Pos hat zwei Zeichenketten als Argumente, deren zweites die Kette ist, die auf das Vorkommen der ersten Kette untersucht wird. Falls diese nicht in der zweiten vorkommt, wird die Länge der zweiten Zeichenkette als Wert der Funktion ermittelt, anderenfalls wird die Position des Beginns der ersten in der zweiten Kette berechnet, wobei der Positionswert von Null ab zählt (Zeile 14). Die Division durch 2 erzeugt aus der Folge möglicher Werte (0, 2, 4, 6, 8, 10, 12) die Folge 0, 1, 2, 3, 4, 5, 6, also gerade die Ordnungszahlen der entspre- chenden Werte bezüglich des Typs Wochentag. In die VAL-Funktion eingesetzt, ergäbe sich jetzt die gesuchte Konstante des Typs Wochentag. Wir benötigen diese aber nicht, sondern verarbeiten sie gleich weiter zum Wert für den fol- genden Wochentag, indem wir zu der obigen Ordnungszahl eine 1 addieren und den Rest bei der Division durch 7 anschauen. Dies ist die Ordnungszahl des Folgetags, die in Zeile 20 in die VAL-Funktion eingesetzt wird.

Die Ausgabe von Werten eines Aufzählungstyps haben wir schon im Beispiel- programm für die Behandlung boolescher Größen (Programm Boole auf Seite 44) kennengelernt. In Zeile 21 bis 29 steht eine CASE-Anweisung, die verdeut- licht, daß Werte eines Aufzählunstyps auf Gleichheit geprüft werden können. Tatsächlich sind alle Vergleichsoperatoren zulässig, da die Werte eines Aufzählunstyps angeordnet sind. Dementsprechend sind auch die Prozeduren INC und DEC auf sie anwendbar. Z.B. hätten wir statt einer Anweisung der Art

```
morgen := VAL(Wochentag, (ORD(morgen) + 1) MOD 7)
```

auch schreiben können

```
IF morgen = So THEN morgen := Mo
                ELSE INC (morgen) END
```

Variablen vom Aufzählungstyp sind auch als Laufvariablen in Schleifen ver- wendbar:

```
VAR heute, Werktag: Wochentag;
  ....
  FOR heute := Mo TO So DO
    IF heute < Sa THEN INC (Werktag) END
  END
```

Der Aufzählungstyp wird mit der Vorstellung weiterer sprachlicher Ausdrucksmöglichkeiten (ARRAY-Typ, Prozeduren etc.) weiter an Bedeutung gewinnen.

Abschließend sei auf die Möglichkeit hingewiesen, Unterbereiche von Aufzählungstypen zu definieren, z.B.

```
TYPE Wochentag  = (Mo, Di, Mi, Do, Fr, Sa, So);
     Arbeitstag = [Mo .. Fr];
```

5.4 Der ARRAY-Typ

Bisherige Anwendungen waren dadurch gekennzeichnet, daß Variablen individuelle Speichereinheiten bezeichneten. Wollte man z.B. mit 10 verschiedenen Variablen vom Typ CARDINAL arbeiten, so mußten diese einzeln mit unterschiedlichen Namen deklariert werden. Oft hat man jedoch Anwendungsfälle, wo man es mit einer großen Zahl gleichartiger Variablen zu tun hat, bei denen es nicht auf die individuelle Bezeichnung ankommt, sondern auf die Position (laufende Nummer) innerhalb einer Gesamtheit gleichartiger Variablen.

Solche Zusammenfassungen von Variablen in einem **Feld** (englisch: array) sind in der Mathematik üblich: ein **Vektor a** = (a_i) ist in der Terminologie der Programmiersprachen ein eindimensionales Feld und eine **Matrix A** = (a_{ij}) ein zweidimensionales Feld.

In Modula werden Felder mit Hilfe des Schlüsselworts ARRAY deklariert, dem als Bereich für die Numerierung der Elemente eines Feldes ein einfacher Typ als sogenannter „Indextyp" mitgegeben wird, während nach dem Schlüsselwort OF der „Basistyp" seiner Elemente folgt:

```
ArrayTyp     = ARRAY EinfacherTyp { "," EinfacherTyp } OF Typ
Bezeichner   = QuName { "." Name | "[" AusdrListe "]" | "↑" }
AusdrListe   = Ausdruck { "," Ausdruck }
```

Die erste Syntaxregel erläutert die Deklaration eines (ein- oder mehrdimensionalen) Feldes, während die zweite u.a. die Benutzung von Elementen eines Feldes beschreibt.

Die Benutzung eines Feldes in einem Programm ist nur dann erforderlich, wenn
auf einzelne Elemente einer Datenmenge wahlfrei zugegriffen werden soll. Will
man beispielsweise aus einer Folge einzulesender Zahlen die größte oder
kleinste Zahl heraussuchen, so braucht man diese nicht notwendig in einem
Feld zu speichern, vielmehr kann das gewünschte Maximum und Minimum
schon während des Einlesens der Zahlen bestimmt werden. In folgenden Beispiel, das eine Folge von Zahlen der Größe nach sortiert, ist die Benutzung
eines Feldes jedoch notwendig:

```
 1   MODULE   Sortieren1;
 2     FROM   InOut IMPORT WriteCard, ReadCard, WriteLn,
 3                         WriteString, OpenInput;
 4     CONST n = 10;
 5     VAR   a: ARRAY [1..n] OF CARDINAL;
 6           i, j, x: CARDINAL;

 7   BEGIN
 8     OpenInput ('Zahlen Eingabe');
 9     WriteString ('unsortierte Zahlen:');
10     FOR i := 1 TO n DO
11       ReadCard (a[i]); WriteCard (a[i], 4) END;

12     (* Bubble-Sort *)
13     FOR i := 1 TO n - 1 DO
14       FOR j := n TO i + 1 BY -1 DO
15         IF a[j] < a[j-1] THEN
16             x       := a[j];
17           a[j]    := a[j-1];
18           a[j-1] := x
19         END
20       END
21     END;

22     WriteLn; WriteString ('  sortierte Zahlen:');
23     FOR i := 1 TO n DO WriteCard (a[i], 4) END;
24     WriteLn
25   END Sortieren1.
```

Der Indextyp des angegebenen Feldes ist ein Unterbereichstyp ([1..n]), die
Elemente des Feldes a können also mit den Zahlen 1 bis n ausgewählt (indiziert) werden (Zeile 5). Das Element des Feldes a mit der laufenden Nummer
i wird durch a[i] angesprochen (Zeile 11).

Das hier verwendete Bubble-Sort-Verfahren zum Sortieren von Feldern gehört
zu den einfachen, leicht zu verstehenden, aber wenig effizienten Sortierverfah-

ren. Es ist nur bei kleinen Feldern sinnvoll verwendbar, für die Sortierung großer Felder werden wir später effizientere Verfahren kennenlernen. Die Bezeichnung „Bubble Sort" rührt daher, daß ähnlich wie bei einer inhomogenen Flüssigkeitsmischung die leichteren Bläschen („bubbles") an den benachbarten schwereren vorbei nach oben steigen, wobei sich eine geordnete Schichtung (leichtere Schichten über den schwereren) einstellt.

Bei jedem Sortierverfahren ist es erforderlich, gelegentlich den Inhalt zweier Speicherplätze zu vertauschen (Zeile 16 bis 18). Hierfür muß ein Zwischenspeicher (im Programm mit x bezeichnet) bereitgestellt werden. Man mache sich die Umspeicherung der Speicherinhalte a[j] und a[j-1] sowie den Vorgang der Sortierung insgesamt an einer Skizze klar.

Als einfacher Typ für den Indextyp sind die Typen REAL, INTEGER und CARDINAL nicht zugelassen, da die so indizierten Felder zu groß werden würden. Wohl aber sind Unterbereichstypen der letzten beiden Typen möglich, wie das letzte Beispiel zeigte. Ferner sind die Typen BOOLEAN und CHAR erlaubt. Für den letzteren sei ein einfaches Beispiel angeführt, das die Buchstaben in einem Text zählt:

```
 1  MODULE Haeufig;                   (* Buchstaben zählen *)
 2    FROM InOut IMPORT Read, Write, WriteLn, WriteString,
 3                      WriteCard, Done, OpenInput;
 4    VAR  z     : CHAR;
 5         i     : CARDINAL;
 6         Zaehler: ARRAY  CHAR  OF CARDINAL;

 7  BEGIN
 8    OpenInput ('Text Beispiel');
 9    FOR z := 'a' TO 'Z' DO Zaehler [z] := 0 END;
10    Read (z);

11    WHILE Done DO
12      Write (z);
13      IF (z >= 'a') & (z <= 'z') OR
14         (z >= 'A') & (z <= 'Z') THEN
15        INC (Zaehler [z]) END;
16      Read (z)
17    END;

18    i := 0;
19    WriteLn;
20    WriteString ('Buchstabenhäufigkeiten:'); WriteLn;
```

```
21      FOR z := 'a' TO 'Z' DO
22        IF Zaehler [z] > O THEN
23          INC (i);
24          Write (' '); Write (z);
25          WriteCard (Zaehler [z], 3);
26          IF i MOD 10 = O THEN WriteLn END
27        END
28      END;
29      WriteLn
30    END Haeufig.
```

Der Indexbereich des Feldes Zaehler sind die 256 dem Typ CHAR zugrundeliegenden Zeichen (Zeile 6). Zaehler hat somit 256 Elemente, wobei z.B.
Zaehler['a'] am Ende des Programmlaufs die Anzahl der Kleinbuchstaben
'a' enthält, die im Text gefunden wurden.

Das d'Hondt'sche Verfahren zur Ermittlung der Sitzverteilung in Parlamenten
(gebräuchlich ist auch das Verfahren von Haare/Niemeyer) arbeitet mit einer
Tabelle folgender Art:

```
         CDU    SPD    GAL    FDP

   1    5230   4980    840   1246
   2    2615   2490    420    623
   3    1743   1660    280    415
   4    1307   1245    210    311
   5    1046    996    168    249
   6     871    830    140    207
   7     747    711    120    178
   8     653    622    105    155

Sitze:   8      7      1      2
```

In der ersten Zeile unserer Beispieltabelle ist die Anzahl der Stimmen enthalten,
die für vier Parteien bei einer Kommunalwahl abgegeben wurden. Der Inhalt der
folgenden Zeilen ergibt sich aus der ersten Zeile dadurch, daß die Elemente der
ersten Zeile jeweils durch die vor der betreffenden Zeile stehende Zeilennummer dividiert werden.

Bei der Verteilung der 18 Ratssitze bekommt zunächst die Partei den ersten
Sitz, die die meisten Stimmen hat (hier CDU: 5230). Die Zahl 5230 wird in der
Tabelle markiert (durch Fettdruck angedeutet) als für das weitere Verfahren
nicht mehr zu berücksichtigender Tabelleneintrag. Nun wird in der Tabelle die
verbliebene größte Zahl gesucht (SPD: 4980) und markiert, wodurch der zweite
Sitz an die SPD fällt. Es folgt in der zweiten Zeile die Zahl 2615, die den dritten

Parlamentssitz wiederum der CDU zuweist. Dieses Verfahren wird so lange fortgesetzt, bis alle 18 Sitze verteilt sind.

Die Beschreibung der Methode erweckt den Eindruck, daß bei der Erstellung des Programms ein zweidimensionales Feld benötigt wird. Man macht sich jedoch schnell klar, daß die obige Tabelle niemals vollständig vorliegen muß, sondern in jeder Spalte stets nur die noch nicht berücksichtigte Zahl, die für die betreffende Partei sich errechnet als die Anzahl der Stimmen, dividiert durch die Anzahl der für sie bereits verteilten Sitze + 1 (vgl. Zeile 30 und 31 des folgenden Programms).

Die beiden Felder Stimmen und Sitze mit jeweils vier Elementen werden durch den Aufzählunstyp Parteien indiziert (Zeilen 11 und 12). Die Elemente dieses Typs werden auch bei der Bildung von FOR-Schleifen verwendet (z.B. Zeile 17).

```
 1   MODULE DHondt;

 2   (*  D'Hondt'sches Verfahren zur Sitzverteilung        *)
 3   (*  nach Wahlen mit Berücksichtigung der 5%-Klausel   *)

 4      FROM   InOut IMPORT WriteLn, WriteCard, WriteString,
 5                          ReadCard, OpenInput;
 6      CONST Klausel = 5.;
 7      TYPE  Parteien = (CDU, SPD, GAL, FDP);
 8      VAR   Anzahl, gesamt:   CARDINAL;
 9            Partei, naechste: Parteien;
10            Maximum, Teil:    REAL;
11            Stimmen: ARRAY Parteien OF CARDINAL;
12            Sitze:   ARRAY Parteien OF CARDINAL;

13   BEGIN
14      OpenInput ('Wahl Ergebnis');
15      ReadCard (Mandate);
16      Anzahl := 0; gesamt := 0;
17      FOR Partei := CDU TO FDP DO
18        ReadCard (Stimmen [Partei]);
19        INC (gesamt, Stimmen [Partei]);
20        Sitze [Partei] := 0
21      END;
22      FOR Partei := CDU TO FDP DO
23        IF FLOAT(Stimmen[Partei]*100)/FLOAT(gesamt) <
24           Klausel THEN Stimmen [Partei] := 0 END
25      END;
```

```
26    WriteString ("D'Hondt'sches Verfahren:"); WriteLn;
27    WHILE Anzahl < Mandate DO
28      Maximum := O.;
29      FOR Partei := CDU TO FDP DO
30        Teil := FLOAT (Stimmen [Partei])/
31                FLOAT (Sitze [Partei] + 1);
32      IF Maximum < Teil THEN
33        Maximum  := Teil;
34        naechste := Partei
35      END
36    END;
37    INC (Sitze [naechste]);
38    INC (Anzahl)
39    END;

40    WriteString ('      Partei:   ');
41    FOR Partei := CDU TO FDP DO
42      CASE Partei OF
43        CDU: WriteString (' CDU ')
44      | SPD: WriteString (' SPD ')
45      | FDP: WriteString (' FDP ')
46      | GAL: WriteString (' GAL ')
47      END
48    END;
49    WriteLn;

50    WriteString ('      Stimmen:');
51    FOR Partei := CDU TO FDP DO
52      WriteCard (Stimmen[Partei], 5)  END;
53    WriteLn;
54    WriteString ('      Sitze:   ');
55    FOR Partei := CDU TO FDP DO
56      WriteCard ( Sitze [Partei], 5)  END;
57    WriteLn
58  END DHondt.
```

Für die Verwendung eines zweidimensionalen Feldes sei ein Beispiel aus der Mathematik genannt: die Multiplikation zweier Matrizen $A = (a_{ij})$ und $B = (b_{jk})$, wobei $C = A * B = (\Sigma_j a_{ij} b_{jk})$ ist. Auch wer mit dieser Definition nichts anfangen kann, sei auf die in diesem fragmentarischen Beispiel angegebene Deklaration und die Verwendung eines zweidimensionalen Feldes in den Zeilen 2 bzw. 9 verwiesen:

```
 1   MODULE MatMult;
     ....
 2   TYPE   Matrix = ARRAY [1..5], [1..5] OF INTEGER;
 3   VAR    A, B, C: Matrix;
 4          i, j, k: CARDINAL;
     ....
 5   BEGIN
       ....
 6     FOR i:= 1 TO 5 DO
 7       FOR j:= 1 TO 5 DO
 8         FOR k:= 1 TO m DO
 9           INC (C[i,j], A[i,k]*B[k,j])
10         END
11       END
12     END;
     ....
13   END MatMult.
```

5.5 Der SET-Typ

In diesem Kapitel wollen wir uns etwas mit „naiver" Mengenlehre befassen, wie
sie etwa im Schulunterricht behandelt wird. Die Mengenlehre soll hier aber nicht
um ihrer selbst willen betrieben werden, sondern als Hilfsmittel für die elegante
Formulierung von Programmen dienen.

Für die Realisierung von Mengen gibt es in Modula mehrere Arten. Wir wollen
hier den allgemeinen Fall betrachten:

```
SetTyp           = SET OF EinfacherTyp
Menge            = [ QuName ] "{" [ Element { "," Element } ] "}"
Element          = Ausdruck [ ".." Ausdruck ]
```

Der Set-Typ ist ein strukturierter Datentyp, der mit einem einfachen Datentyp
als Basis-Typ erklärt ist, dessen Kardinalität (= Anzahl möglicher Werte) die
Zahl 256 nicht übersteigen darf. Als Basis-Typen kommen daher die Typen
BOOLEAN und CHAR sowie die meisten Aufzählungstypen (wer zählt schon
freiwillig bis 256?!), aber auch Unterbereichstypen in Frage. Bei einem Unterbereich der CARDINAL-Zahlen muß dieser im Unterbereich [0..255] enthalten
sein. Die Benennung eines Set-Typs ist in einer Typanweisung erforderlich,
wenn Konstanten dieses Typs gebildet werden sollen.

In Verbindung mit Mengen ist der relationale Operator IN gebräuchlich. Auch einige bisher bei Zahlen verwendete Operatoren sind auf Mengen anwendbar und haben hier eine eigene Bedeutung:

Mathematik	Modula	Bedeutung
$\in$	IN	Element von
$\subseteq$	< =	enthalten in
$\supseteq$	> =	umfaßt
$\cup$	+	vereinigt mit
$\cap$	*	geschnitten mit
\	–	Differenz

Eine Konstante eines allgemeinen Set-Typs wird so konstruiert, daß der Typ-Name (in der Syntaxbeschreibung „QuName") einer Mengenklammer vorangestellt wird, wobei in der Mengenklammer die Elemente der Menge angegeben werden. Wenn die Elemente einen zusammenhängenden Bereich beschreiben, so ist die von der Unterbereichsdeklaration bekannte Schreibweise „a..b" zulässig.   Das folgende Programm bestimmt Primzahlen nach einer von Eratosthenes von Kyrene (um 250 v.Chr.) angegebenen Methode:

Man denke sich die ganzen Zahlen von 2 bis zu einer bestimmten Endzahl aufgeschrieben. Aus dieser Zahlenfolge streiche man alle zusammengesetzten Zahlen, also solche Zahlen, die Teiler enthalten, die größer als 1 und kleiner als sie selber sind. Die übrigbleibenden Zahlen sind per definitionem gerade die Primzahlen.

Für die Zwecke unseres Programms wollen wir den Algorithmus einmal formal beschreiben:

1.   Aufschreiben aller Zahlen von 2 bis 255 (2 ist die erste Primzahl).
2.   Suche die erste Zahl der aufgeschriebenen Zahlen, die noch nicht gestrichen sind, und gib sie aus.
3.   Streiche alle Vielfachen der betrachteten Zahl im angegebenen Bereich.
4.   Falls noch nicht alle Zahlen betrachtet wurden, fahre bei Punkt 2 fort.

Das Programm sieht folgendermaßen aus:

```
1  MODULE Primzahlen;      (* Sieb des Eratosthenes *)
2    FROM  InOut IMPORT WriteString, WriteCard, WriteLn;
3    CONST N = 255;
4    TYPE  SmallSet = SET OF [ O..N ];
5    VAR   Sieb: SmallSet;
6          i, j, k: CARDINAL;
```

```
 7   BEGIN
 8     WriteString ('Primzahlen bis '); WriteCard (N, 4);
 9     WriteLn;
10     Sieb := SmallSet { 2..N } ;
11     k := 0;
12     i := 2;

13     REPEAT
14       IF i IN Sieb THEN
15         INC (k);
16         WriteCard (i, 4);
17         IF k MOD 20 = 0 THEN WriteLn END;
18         j := i*i;

19         WHILE j <= N DO
20           EXCL (Sieb, j);
21           INC (j, i)
22         END
23       END;
24       INC (i)
25     UNTIL i > N;
26     WriteLn
27   END Primzahlen.
```

In Zeile 10 erfolgt das „Aufschreiben" aller Zahlen von 2 bis 255 (Punkt 1
unseres Programmentwurfs). Das Streichen von Vielfachen einer gefundenen
Primzahl aus dem Sieb geschieht durch das Entfernen entsprechender Elemente aus unserer Menge. Die Prozedur EXCL (exclude = entfernen) in Zeile
20 entfernt aus einer Menge, die als erster Parameter anzugeben ist, ein Element (zweiter Parameter). Die erste nicht gestrichene Zahl wird jeweils durch
Inkrementieren der Laufvariablen i der REPEAT-Schleife (Zeilen 12 und 24) und
die Abfrage auf Enthaltensein in der Menge Sieb (Zeile 14) erhalten. Dies entspricht dem Punkt 2 des Programmentwurfs. Der Punkt 3 ist in Zeile 18 bis 22
des Programms realisiert: Beim Streichen aller Vielfachen genügt es, beim
Quadrat der betrachteten Zahl zu beginnen, da niedrigere Vielfache schon
früher gestrichen wurden (Zeile 18). Das jeweils nächste Vielfache wird nicht
durch die aufwendigere Multiplikation, sondern durch die Addition von i zum
vorhergehenden Vielfachen von i erhalten (Zeile 21). Punkt 4 des Programmentwurfs steckt endlich in der Schleifenbedingung nach UNTIL.

Obwohl in der Syntaxbeschreibung als fakultativ angegeben, ist bei dem hier
besprochenen Mengentyp die Voranstellung der Typbezeichnung bei der
Angabe von Mengenkonstanten erforderlich. Eine andere Art von Mengen, bei
der die Typbezeichung an dieser Stelle entfällt, sowie weitere Operationen mit
Mengen werden wir im folgenden Kapitel kennenlernen.

Eine abschließende Bemerkung zu den in Modula realisierbaren Mengen: Wer größere Mengen verwenden möchte, z.B. weil die Primzahlen zwischen 2 und 10000 gefunden werden sollen, kann dies dadurch erreichen, daß Felder von Mengen benutzt werden:

```
TYPE   SmallSet = SET OF [0..255];
       BigSet   = ARRAY [1..40] OF SmallSet;
VAR    Sieve:      BigSet;
```

Die Darstellung der Zahl 260 wäre dann durch das Element 4 in Sieve[2] und die der Zahl 10000 durch das Element 15 in Sieve[40] gegeben. Ein verallgemeinertes Programm sei als Übung empfohlen.

Eine sinnvolle Anwendung von Mengen stellt auch die zweite der folgenden Alternativen einer IF-Anweisung dar:

Die Variable Buchstabe möge als CHAR und der Typ Buchstaben als SET OF CHAR deklariert sein. Dann ist

```
IF (Buchstabe = 'A') OR (Buchstabe = 'E') OR
   (Buchstabe = 'I') OR (Buchstabe = 'O') OR
   (Buchstabe = 'U') THEN
   INC (AnzahlVokale)
END
```

nicht nur schreibaufwendiger, sondern auch langsamer in der Ausführung als

```
IF Buchstabe IN Buchstaben {'A','E','I','O','U'} THEN
   INC (AnzahlVokale)
END
```

5.6 Übungen

Aufgabe 15:

Ein Programm soll einen beliebigen Text von einer externen Datei zeilenweise
einlesen, jeweils alle Großbuchstaben in Kleinbuchstaben verwandeln und die
so modifizierten Textzeilen auf dem Bildschirm ausgeben.

Aufgabe 16:

Von einer externen Datei ist ein beliebiger Text zeichenweise einzulesen und
in folgender Form verschlüsselt wieder auszugeben: Jeder Buchstabe ist durch
seinen Nachfolger zu ersetzen, also 'a' durch 'b', 'b' durch 'c', ... 'y' durch 'z'
und schließlich 'z' durch 'a'. Gleiches gilt für die Großbuchstaben. Alle anderen
Zeichen sollen unverändert bleiben. Der veränderte Text ist auf dem Bildschirm
anzuzeigen.

Aufgabe 17:

Übergeben Sie von der Tastatur Wörter (oder ganze Sätze) an ein Programm,
das diese als Felder des Basistyps CHAR speichert und überprüft, ob es sich
bei den Wörtern um sogenannte Palindrome handelt (dies sind Wörter, die
rückwärts gelesen genau so lauten wie vorwärts, z.B. ”nennen” oder
”reliefpfeiler”). Es ist ein geeignetes Endkriterium für die Eingabe zu verwenden.

Aufgabe 18:

Das Sitzverteilungsverfahren nach Haare/Niemeyer unterschiedet sich vom
d'Hondt'schen Verfahren dadurch, daß die Sitze zunächst als Bruchzahlen
(Gesamtzahl der Sitze, multipliziert mit der Zahl der gültigen Stimmen für eine
Liste/Partei, dividiert durch die Gesamtzahl aller gültigen Stimmen) ermittelt
werden. Hiervon werden zunächst die ganzzahligen Anteile verteilt. Sind dabei
noch nicht alle Sitze verteilt worden, so erhalten die einzelnen Listen/Parteien
weitere Sitze nach der Rangfolge der Nachkommaanteile der oben ermittelten
Verhältniszahlen.

Aufgabe 19:

Man bestimme alle Primzahlen, die kleiner als 1000 sind, dadurch, daß man
jede Zahl $n \geq 2$ auf Teilbarkeit durch eine kleinere Zahl t untersucht. Geht man
davon aus, daß 2 und 3 Primzahlen sind und beginnt die Suche nach weiteren
Primzahlen bei der Zahl 4, so reicht es offenbar, auf Teilbarkeit durch alle bisher
gefundenen Primzahlen t zu prüfen, für die $2 \leq t \leq \sqrt{n}$ gilt. Diese Vorgehensweise erfordert die Speicherung aller gefundenen Primzahlen in einem Feld.

Aufgabe 20:

Man bestimme die Primzahlen unterhalb 10000 nach der Methode „Sieb des Eratosthenes" unter Zuhilfenahme eines Feldes von Mengen der Mächtigkeit 256 (siehe oben).

Aufgabe 21:

Einzulesende Geldbeträge, die als Pfennigbeträge vorliegen (also ohne Komma zwischen Mark und Pfennig), sind in einer minimalen Stückelung auszugeben. Es gibt 1000 DM-, 500 DM-, 100 DM-, 50 DM-, 20 DM- und 10 DM-Scheine sowie 5 DM-, 2 DM-, 1 DM, 50 Pfg-, 10 Pfg-, 5 Pfg-, 2 Pfg- und 1 Pfg-Stücke. *Hinweis:* Man ziehe so oft wie möglich die größte vorkommende DM-Note ab, gehe dann zur nächstniedrigeren Banknote über und so fort.

Aufgabe 22:

Schreiben Sie ein Programm, das eine Zahlentabelle, bestehend aus 5 Zeilen und 5 Spalten, von einer externen Datei zeilenweise einliest und zunächst abspeichert. Die Tabelle soll danach "gestürzt" ausgegeben werden, d.h. Spalte 1 der Tabelle als Zeile 1 der Ausgabe, Spalte 2 als Zeile 2 usw.

6   PROZEDUREN

Bisher haben wir eine Reihe von in Modula verwendbaren Funktionen und Prozeduren kennengelernt. Erstere waren meist in der Sprache selbst enthalten (z.B. VAL, ORD), letztere mußten aus externen Moduln (wie InOut, Strings) importiert werden, z.B. Read, WriteCard, Assign, OpenInput. Im folgenden Abschnitt wollen wir selbst Prozeduren schreiben, zunächst die einfacheren ohne Parameter. Dies sei im ersten Programm dieses Kapitels mit der Vorstellung des Typs BITSET verbunden.

6.1   *Parameterlose Prozeduren, der Typ BITSET*

Der Typ BITSET, dessen Variablen in einem **Wort** (= 32 Bit) gespeichert werden, gehört zu den einfachen Datentypen. Mit ihm können Mengen der maximalen Mächtigkeit 32 beschrieben werden, denn die Anwesenheit oder Abwesenheit eines Elementes in einer Menge dieses Typs wird dadurch zum Ausdruck gebracht, daß ein Bit in dem betreffenden Speicherwort den Wert 1 bzw. 0 besitzt.

Konstanten des Typs BITSET werden durch Aufzählung ihrer Elemente in geschweiften Klammern ohne einen vorangestellten qualifizierten Namen dargestellt. Eine Menge, die die ungeraden Zahlen unterhalb 10 enthält, ist als BITSET-Konstante formuliert {1,3,5,7,9}.   Man beachte, daß die „leere Menge" {} als BITSET-Konstante eine andere leere Menge ist als SmallSet{} mit dem im letzten Beispiel erklärten Typ.

Bezüglich der Operationen mit Mengen des Typs BITSET (z.B. Vereinigung, Durchschnitt, Inklusion etc.) gelten die gleichen Regeln wie bei den allgemeinen Mengen des letzten Abschnitts.

```
 1   MODULE Mengen1;
 2     FROM InOut IMPORT WriteString, WriteCard, WriteLn;
 3     VAR  Zweier, Dreier, Resultat: BITSET;
 4            i: CARDINAL;

 5     PROCEDURE ShowSet;
 6       VAR i, k: CARDINAL;
 7     BEGIN
 8       k := 0;
 9       FOR i := 0 TO 31 DO
10         IF i IN Resultat THEN
11           INC (k);
12           WriteCard (i, 4);
13           IF k MOD 12 = 0 THEN WriteLn END
14         END
15       END;
16       IF k MOD 12 # 0 THEN WriteLn END
17     END ShowSet;

18   BEGIN
19     WriteString ('Etwas Mengenlehre in Modula-2:');
20     WriteLn; WriteLn;
21     Zweier := {}; Dreier := {}; (* leere Menge *)
22     FOR i := 2 TO 30 BY 2 DO INCL (Zweier,i) END;
23     Resultat := Zweier;
24     WriteString
25       ('Menge der geraden Zahlen zwischen 1 und 30:');
26     WriteLn; ShowSet;
27     FOR i := 3 TO 30 BY 3 DO INCL (Dreier,i) END;
28     Resultat := Dreier;
29     WriteString
30       ('durch 3 teilbare Zahlen zwischen 1 und 30:');
31     WriteLn; ShowSet;

32     (* Vereinigungsmenge und Schnittmenge *)
33     Resultat := Zweier + Dreier;
34     WriteString ('Vereinigungsmenge:');
35     WriteLn; ShowSet;
36     Resultat := Zweier * Dreier;
37     WriteString ('Schnittmenge:');
38     WriteLn; ShowSet;

39     (* Differenzmengen *)
40     Resultat := Zweier - Dreier;
41     WriteString ('Differenzmenge Zweier - Dreier:');
```

```
42       WriteLn; ShowSet;
43       Resultat := Dreier - Zweier;
44       WriteString ('Differenzmenge Dreier - Zweier:');
45       WriteLn; ShowSet;
46       (* symmetrische Differenzmenge *)
47       Resultat := Zweier / Dreier;
48       WriteString ('symmetrische Differenzmenge:');
49       WriteLn; ShowSet; WriteLn;

50       WriteString ('Wir verifizieren:'); WriteLn;
51       IF Zweier / Dreier =
52         Zweier + Dreier - Zweier * Dreier THEN
53         WriteString ('Die symmetrische Differenzmenge ');
54         WriteString ('zweier Mengen ist die ');
55         WriteLn;
56         WriteString ('Differenzmenge aus Vereinigung ');
57         WriteString ('und Schnitt beider Mengen.'); WriteLn
58       END
59    END Mengen1.
```

Die Ausgabe des Programms sieht so aus:

```
Etwas Mengenlehre in Modula-2:

Menge der geraden Zahlen zwischen 1 und 30:
   2    4    6    8   10   12   14   16   18   20   22   24
  26   28   30
durch 3 teilbare Zahlen zwischen 1 und 30:
   3    6    9   12   15   18   21   24   27   30
Vereinigungsmenge:
   2    3    4    6    8    9   10   12   14   15   16   18
  20   21   22   24   26   27   28   30
Schnittmenge:
   6   12   18   24   30
Differenzmenge Zweier - Dreier:
   2    4    8   10   14   16   20   22   26   28
Differenzmenge Dreier - Zweier:
   3    9   15   21   27
symmetrische Differenzmenge:
   2    3    4    8    9   10   14   15   16   20   21   22
  26   27   28

Wir verifizieren:
Die symmetrische Differenzmenge zweier Mengen ist die
Differenzmenge aus Vereinigung und Schnitt beider Mengen.
```

Das in den Zeilen 5 bis 17 enthaltene Unterprogramm in Form einer parameterlosen Prozedur befindet sich im Deklarationsteil des Programms. Das Schlüsselwort PROCEDURE leitet die Deklaration der Prozedur ShowSet ein. Sie wird beendet durch END ShowSet, gefolgt von einem Semikolon, in Zeile 17. Bis auf diese beiden Zeilen unterscheidet sich das Unterprogramm ShowSet nicht von einem Hauptprogramm. Es wird jedoch erst dann ausgeführt, wenn sein Name im Hauptprogramm erscheint. Wir sprechen dann von einem Prozeduraufruf (z.B. Zeile 26). Die Nähe zum Prozeduraufruf WriteLn verdeutlicht die formale Gleichheit beider Prozeduraufrufe.

In Zeile 22 und 27 des Hauptprogramms begegnet uns die Prozedur INCL. Diese steht für INCLUDE, also das Einfügen von Elementen in eine Menge. Von den beiden Parametern der Prozedur INCL ist der erste die Menge, in die das an zweiter Stelle stehende Element eingefügt werden soll. Sie entspricht somit genau der bereits vorgestellten Prozedur EXCL, die die gegenteilige Wirkung hat. Der Aufruf der Prozedur INCL stellt somit eine weitere Form der Konstruktion von Mengen dar.

Nun zu einigen neuen formalen Aspekten des vorstehenden Programms: Die Deklaration eigener Variablen im Unterprogramm (i und k in Zeile 6) macht diese zu **lokalen Variablen**, die nur im Unterprogramm existieren und nicht von außen her zugänglich sind. Sie werden im Augenblick des Prozeduraufrufs neu im Speicher angelegt und beenden ihre Existenz beim Verlassen der Prozedur (dies geschieht in unserem Beispiel siebenmal). Die Deklaration der Variablen i einmal im Hauptprogramm (Zeile 4) und dann im Unterprogramm (Zeile 6) macht diese zu verschiedenen Variablen: die erste Variable gilt nur im Hauptprogramm und wird beim Aufruf des Unterprogramms verdeckt, um der neuen Bedeutung von i (Zeile 6) Platz zu machen. Nach Beendigung des Unterprogramms wird die vorherige Bedeutung von i wieder sichtbar. Ein eventuell vorher zugewiesener Wert wäre auch noch vorhanden, da dieser Speicherplatz bei Aufruf des Unterprogramms nicht aufgehört hat zu existieren.

Wäre die Variable i in Zeile 6 nicht neu deklariert worden, so hätte die Verwendung von i in Zeile 10 auf die Deklaration von i im Hauptprogramm bezuggenommen. Die im Hauptprogramm deklarierte Variable würde dann auch im Unterprogramm gelten („globale Variable"). Wegen der Verwendung von i in Zeile 9 als Schleifenindex ist dies aber nicht zulässig, da eine Schleifenvariable stets eine lokale Variable sein muß. Eine globale Variable ist jedoch die Variable Resultat, die mit ihrem Wert natürlich auch im Unterprogramm bekannt sein soll. Da dies die bisher einzige besprochene Möglichkeit darstellt, Variablen des Hauptprogramms ins Unterprogramm zu übernehmen, haben wir zu dieser Lösung gegriffen. Später werden wir solche Werte möglichst als Parameter an das Unterprogramm übergeben.

Die Verwendung von lokalen Variablen ist stets zu empfehlen, da bei globalen Variablen oft unerwünschte Seiteneffekte auftreten: unbeabsichtigte Veränderung einer Variablen im Unterprogramm, wenn im Hauptprogramm noch derselbe Wert erwartet wird wie vor dem Aufruf des Unterprogramms.

Die Deklaration und der Aufruf von Prozeduren sei nun formal beschrieben, wobei auch schon die später zu besprechende Form der Prozedur mit Parametern angegeben werden soll:

```
ProzDeklaration    = ProzedurKopf ";" Block Name
ProzedurKopf       = PROCEDURE Name [ FormalParameter ]
Block              = { Deklaration } [ BEGIN Anweisungsfolge ] END
ProzedurAufruf     = Bezeichner [ AktualParameter ]
AktualParameter    = "(" [ AusdrListe ] ")"
```

Der Begriff der Prozedur-Deklaration („ProzDeklaration") tauchte bereits früher in der Syntaxbeschreibung des Deklarationsteils auf und wird hier näher erklärt. „Block" als Bestandteil der Prozedurdeklaration wird uns später bei der zusammenfassenden formalen Erklärung eines Programms wiederbegegnen. Die formale Übereinstimmung des Blockes als „Prozedurrumpf" mit dem Programmrumpf läßt hier bereits erkennen, daß Prozeduren beliebig ineinandergeschachtelt werden dürfen.

Der Begriff „ProzedurAufruf" ist ebenfalls schon früher vorgekommen, und zwar im Zusammenhang mit der formalen Beschreibung einer Anweisung. Die hier vorgeführte Variante des Aufrufs einer Prozedur ohne Parameter durch bloße Angabe des Prozedurnamens als Bestandteil einer Anweisungsfolge erweitert somit die Vielfalt möglicher Anweisungsformen in Modula.

6.2   Prozeduren mit Parametern

Am obigen Beispiel fällt auf, daß vor dem Prozeduraufruf `ShowSet` stets ein Text ausgegeben wird, der die von `ShowSet` zu tätigende Ausgabe kommentiert. Ferner wird – sofern erforderlich – die auszugebende Menge stets auf die Menge `Resultat` zugewiesen, die in `ShowSet` global ist und damit auch dort zur Verfügung steht.

Beide Aktionen lassen sich nun in die Prozedur `ShowSet` hineinziehen, vorausgesetzt, daß es möglich ist, gewisse Teile – wie hier den auszugebenden Text und die darzustellende Menge – innerhalb der Prozedur variabel zu gestalten. Dies läßt sich durch Parametrierung der Prozedur erreichen:

```
 1   MODULE Mengen2;
 2     FROM InOut   IMPORT WriteString, WriteCard, WriteLn;
 3     FROM Strings IMPORT String;
 4     VAR  Zweier, Dreier: BITSET;
 5          i: CARDINAL;

 6     PROCEDURE ShowSet (Titel: String; Menge: BITSET);
 7       VAR i, k: CARDINAL;
 8     BEGIN
 9       WriteString(Titel); WriteLn;
10       k := 0;
11       FOR i := 0 TO 31 DO
12         IF i IN Menge THEN
13           INC(k);
14           WriteCard(i,4);
15           IF k MOD 12 = 0 THEN WriteLn END
16         END
17       END;
18       IF k MOD 12 # 0 THEN WriteLn END
19     END ShowSet;

20   BEGIN
21     Zweier := {}; Dreier := {};   (* leere Menge *)
22     FOR i := 2 TO 30 BY 2 DO INCL (Zweier, i) END;
23     ShowSet ('Gerade Zahlen zwischen 1 und 30:',
24              Zweier);
25     FOR i := 3 TO 30 BY 3 DO INCL (Dreier, i) END;
26     ShowSet ('durch 3 teilbare Zahlen zwischen 1 und 30:',
27              Dreier);
28     ShowSet ('Vereinigungsmenge:', Zweier + Dreier);
29     ShowSet ('Schnittmenge:',      Zweier * Dreier)
30   END Mengen2.
```

In den Zeilen 23 und 24 des Hauptprogramms sehen wir, daß die Prozedur
ShowSet mit zwei (aktuellen) Parametern – einer Textkette und einer
BITSET-Variablen – aufgerufen wird. Dies sind die Argumente, die an die Prozedur übergeben werden. Sehen wir uns die Prozedur-Deklaration in den Zeilen
6 bis 19 – insbesondere den Prozedurkopf – an, so sind dort zwei Prozedur-
Parameter deklariert, einer vom Typ String, der andere vom Typ BITSET, die
wir als Platzhalter für die zu übergebenden Argumente auffassen können. Im
Gegensatz zu den aktuellen Parametern (oder Argumenten) im Prozeduraufruf
sprechen wir hier auch von formalen Parametern (oder nur Parametern).

Die Anzahl der Parameter in einer Prozedur-Deklaration und die Anzahl der
Argumente beim Prozeduraufruf müssen übereinstimmen, desgleichen deren

jeweilige Typen. So ist auch das erste Argument des Prozeduraufrufs in Zeile 23 vom Typ String und das zweite vom Typ BITSET.

Wie die Syntaxbeschreibung (vgl. den vorigen Abschnitt) für Prozeduren mit Parametern aussagt, können die Argumente im Aufruf einer Prozedur Ausdrücke sein. Dies bedeutet, daß sie sowohl Konstanten, Variablen oder allgemeine Ausdrücke sein können, wie im Falle unseres Beispiels, wo in den Zeilen 28 und 29 Ausdrücke mit Mengen (Vereinigung und Schnitt) als jeweils zweites Argument stehen.

Die Deklaration der Parameter innerhalb einer Prozedur-Deklaration erinnert an eine Variablen-Deklaration und entspricht ihr auch formal (jedoch ohne das einleitende Schlüsselwort VAR). Dies soll durch die Syntax der (formalen) Parameter verdeutlicht werden:

```
FormalParameter   = "(" [ FPTeil { ";" FPTeil } ] ")" [ ":" QuName ]
FPTeil            = [ VAR ] NamenListe ":" FormalTyp
FormalTyp         = [ ARRAY OF ] QuName
```

Ein kleiner Unterschied besteht in der Schreibweise des Typs der Parameter, bei dem, vom später näher zu erläuternden Konzept des formalen Typs abgesehen, nur Namen („QuName") für die Bezeichnung des Typs zulässig sind.

Ähnlich den lokal in einer Prozedur deklarierten Variablen sind auch die Parameter lokal, insofern als sie mit ihrem Namen nur innerhalb der Prozedur bekannt sind. Im allgemeinen wird Speicherplatz für sie – wie bei den lokalen Variablen – beim Betreten der Prozedur angelegt, der beim Verlassen der Prozedur wieder freigegeben wird (auf die anders behandelten VAR-Parameter werden wir gleich zu sprechen kommen).

6.3 Wertparameter und VAR-Parameter

Mit Parametern können in Unterprogrammen alle Operationen durchgeführt werden, die auch mit den anderen (lokalen) Größen des Programms zulässig sind. So können sie z.B. auch als Argumente (aktuelle Parameter) in anderen Funktions- oder Prozeduraufrufen dienen, oder es können ihnen auch neue Werte zugewiesen werden, wenn die ursprünglich von ihnen innegehabten Werte nicht mehr benötigt werden. Normalerweise hat das keinen Einfluß auf die Argumente im aufrufenden Programm, was an sich wünschenswert ist, da man i.a. nicht damit rechnet, daß Variablen, die als Argumente für Prozeduren gedient haben, nach dem Prozeduraufruf möglicherweise nicht mehr den gleichen Wert besitzen („Seiteneffekte").

Die obige Formulierung läßt vermuten, daß es manchmal doch möglich ist, daß
Argumente eines Prozeduraufrufs nach der Rückkehr ins aufrufende Programm
ihre Werte geändert haben (beabsichtigter Seiteneffekt). Ein kleines Beispiel soll
sowohl den „Normalfall" als auch den eben angesprochenen Fall veranschaulichen:

```
1    MODULE Potenzen;
2      FROM InOut IMPORT WriteInt, WriteLn;
3      VAR   i, j: INTEGER;

4      PROCEDURE Zwei (i: INTEGER; VAR j: INTEGER);
5      BEGIN
6        INC (i);
7        j := j*2
8      END Zwei;

9    BEGIN
10     j := 1;
11     FOR i := 1 TO 10 DO
12       Zwei (i, j);
13       WriteInt (j, 5)
14     END;
15     WriteLn
16   END Potenzen.
```

Die Ausgabe dieses Programms ist:

```
     2     4     8    16    32    64   128   256   512  1024
```

Der Pfiff dieses kleinen Programms besteht in der Benutzung des Schlüsselwortes VAR in Zeile 4 vor der Deklaration des Parameters j. Die Verwendung
dieses Schlüsselwortes hat eine andere Bedeutung als die bei der Variablendeklaration: Dem so markierten Parameter darf im Aufruf des Unterprogramms
nur eine Variable als Argument entsprechen, da das Argument einen Speicherplatz bezeichnen muß, dem nach dem Prozeduraufruf ein möglicherweise
veränderter Wert entnommen werden kann. Ein Ausdruck ist hier nicht erlaubt
und wird bereits vom Compiler als fehlerhaft zurückgewiesen. Die mit einem
vorangestellten VAR markierten **VAR-Parameter** erhalten – anders als die nicht
mit VAR bezeichneten **Wertparameter** – beim Aufruf keinen eigenen Speicherplatz zugewiesen, sondern werden mit ihrem Speicherplatz aus dem aufrufenden Programm übernommen. Alle Wertzuweisungen im Unterprogramm
haben also unmittelbare Wirkung auf den entsprechenden Speicherplatz im
Hauptprogramm (oder allgemeiner: im aufrufenden Programm, da dies ja ein
anderes Unterprogramm sein kann).

Beide Parameter unseres Programmbeispiels werden im Unterprogramm (Zeile 6 und 7) verändert, was glücklicherweise beim (Wert-)Parameter i keinen Einfluß auf das entsprechende Argument im Hauptprogramm hat (sonst würde ja die Laufvariable der umgebenden Schleife modifiziert werden!). Man merkt es auch daran, daß die Schleife – wie gewünscht – zehnmal durchlaufen wird. Der Parameter j hat nach jedem Aufruf seinen Wert auch im Hauptprogramm geändert, wie aus der Programmausgabe ersichtlich ist.

Ein weiteres Beispiel soll den Gebrauch von VAR-Parametern veranschaulichen:

```
 1   MODULE Vertauschen;
 2     FROM InOut IMPORT ReadInt, OpenInput, Done,
 3                         WriteInt, WriteLn;
 4     VAR  i, j: INTEGER;

 5     PROCEDURE Tausche (VAR i, j: INTEGER);
 6       VAR k: INTEGER;
 7     BEGIN
 8       k := i;
 9       i := j;
10       j := k
11     END Tausche;

12   BEGIN
13     OpenInput ('Zahlen Eingabe');
14     ReadInt (i); ReadInt (j);
15     WHILE Done DO
16       IF i > j THEN Tausche (i, j) END;
17       WriteInt (i, 5); WriteInt (j, 5); WriteLn;
18       ReadInt (i); ReadInt (j)
19     END
20   END Vertauschen.
```

Das Programm liest von einer externen Datei, die eine unbestimmte Anzahl von Paaren ganzer Zahlen enthält, jeweils zwei Zahlen ein und gibt die kleinere vor der größeren aus.

Ist die erste der beiden eingelesenen Zahlen größer als die zweite, so wird die Prozedur Tausche aufgerufen, die mit Hilfe eines lokalen Hilfsspeichers k die Vertauschung auf den Speicherplätzen des Hauptprogramms vornimmt (Zeilen 8 bis 10).

Die Verwendung von VAR-Parametern hat – insbesondere bei sehr zahlreichen Parametern und bei sehr häufigen Aufrufen einer entsprechenden Prozedur – gegenüber der Verwendung von Wertparametern, selbst wenn diese im aufrufenden (Unter-)Programm unverändert bleiben, einen nicht zu unterschätzenden

Vorteil, nämlich die Einsparung von Rechenzeit: Wertparameter erfordern beim
Prozeduraufruf zusätzlichen organisatorischen Aufwand, weil Speicherplatz neu
angelegt wird, der beim Verlassen des Unterprogramms wieder freigegeben
werden muß. Diesen kleinen Trick macht man sich insbesondere bei
ARRAY-Parametern zunutze. Das folgende Programm liest von einer Plattendatei ein Zahlenfeld ein und bestimmt in einem Unterprogramm das Minimum
und Maximum der eingelesenen Werte:

```
 1   MODULE Extremwerte;
 2     FROM InOut IMPORT ReadInt, OpenInput,
 3                       WriteInt, WriteLn, WriteString;
 4     CONST n = 100;
 5     TYPE  Feld = ARRAY [1..n] OF INTEGER;
 6     VAR   i, Minimum, Maximum: INTEGER;
 7           A: Feld;

 8     PROCEDURE MinMax (VAR a: Feld; VAR min, max: INTEGER);
 9       VAR k: INTEGER;
10     BEGIN
11       min := a[1];
12       max := a[1];
13       FOR k := 2 TO n DO
14         IF a[k] < min THEN
15             min := a[k]
16         ELSIF a[k] > max THEN
17             max := a[k]
18         END
19       END
20     END MinMax;

21   BEGIN
22     OpenInput ('Zahlen Eingabe');
23     FOR i := 1 TO n DO ReadInt (A[i]) END;
24     MinMax (A, Minimum, Maximum);
25     WriteString ('Das Minimum ist ');
26     WriteInt (Minimum, 8); WriteLn;
27     WriteString ('Das Maximum ist ');
28     WriteInt (Maximum, 8); WriteLn
29   END Extremwerte.
```

Das Programm zeigt die eben erläuterte Verwendung des Feldes a als
VAR-Parameter (aus Gründen der Zeit- und Speicherersparnis), während die
Parameter min und max aus dem anfangs erwähnten Grund VAR-Parameter
sein müssen, da über sie Werte an das aufrufende Programm zu übergeben
sind (Zeile 8). Die Argumente A, Maximum und Minimum beim Aufruf in Zeile

24 enthalten nach dem Aufruf das unveränderte Feld A sowie das Minimum und Maximum der Feldwerte.

Im Unterprogramm wird zunächst angenommen, daß das Minimum und Maximum der Werte des Feldes durch den Feldindex 1 bestimmt sind (Initialisierung in Zeile 11 und 12!). Der Vergleich mit allen folgenden Feldelementen (Zeile 13 bis 19) paßt die beiden Werte erforderlichenfalls an.

6.4   Formale Feld-Parameter

Das letzte Programm erschien relativ starr hinsichtlich der Dimension des als Parameter übergebenen Feldes. Diese war im Hauptprogramm global festgelegt worden (die Konstante n gilt auch im Unterprogramm).

Modula erlaubt es, Feldparameter im Unterprogramm anzugeben, bei denen die Dimension nicht festgelegt werden muß. Parameter dieser Art werden als formale Feldtypen vereinbart, entsprechende Unterprogramme können somit Felder verschiedener Dimension bearbeiten. Als Beispiel wird ein Zahlenfeld an ein Unterprogramm übergeben, das dieses der Größe nach sortieren soll:

```
 1   MODULE Sortieren2;          (* Sortieren durch Einfügen *)
 2      FROM RealInOut IMPORT WriteReal, ReadReal, Done;
 3      FROM InOut      IMPORT WriteLn, WriteString, OpenInput;
 4      CONST N = 100;
 5      TYPE  Element = REAL;
 6      VAR   a: ARRAY [1..N] OF Element;
 7            i, n: CARDINAL;
 8            x: Element;

 9      PROCEDURE EinfuegeSort (VAR a: ARRAY OF Element;
10                              VAR n: CARDINAL; x: Element);
11         VAR i, j: CARDINAL;
12      BEGIN
13         i := 1;
14         WHILE (n > 0) & (i <= n) & (x > a[i-1]) DO
15            INC (i)
16         END;
17         FOR j := n TO i BY -1 DO
18            a[j] := a[j-1]
19         END;
20         a[i-1] := x;
21         INC (n)
22      END EinfuegeSort;
```

```
23   BEGIN
24     OpenInput ('Zahlen Eingabe');
25     WriteString ('unsortierte Zahlen:'); WriteLn;
26     n := 0;
27     ReadReal (x);

28     WHILE Done & (n < N) DO
29       WriteReal (x, 10);
30       EinfuegeSort (a, n, x);
31       ReadReal (x);
32       IF Done & (n = N) THEN
33          WriteLn; WriteString ('Speicher voll')
34       END
35     END;
36     WriteLn; WriteString ('  sortierte Zahlen:');
37     WriteLn;
38     FOR i := 1 TO n DO WriteReal (a[i], 10) END;
39     WriteLn
40   END Sortieren2.
```

Zum Verständnis des Unterprogramms sei vorab darauf hingewiesen, daß der
Index bei formalen Feldparametern grundsätzlich von 0 an gezählt wird, so daß
dort die Indizes – gegenüber dem Hauptprogramm – alle um 1 erniedrigt
erscheinen.

Um das Programm möglichst flexibel zu halten, verwenden wir den abstrakten
Datentyp „Element" (Zeile 5). So kann durch Modifikation dieser Typ-
Deklaration an *einer* Stelle des Programms auch die Sortierung von Feldern
eines anderen einfachen Datentyps, wie INTEGER, REAL, CHAR usw., durchgeführt werden.

In Zeile 9 findet sich die Notation eines „Formaltyps", wie sie bereits in der
Syntax für die Parameter einer Prozedur enthalten ist (auf Seite 83). Ein For-
maltyp kann also durch einen (qualifizierten) Namen beschrieben werden oder
durch „ARRAY OF QuName". Gegenüber einer „normalen" Array-Deklaration
fällt das Fehlen eines Indextyps auf, der ja gerade die Einschränkung auf eine
bestimmte Dimension bedeutet hätte.

Diese Version eines Sortierprogramms liest nicht das ganze deklarierte Zahlenfeld ein, sondern nur so viele Daten, wie in einer externen Datei enthalten
sind, wobei gleichzeitig kontrolliert wird, ob mehr Daten vorhanden sind, als in
das deklarierte Feld hineinpassen.

Da wir REAL-Zahlen sortieren wollen, benutzen wir die entsprechenden Prozeduren des Bibliotheksmoduls RealInOut. Ferner importieren wir von dort die
boolesche Variable Done, die den Erfolg der Einleseoperation anzeigt. Diese

Variable ist nicht mit der früher aus InOut importierten Variablen gleichen Namens (auf Seite 50) zu verwechseln, sie hat aber die gleiche Funktion wie diese. (Wie beide Variablen gleichzeitig im Programm verwendet werden können, wird an einem ähnlichen Fall auf Seite 142 erklärt.)

Sobald eine Zahl eingelesen wurde, wird das Sortierunterprogramm EinfuegeSort aufgerufen, das die neue Zahl an die richtige Stelle im Feld a einfügt und die Anzahl n der bisher eingelesenen Zahlen erhöht (Zeile 29). Falls bereits die Maximalzahl N der speicherbaren Zahlen verarbeitet wurde und dennoch eine weitere Zahl eingelesen werden konnte, wird eine Fehlermeldung angezeigt (Zeile 32 bis 34). Zum Schluß werden die sortierten Zahlen ausgegeben.

Der Prozedur EinfuegeSort werden das Feld a und die aktuelle Anzahl n der bisher gespeicherten Zahlen als VAR-Parameter übergeben, weil sie im Unterprogramm modifiziert werden. Die Zeilen 13 bis 16 bestimmen die Stelle im Feld a, an der das neue Element x eingefügt werden soll. Hierbei ist sowohl der Fall zu berücksichtigen, daß bisher überhaupt noch nichts gespeichert wurde, als auch der, daß etwas vor oder nach allen bisher gespeicherten Zahlen eingefügt werden soll. Wenn vor bereits gespeicherten Zahlen etwas einzufügen ist, so sind zunächst alle diese Zahlen um eine Position nach rechts zu verschieben, wobei wir von hinten beginnen müssen (Zeile 17 bis 19). Zuletzt wird in Zeile 20 das Element x an die freie Stelle im Feld a aufgenommen und danach die Anzahl der bisher gespeicherten Zahlen um 1 erhöht.

Dieses Sortierverfahren ist für große Felder sehr zeitaufwendig, da die Anzahl der Umspeicherungen sehr groß werden kann: ein extrem ungünstiger Fall tritt ein, wenn die einzulesenden Daten gerade in umgekehrter Reihenfolge sortiert waren. Das Verfahren sei jedoch im Vergleich zu einem später genannten (auf Seite 163), das sehr viel günstiger arbeitet, als Referenz angegeben.

Ein mit bisherigen programmiertechnischen Mitteln besser arbeitendes Sortierverfahren soll gleich angeschlossen werden, da es uns ein weiteres „Highlight" von Modula zu demonstrieren erlaubt:

```
1   MODULE  Sortieren3;
2     FROM   InOut IMPORT WriteCard, ReadCard, WriteLn,
3                         WriteString, OpenInput;
4     CONST n = 100;
5     TYPE  Element = CARDINAL;
6     VAR   a: ARRAY [1..n] OF Element;
7           i: CARDINAL;
```

```
 8       PROCEDURE AuswahlSort (VAR a: ARRAY OF Element);
 9         VAR i, j, k: CARDINAL;

10         PROCEDURE Tausche (VAR i, j: Element);
11           VAR k: Element;
12         BEGIN
13           k := i; i := j; j := k
14         END Tausche;

15       BEGIN
16         FOR i := 0 TO HIGH (a) - 1 DO
17           k := i;
18           FOR j := i + 1 TO HIGH (a) DO
19             IF a[j] < a[k] THEN k := j END
20           END;
21           IF k > i THEN Tausche (a[i], a[k]) END
22         END
23       END AuswahlSort;

24    BEGIN
25      OpenInput ('Zahlen Eingabe');
26      WriteString ('unsortierte Zahlen:');
27      FOR i := 1 TO n DO
28        ReadCard (a[i]); WriteCard (a[i], 4)
29      END;
30      AuswahlSort (a);
31      WriteLn; WriteString ('  sortierte Zahlen:');
32      FOR i := 1 TO n DO WriteCard (a[i], 4) END;
33      WriteLn
34    END Sortieren3.
```

Auch hier wird ein formaler ARRAY-Typ verwendet (Zeile 8), jedoch wird hier
anders als im vorherigen Programm keine Obergrenze des verwendeten Feldes
als Parameter übergeben. Modula kann nämlich den höchsten zulässigen Index
für ein Parameter-Array durch die eingebaute Funktion HIGH ermitteln, wobei
der tiefste zulässige Index für ein als formales ARRAY übergebenes Feld
generell mit 0 angenommen wird. Dies hat zur Konsequenz, daß ein im aufrufenden Programm verwendetes Parameter-Array mit dem Indextyp [1..100] im
Unterprogramm dem Indexbereich [0..99] zugeordnet wird. In diesem Fall liefert
die Funktion HIGH also den Wert 99 für die Obergrenze des Indexbereichs.

Bei dem angegebenen Sortierverfahren handelt es sich um eine Modifikation
des Auswahl-Sort-Verfahrens. Bei diesem werden – anders als beim früher
vorgestellten Bubble-Sort-Verfahren – nicht nur benachbarte Elemente miteinander vertauscht, sondern die Anzahl der Vertauschungen dadurch minimiert,

daß nur das Element, das auf die betrachtete Stelle des Feldes gehört, dorthin vertauscht wird, wenn es noch nicht dort gespeichert war (Abfrage in Zeile 21).

Das Beispiel enthält die bereits bekannte Prozedur zum Vertauschen zweier Zahlen innerhalb der Prozedur AuswahlSort. Wie aus der Syntax von „Block" deutlich wird, kann nicht nur in einem Programmblock, sondern auch in einem Prozedurblock eine Prozedurdeklaration stehen, wodurch das Verschachteln von Prozeduren – wie gezeigt – zulässig ist. Tausche ist hier lokal in AuswahlSort deklariert, so daß diese Prozedur nur innerhalb von AuswahlSort bekannt ist. Diese Programmstruktur ist sinnvoll, da Tausche außerhalb von AuswahlSort nicht benötigt wird.

Dem Leser sei empfohlen, sich die Funktionsweise von AuswahlSort an einem konkreten Feld geringer Dimension (z.B. 10) klarzumachen.

Will man die Flexibilität bezüglich des Indexbereichs formaler Feldparameter auch bei zweidimensionalen Feldern nutzen, so muß man diese in linearisierter Form an das aufzurufende Unterprogramm übergeben. Das folgende Beispiel aus der Linearen Algebra erläutert die Vorgehensweise.

Bei der Multiplikation einer Matrix $A = (\, a_{ij}\,)$ mit einem Vektor $x = (\, x_i\,)$ erhält man einen Vektor b mit folgenden Komponenten:

$$a_{11}x_1 + a_{12}x_2 + \ldots + a_{1m}x_m$$
$$a_{21}x_1 + a_{22}x_2 + \ldots + a_{2m}x_m$$
$$\vdots$$
$$a_{n1}x_1 + a_{n2}x_2 + \ldots + a_{nm}x_m$$

Die Matrix

$$
\begin{array}{cccc}
a_{11} & a_{12} & & a_{1m} \\
a_{21} & a_{22} & & a_{2m} \\
\vdots & & & \\
a_{n1} & a_{n2} & & a_{nm}
\end{array}
$$

muß dann wie folgt als eindimensionaler Vektor umgeformt werden:

$$a_0 \quad a_1 \qquad a_{m-1}$$
$$a_m \quad a_{m+1} \qquad a_{2m-1}$$
$$\cdot$$
$$\cdot$$
$$\cdot$$
$$a_{(n-1)m} \; a_{(n-1)m+1} \quad a_{nm-1}$$

Man linearisiert also die Matrix mittels der Vorschrift

$$a[i,j] \;\rightarrow\; a[(i-1)\cdot m + j - 1]$$

Die Realisierung in einem Programm sieht folgendermaßen aus:

```
 1   MODULE MatVekt;
 2     FROM RealInOut IMPORT ReadReal, WriteReal;
 3     FROM InOut      IMPORT WriteString, WriteLn,
 4                           OpenInput;
 5     VAR  i, j:      CARDINAL;
 6          M:         ARRAY [1..20] OF REAL;
 7          a:         ARRAY [1.. 5] OF REAL;
 8          Ergebnis: ARRAY [1.. 4] OF REAL;

 9     PROCEDURE Mult (VAR a, x, r: ARRAY OF REAL);
10       VAR  i, j, n, m: CARDINAL;
11     BEGIN
12       n := HIGH(r);
13       m := HIGH(x);
14       FOR i := 1 TO n DO r[i] := 0. END;
15       IF HIGH(a)+1 = (n+1)*(m+1) THEN
16         FOR i := 0 TO n DO
17           FOR j := 0 TO m DO
18             r[i] := r[i] + a[i*(m+1)+j]*x[j]
19           END
20         END
21       ELSE
22         WriteString ('Dimensionsfehler in MULT'); WriteLn
23       END
24     END Mult;
```

```
25  BEGIN
26    OpenInput ('Vektor Eingabe');
27    WriteString('Matrix-Vektor-Multiplikation:'); WriteLn;
28    FOR i := 1 TO 20 DO ReadReal (M[i]) END;
29    FOR i := 1 TO  5 DO ReadReal (a[i]) END;
30    Mult (M, a, Ergebnis);
31    FOR i := 1 TO  4 DO WriteReal (Ergebnis[i], 5) END;
32    WriteLn
33  END MatVekt.
```

Da die Anzahl der Spalten der ursprünglichen Matrix gleich der Anzahl der Elemente des mit der Matrix zu multiplizierenden Vektors und die Elementezahl des Ergebnisvektors gleich der Zeilenzahl der Matrix sein muß, kann man eine Überprüfung der Dimensionen der vom Unterprogramm Mult verwendeten Vektoren durchführen (Zeile 15). Dabei ist zu berücksichtigen, daß die im Programm verwendeten Variablen n und m wegen der Verschiebung des Indexbereichs nach Null um 1 kleiner sind als die in der obigen Erläuterung verwendeten Werte.

6.5 Übungen

Aufgabe 23:

Schreiben Sie ein Unterprogramm, das drei als Parameter übergebene Zahlen der Größe nach ordnet und an die Stelle des Aufrufs zurückgibt.

Aufgabe 24:

Ein Programm soll Zeichenketten einlesen und diese gespiegelt wieder ausgeben. Die Spiegelung ist in einem Unterprogramm vorzunehmen, das einen Wert-Parameter für die Eingabekette und einen VAR-Parameter für die Ausgabekette besitzt. Ein weiterer VAR-Parameter vom Typ BOOLEAN soll den Wert TRUE zurückgeben, wenn die zu spiegelnde Kette ein Palindrom war (vgl. Aufgabe 15).

Aufgabe 25:

Ein Programm soll zunächst eine Zeichenkette von der Tastatur als „Testwort" einlesen und darauf beliebig viele Wörter aus einer externen Datei, die darauf zu untersuchen sind, ob sie nur Buchstaben enthalten, die auch in dem Testwort vorkommen. Diese sind auf dem Bildschirm anzuzeigen. Verwenden Sie zur Lösung die Enthaltenseinsrelation bei Mengen.

Aufgabe 26:

In einem Hauptprogramm sind maximal 100 REAL-Zahlen einzulesen und in einem Feld zu speichern. In einem Unterprogramm sind die statistischen Kenngrößen „Mittelwert" m und „Standardabweichung" s zu ermitteln und an das Hauptprogramm zurückzugeben. Diese sind wie folgt definiert:

$$m = 1/n\ \Sigma x_i$$
$$s^2 = 1/n\ \Sigma(x_i{}^2 - m^2)$$

Falls nicht lauter gleiche Zahlen eingelesen wurden, ist mit Hilfe eines weiteren Unterprogramms das ursprüngliche Zahlenfeld zu standardisieren, d.h. jedes x_i ist durch den Ausdruck $(x_i-m)/s$ zu ersetzen.

7 FUNKTIONEN

7.1 Eingebaute Funktionen

Bevor wir uns der Programmierung von Funktionen zuwenden, die nichts anderes sind als spezielle Unterprogramme, wollen wir uns eine Übersicht darüber verschaffen, welche Funktionen in Modula bereits vorliegen, also in die Sprache „eingebaut" sind. Einige dieser Funktionen sind bereits vorgestellt worden, z.B. die Typ-Transferfunktionen INTEGER und CARDINAL, die Funktionen TRUNC, FLOAT, ORD und VAL, von denen die letzten beiden eine Abbildung der Wertemenge eines abzählbaren Typs auf einen Abschnitt der CARDiNAL-Zahlen vermitteln und umgekehrt, ferner als Spezialfall der Funktion VAL die Funktion CHR (CHR (i) = VAL (CHAR, i)).

Nicht in die Sprache eingebaut sind die weiter unten aufgeführten mathematischen Funktionen ln(x), sqrt(x), exp(x), sin(x), cos(x), arctan(x) sowie die Funktionen real(i) und entier(x), die aus einem Bibliotheksmodul importiert werden müssen.

Das nächste Beispiel soll anhand der iterativen Berechnung des numerischen Wertes einer unendlichen Reihe die bisher noch nicht besprochenen eingebauten Funktionen erläutern:

```
 1   MODULE Reihe;
 2     FROM InOut IMPORT Read, WriteString, WriteLn;
 3     FROM RealInOut IMPORT ReadReal, WriteReal;
 4     VAR  c: CHAR;
 5          i: CARDINAL;
 6          p, s, eps: REAL;
 7   BEGIN
 8     WriteString
 9       ('Berechnung von 1 - 1/4 + 1/9 - 1/16 +...');
10     WriteLn;
```

```
11    LOOP
12      WriteString ('Fehlerschranke:'); WriteLn;
13      ReadReal (eps);
14      i := 1;
15      s := 1.;
16      REPEAT
17        INC (i);
18        IF ODD(i) THEN p :=  1./FLOAT (i*i)
19                  ELSE p := -1./FLOAT (i*i) END;
20          s := s + p
21      UNTIL ABS(p)/2. < eps;
22      s := s - p/2.;
23      WriteString ('Wert der Reihe: ');
24      WriteReal (s, 20); WriteLn;
25      WriteString ('weitere Berechnung? (j/n)');
26      WriteLn; Read (c);
27      IF CAP (c) = 'N' THEN HALT END
28    END
29  END Reihe.
```

Die Reihe $\sum_{i=1}^{\infty}(-1)^{i+1}1/i^2$ ist eine alternierende Reihe mit Gliedern, deren Absolutbetrag gegen den Wert Null strebt. Man sagt, eine solche Reihe **konvergiert**, d.h. sie hat einen definierten endlichen Wert. Da aufeinanderfolgende Teilsummen immer um den wahren Wert herumpendeln, wobei sie ihn immer enger einschließen, wollen wir die Berechnung dann abbrechen (Zeile 21), wenn die Hälfte des Absolutbetrags des letzten Summanden einen eingelesenen Zahlenwert („Fehlerschranke" in Zeile 13) unterschreitet. Da wir jedes Mal ungefähr um den Wert der Hälfte des letzten Summanden über das Ziel hinausgeschossen sind, ziehen wir diese Zahl zum Schluß wieder ab (Zeile 22) und hoffen damit den Reihenwert wesentlich genauer getroffen zu haben als ohne diese Korrektur.

Die obige Formel für die Reihe sagt aus, daß das Vorzeichen des Summanden für ungerade Werte des Index i positiv und für gerade Werte negativ ist. Wir benutzen dies, um die Funktion ODD einzuführen, die Argumente vom Typ CARDINAL erwartet und für ungerade („odd") Zahlen den Wert TRUE und sonst FALSE liefert (Zeile 18). Da der Summand also positiv und negativ sein kann, benutzen wir die Funktion ABS (Zeile 21) dazu, den benötigten Absolutbetrag des Summanden zu bestimmen.

Die Frage in Zeile 25, ob die Berechnung (mit einer neuen Fehlerschranke) noch einmal ausgeführt werden soll, wird durch Eingabe eines Buchstabens beantwortet, wobei „n" oder „N" für „Nein" stehen. Um nicht beide Buchstabenwerte abzufragen, wird das eingelesene Zeichen – falls es ein Kleinbuchstabe war – durch die eingebaute Funktion CAP in Zeile 27 in einen

Großbuchstaben („capital letter") verwandelt, ansonsten bleibt das Zeichen unverändert. Die eingebaute Prozedur HALT sorgt dann für den sofortigen Abbruch des Programms (was hier auch durch EXIT hätte erreicht werden können, da keine weitere Anweisung folgt).

In der folgenden Tabelle sind die eingebauten Funktionen zusammengestellt:

Name	Argument-typ	Werttyp	Beschreibung
ABS	Zahlentyp	derselbe	Absolutbetrag einer Zahl
CAP	CHAR	CHAR	einem Kleinbuchstaben entsprechender Großbuchstabe
CHR	CARDINAL	CHAR	Zeichen mit der angegebenen Ordnungszahl
FLOAT	CARDINAL	REAL	Typ-Umwandlung
HIGH	ARRAY	CARDINAL	oberer Index des Feldes
ODD	CARDINAL	BOOLEAN	für ungerades Argument TRUE, für gerades Argument FALSE
ORD	bel. Typ	CARDINAL	Ordnungszahl von x bezüglich eines aufzählbaren Typs
SIZE	bel. Typ	CARDINAL	Speicherbedarf einer Variablen dieses Typs (in Byte)
TRUNC	REAL	CARDINAL	Typ-Umwandlung
VAL	T, CARDINAL	T	der Wert mit der als zweitem Argument angegebenen Ordnungszahl im Typ T

In der Waterloo-Implementierung ist SIZE keine eingebaute Funktion, sondern muß aus dem Modul SYSTEM importiert werden. Die Bezeichnung „T" für den Argument- bzw. Werttyp bei VAL ist der Name eines beliebigen Typs (nicht eine Variable dieses Typs!).

7.2 Funktionsunterprogramme

Bei Funktionen handelt es sich um spezielle Unterprogramme, deren Aufgabe es ist, *genau einen* Wert zu ermitteln. Dementsprechend unterscheidet sich ein Funktionsaufruf von einem Prozeduraufruf dadurch, daß der so bestimmte Wert überall dort auftreten darf, wo ein Ausdruck zugelassen ist. Prozeduraufrufe stehen syntaktisch bei den Anweisungen, Funktionsaufrufe bei den Ausdrücken.

Prozeduren können (über die Parameterliste) keinen, einen oder mehrere Werte an die Stelle des Aufrufs zurückgeben, dementsprechend sind die Typen der

zu ermittelnden Werte in der Liste der formalen Parameter erklärt. Bei den
Funktionen dagegen ist der Typ des Funktionswertes nach einem Doppelpunkt
hinter der Liste der formalen Parameter anzugeben (vgl. die Syntaxkästchen
von Prozedurdeklaration und Formalparameter).

Als Beispiel für eine Funktion sei der Euklid'sche Algorithmus zur Bestimmung
des größten gemeinsamen Teilers zweier positiver ganzer Zahlen vorgestellt.

```
 1   MODULE GGT2;
 2     FROM InOut IMPORT WriteString, WriteLn,
 3                         ReadCard, WriteCard;
 4     VAR  x, y: CARDINAL;

 5     PROCEDURE GGT(a, b: CARDINAL): CARDINAL;
 6       VAR  r: CARDINAL;
 7     BEGIN
 8       WHILE b # 0 DO
 9         r := a MOD b;
10         a := b;
11         b := r
12       END;
13       RETURN a
14     END GGT;

15   BEGIN
16     WriteString ("x = ");  WriteLn; ReadCard (x);
17     WHILE x > 0 DO
18       WriteString ("y = ");   WriteLn;  ReadCard (y);
19       WriteString ("ggT = "); WriteCard (GGT(x,y), 5);
20       WriteLn;
21       WriteString ("x = ");   WriteLn;  ReadCard (x)
22     END
23   END GGT3.
```

Das Verfahren ähnelt dem früher angegebenen Programm GGT1, bei dem der
größte gemeinsame Teiler zweier ganzer Zahlen durch fortgesetzte Bildung der
positiven Differenz ermittelt wurde. Wenn beide Zahlen sich größenmäßig stark
voneinander unterscheiden, kann sehr häufig die kleinere Zahl von dem immer
noch zu großen anderen Wert abgezogen werden, was aber durch Division und
anschließende Betrachtung des Restes erheblich abgekürzt werden kann (Man
vergleiche einmal die Verfahren GGT1 und GGT2 bei der Bestimmung des
g.g.T. von 6 und 1000!). Bei GGT2 wird die größere der beiden Zahlen (a) durch
die kleinere (b) dividiert, wobei ein Rest r entsteht, der kleiner als b ist. Ist dieser
Rest r größer als Null, so wiederholt man das Verfahren nun mit b und r an
Stelle von a und b solange, bis die Division einen verschwindenden Rest liefert.

Der letzte nicht verschwindende Rest ist dann der größte gemeinsame Teiler der ursprünglichen beiden Zahlen.

Zunächst sei das Augenmerk auf Zeile 5 gerichtet, in der der Typ des Funktionswertes mit CARDINAL angegeben wird, weil die bei der Division auftretenden Reste, deren einer ja den Funktionswert bestimmen wird, nicht kleiner als Null werden. War anfangs a nicht die größere der beiden Zahlen a und b, so sorgt die Sequenz in den Zeilen 9 bis 11 zunächst für die Vertauschung beider Werte.

Die Übergabe des Funktionswertes geschieht nach dem Schlüsselwort RETURN (Zeile 13). Man beachte auch die Verwendung der Funktion GGT in der Ausgabe-Anweisung der Zeile 19: der Funktionsaufruf mit den Argumenten x und y steht dort, wo sonst ein Ausdruck zugelassen ist.

Im Zusammenhang mit Funktionen ist auch die Verwendung von Feldern in der Form eines formalen Feldes interessant. Ein schönes Beispiel ist die Berechnung eines Polynoms etwa folgender Gestalt:

$$p(x) = a_0 + a_1 x + a_2 x^2 + a_3 x^3 + a_4 x^4 + a_5 x^5$$

Die Auswertung dieses Ausdruckes als Summe von Potenzprodukten wäre schon wegen des fehlenden Potenzoperators in Modula mühsam. Es geht aber auch ohne diesen: Eine Umformung des obigen Ausdrucks führt zunächst auf

$$p(x) = a_0 + x (a_1 + a_2 x + a_3 x^2 + a_4 x^3 + a_5 x^4)$$

Man beachte, daß in der Klammer ein Polynom steht, dessen Grad gegenüber dem ursprünglichen Polynom um eins reduziert ist. Wiederholte Ausklammerung eines x führt schließlich zur Berechnung nach dem sogenannten **Horner-Schema**, das auf die wiederholte Multiplikation eines Faktors mit x und anschließende Addition eines Polynomkoeffizienten hinausläuft:

$$p(x) = a_0 + x (a_1 + x (a_2 + x (a_3 + x (a_4 + x \cdot a_5))))$$

Dieser Ausdruck wird also – beginnend mit dem Produkt $a_5 x$ – „von innen nach außen" ausgewertet. Das Programm hat folgendes Aussehen:

```
 1   MODULE HornerSchema;
 2     FROM InOut       IMPORT Write, WriteString, WriteLn;
 3     FROM RealInOut   IMPORT WriteReal;
 4     VAR   i, j, Pos: CARDINAL;
 5           Min, Max:  REAL;
 6           x, y:      ARRAY [0..40] OF REAL;
 7           a:         ARRAY [0.. 5] OF REAL;

 8     PROCEDURE Horner(VAR a: ARRAY OF REAL; x: REAL): REAL;
 9       VAR   i: CARDINAL;
10             p: REAL;
11       BEGIN
12           p := 0.;
13           FOR i := HIGH(a) TO 0 BY -1 DO
14             p := p*x + a[i]
15           END;
16           RETURN p
17       END Horner;

18     BEGIN
19       WriteString("Kurve 5. Grades:"); WriteLn;
20       a[0] := 0.;     a[1] := 5.;   a[2] := 0.;
21       a[3] := -20.;   a[4] := 0.;   a[5] := 16.;
22       Min  := 1.E75;  Max := -1.E75;
23       FOR i:= 0 TO 40 DO
24         x[i] := (FLOAT (i) - 20.)/20.;
25         y[i] := Horner (a, x[i]);
26         IF Min > y[i] THEN Min := y[i] END;
27         IF Max < y[i] THEN Max := y[i] END
28       END;

29       FOR i:= 0 TO 40 DO
30         WriteReal (x[i], 8);
31         Pos := TRUNC( (y[i] - Min)/(Max - Min)*40.);
32         FOR j :=  0 TO Pos DO Write (" ") END;
33         Write ("*");
34         FOR j := Pos TO 40 DO Write (" ") END;
35         WriteReal (y[i], 8);  WriteLn
36       END
37     END HornerSchema.
```

Das Programm erzeugt die nachfolgende Ausgabe:

Kurve 5. Grades:

```
  -1 *                                                                  -1
 -0.95                                 *                            0.01700
 -0.9                                       *                       0.63216
 -0.85                                        *                     0.93322
 -0.8                                          *                    0.99712
 -0.75                                        *                     0.89063
 -0.7                                       *                       0.67088
 -0.65                                   *                          0.38604
 -0.6                                 *                             0.07584
 -0.55                             *                               -0.22776
 -0.5                           *                                  -0.5
 -0.45                       *                                     -0.72275
 -0.4                      *                                       -0.88384
 -0.35 *                                                           -0.97654
 -0.3 *                                                            -0.99888
 -0.25 *                                                           -0.95313
 -0.2       *                                                      -0.84512
 -0.15         *                                                   -0.68372
 -0.1             *                                                -0.48016
 -0.05              *                                              -0.24751
   0                    *                                            0
  0.05                     *                                       0.24751
  0.1                          *                                   0.48016
  0.15                           *                                 0.68372
  0.2                              *                               0.84512
  0.25                                 *                           0.95313
  0.3                                  *                           0.99888
  0.35                                 *                           0.97654
  0.4                               *                              0.88384
  0.45                            *                                0.72275
  0.5                         *                                    0.5
  0.55                      *                                      0.22776
  0.6                   *                                         -0.07584
  0.65               *                                            -0.38604
  0.7            *                                                -0.67088
  0.75        *                                                   -0.89063
  0.8 *                                                           -0.99712
  0.85  *                                                         -0.93322
  0.9       *                                                     -0.63216
  0.95              *                                             -0.01700
   1                                    *                           1
```

Außer der Berechnung einer Wertetabelle des Polynoms wird eine Kurve
gezeichnet im Bereich von x = –1 bis x = 1 und der Schrittweite Δx = 0.05.
Damit die y-Werte unserer Kurve den zur Verfügung stehenden Platz von 40

Druckpositionen nicht überschreiten, wird in den Zeilen 26 und 27 die Bestimmung von Minimum und Maximum vorgenommen und in Zeile 31 die Kurve auf
40 Druckpositionen gestreckt und die angenäherte Position des Funktionswertes im Raster bestimmt, der in den Zeilen 32 bis 34 durch einen Stern
angedeutet wird. Bei dem so entstehenden Schaubild der Kurve weist die
x-Achse nach unten (entsprechend der Laufrichtung des Druckerpapiers!) und
die y-Achse parallel zur Zeilenrichtung von links nach rechts. In der Ausgabe
erscheinen links neben der Kurve die x-Werte und rechts die y-Werte des dargestellten Polynoms.

Bezüglich der Programmierung von Funktionsunterprogrammen sei betont, daß
die RETURN-Anweisung zum Zweck der Übergabe des Funktionswertes an das
aufrufende Programm vor dem Rücksprung unbedingt erforderlich ist, da sonst
kein Funktionswert berechnet werden würde. Bekanntlich kann ein Unterprogramm ja auch dadurch beendet werden, daß das zugehörige END erreicht
wird. Es ist nicht erforderlich, daß ein Funktionsunterprogramm genau ein
RETURN enthält. So kann z.B. eine Prozedur Sign zur Bestimmung des Vorzeichens einer Zahl folgendermaßen aussehen:

```
PROCEDURE Sign (x: REAL): INTEGER;
BEGIN
   IF x > 0. THEN       RETURN 1
   ELSIF x < 0. THEN RETURN -1
   ELSE                 RETURN 0
   END
END Sign;
```

Die RETURN-Anweisung kann auch in Prozeduren stehen, die keine Funktionen
sind – dann aber ohne einen nachfolgenden Ausdruck. In diesem Fall bewirkt
sie einen (vorzeitigen) Rücksprung ins aufrufende Programm (vgl. auch die
Syntaxbeschreibung von „Anweisung").

7.3 Rekursive Unterprogramme

Innerhalb einer Prozedur-Deklaration sind nicht nur die Prozedur-Parameter
lokale Größen, die in der ganzen Prozedur bekannt sind und während des
Ablaufs der Prozedur existieren, sondern auch der Prozedur-Name selbst. Dies
hat zur Konsequenz, daß er innerhalb der Prozedur verwendet werden kann.
Die Prozedur kann sich somit selbst aufrufen, wir sagen, sie ist **rekursiv**.

Eine rekursive – also sich selbst erneut aufrufende – Prozedur muß, um nicht
ad infinitum weiterzulaufen, auch einen „normalen", d.h. den rekursiven Aufruf
umgehenden Ausgang besitzen. Dies bedeutet, daß eine Programmverzwei-

gung (z.B. eine IF-Anweisung) vorliegen muß, bei der wenigstens in einem Zweig kein rekursiver Aufruf erfolgt.

Eine rekursive Prozedur legt bei jedem rekursiven Aufruf die Wertparameter und lokalen Variablen erneut an, wobei erst bei einem normalen (d.h. nichtrekursiven) Verlassen einer Prozedur diese Generation lokaler Variablen zu existieren aufhört und die davor wirksam gewesene Generation wieder erscheint. Bei Verwendung rekursiver Prozeduren sollte man also darauf achten, daß diese – nach nicht allzu vielen Rekursionen – wieder normal verlassen werden kann, anderenfalls kann es zu Speicher- und/oder Rechenzeitengpässen kommen.

Es gibt Aufgabenstellungen, die sich sehr leicht rekursiv formulieren lassen, so daß auch die Programmierung als rekursive Prozedur naheliegt. Beide Beispiele des letzten Abschnittes gehören zu diesem Typ von Aufgaben. Die Bestimmung des größten gemeinsamen Teilers („g.g.T.") zweier ganzer Zahlen a und b nach dem Euklid'schen Algorithmus kann auch so formuliert werden: Entweder ist b = 0, dann ist a der g.g.T., oder die Bestimmung des g.g.T. von a und b reduziert sich auf die Bestimmung des g.g.T. von b und den bei der Division von a durch b auftretenden Rest:

```
 1   MODULE GGT3;
 2     FROM InOut IMPORT WriteString, WriteLn,
 3                       ReadCard, WriteCard;
 4     VAR  x, y: CARDINAL;

 5     PROCEDURE GGT (x, y: CARDINAL): CARDINAL;
 6     BEGIN
 7       IF y = 0 THEN RETURN x
 8               ELSE RETURN GGT (y, x MOD y)
 9       END
10     END GGT;

11   BEGIN
12     WriteString ("x = ");     WriteLn; ReadCard (x);
13     WHILE x > 0 DO
14       WriteString ("y = ");   WriteLn; ReadCard (y);
15       WriteString ("ggT = "); WriteCard (GGT (x, y), 5);
16       WriteLn;
17       WriteString ("x = ");   WriteLn; ReadCard (x)
18     END
19   END GGT3.
```

Die gezeigte Zurückführung auf eine einfachere Rechnung (Zeile 8) ist eine typische Eigenschaft rekursiv formulierter Aufgabenstellungen. Wie gefordert, enthält die rekursive Formulierung hier eine IF-Anweisung mit einem rekursiven und einem nichtrekursiven Zweig, über den der rekursive Aufruf beendet werden kann. Diese Art der Programmierung ist die bisher knappeste und eleganteste, wenngleich sie zeitaufwendiger als die nichtrekursive (iterative) Version des Verfahrens sein kann.

Auch bei der Programmierung des Horner-Schemas zur Polynomberechnung kann eine rekursive Version angegeben werden. Dies ist ersichtlich aus der oben gezeigten Umschreibung des Polynoms in einen konstanten Term plus x mal einem weiteren Faktor, der sich als Polynom eines gegenüber dem ursprünglichen Polynom um 1 reduzierten Grades erweist. Hier liegt der Ansatzpunkt für die rekursive Formulierung des Verfahrens:

```
 1   MODULE HornerRekurs;
 2      FROM InOut      IMPORT WriteLn;
 3      FROM RealInOut IMPORT WriteReal;
 4      VAR  i: CARDINAL;
 5           x: REAL;
 6           a: ARRAY [0..5] OF REAL;

 7      PROCEDURE Horner (VAR a: ARRAY OF REAL;
 8                          n: CARDINAL; VAR x: REAL): REAL;
 9      BEGIN
10        IF n = 0
11          THEN RETURN a[HIGH(a)]
12          ELSE RETURN a[HIGH(a)-n] + x * Horner (a,n-1,x)
13        END
14      END Horner;

15   BEGIN
16    ` a[0] := 0.;    a[1] := 5.;  a[2] := 0.;
17      a[3] := -20.;  a[4] := 0.;  a[5] := 16.;
18      FOR i:= 0 TO 40 DO
19        x := (FLOAT (i) - 20.)/20.; WriteReal (x, 8);
20        WriteReal (Horner (a, HIGH(a), x), 8); WriteLn
21      END;
22   END HornerRekurs.
```

Ein kleiner Nachteil besteht darin, daß ein zusätzlicher Parameter eingeführt werden muß, der die Stelle im Koeffizientenvektor des Polynoms bezeichnet, ab dem ein Teilpolynom innerhalb der Rekursion berechnet werden soll, z.B. die Zahl 3 für die Berechnung von $a_3 + a_4x + a_5x^2$. Das Programmbeispiel enthält nicht mehr den graphischen Ausgabeteil, sondern zeigt lediglich in einer Schleife die Aufstellung einer Wertetabelle. Gegenüber der früheren iterativen Programmversion ist auch der Parameter x als VAR-Parameter aufgeführt. Das bedeutet, daß der Wertparameter n die einzige lokale Größe ist, der bei jedem rekursiven Aufruf erneut Speicherplatz zugewiesen wird (Die anderen lokalen Variablen der vorherigen Version werden hier nicht benötigt.).

Rekursive und iterative Formulierungen von Algorithmen scheinen gegensätzliche Tendenzen aufzuweisen: die rekursive Formulierung ist die elegantere, die iterative liefert meist den schnelleren Kode. Nicht immer ist es einfach, eine rekursive Formulierung in eine iterative umzuwandeln. Das folgende Beispiel, das eine rekursive Prozedur ist, die keine Funktion darstellt, ist nahezu berühmt zu nennen: die Türme von Hanoi, ein Einpersonen-Spiel mit angeblich mythologischem Hintergrund.[11]

Das Aufgabenstellung besteht darin, daß ein aus sich nach oben hin verjüngenden Scheiben bestehender Turm („Startturm") von seinem Standort abzubauen und an anderer Stelle wieder aufzubauen ist („Zielturm"), wobei auf einem Hilfsplatz Scheiben übereinander abgelegt werden können („Hilfsturm"), und zwar so, daß während des Ablaufs des Verfahrens an jedem der drei Plätze nur Türme vorhanden sein dürfen, bei denen (aus Stabilitätsgründen!) immer nur kleinere Scheiben über größeren liegen.

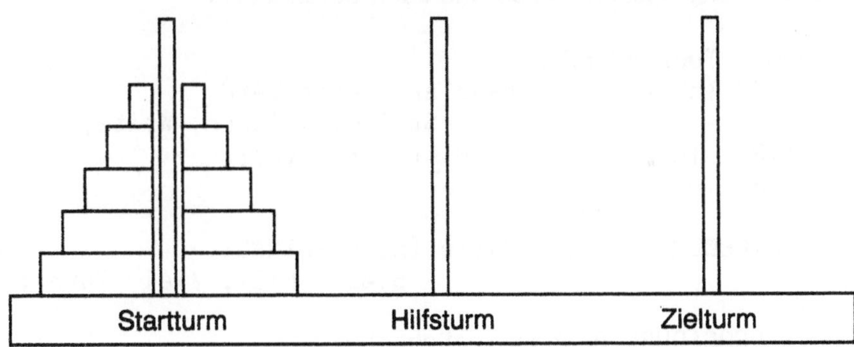

Das Problem scheint recht kompliziert zu sein, stellt sich aber bei rekursiver Formulierung sehr einfach dar: Zunächst ist die Aufgabe trivial, wenn der ursprüngliche Turm nur aus einer Scheibe besteht. Dann trage man die Scheibe einfach auf den Zielplatz. Angenommen, die Lösung des Problems sei für einen Turm mit n–1 Scheiben bekannt, dann verfahre man bei einem Turm mit n Scheiben so, daß der aus den n–1 oberen Scheiben bestehende Turm

---

11 Die Geschichte, wonach das Weltenende bevorsteht, wenn im buddistischen Tempel von Hanoi 100 Mönche einen Turm aus 100 Goldscheiben abgebaut und an anderer Stelle unter den schwierigen Bedingungen der Aufgabenstellung wieder aufgebaut haben, ist eine geistreiche mathematische Erfindung (De Parville, 1883).

(unter Zuhilfenahme des Zielplatzes) auf den Hilfsplatz transportiert, danach die große untere Scheibe auf den (nun freien) Zielplatz gebracht und schließlich der Turm aus n–1 Scheiben vom Hilfsplatz (jetzt unter Zuhilfenahme des Startplatzes) auf den Zielplatz transportiert wird:

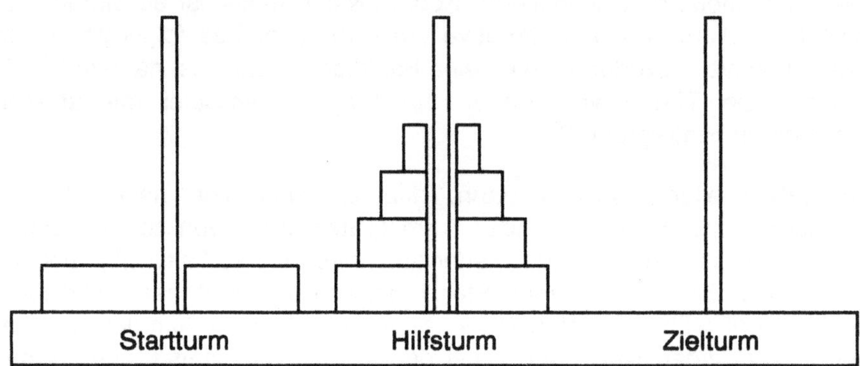

Das Programm sieht genau so aus, wie eben beschrieben:

```
 1   MODULE TuermeVonHanoi;
 2     FROM InOut IMPORT ReadCard, WriteCard,
 3                       WriteString, WriteLn, Write;
 4     TYPE  Turm = (links, mitte, rechts);
 5     VAR   n: CARDINAL;

 6     PROCEDURE Transportiere (m: CARDINAL;
 7                              Start, Hilf, Ziel: Turm);

 8       PROCEDURE BewegeEineScheibe;

 9         PROCEDURE Drucke (t: Turm);
10         BEGIN
11           CASE t OF
12             links:  WriteString ('links ') |
13             mitte:  WriteString ('mitte ') |
14             rechts: WriteString ('rechts')
15           END
16         END Drucke;
```

```
17        BEGIN (* BewegeEineScheibe *)
18          WriteString ('Bewege die Scheibe ');
19          WriteCard (m,1); WriteString (' von ');
20          Drucke (Start);  WriteString (' nach ');
21          Drucke (Ziel);   Write ('.'); WriteLn
22        END BewegeEineScheibe;

23      BEGIN (* Transportiere *)
24        IF m = 1 THEN
25          BewegeEineScheibe
26        ELSE
27          Transportiere (m-1, Start, Ziel, Hilf);
28          BewegeEineScheibe;
29          Transportiere (m-1, Hilf, Start, Ziel)
30        END
31      END Transportiere;

32    BEGIN (* Hauptprogramm *)
33      WriteString('"Türme von Hanoi", ');
34      WriteString('wieviel Scheiben?');
35      WriteLn;
36      ReadCard (n);
37      Transportiere (n (* Scheiben *), (* von  *) links,
38                      (* über *) mitte, (* nach *) rechts)
39    END TuermeVonHanoi.
```

Die Bedeutung der Parameter der Prozedur Transportiere wird durch die
Kommentierung im Hauptprogramm (Zeilen 37 und 38) deutlich. Danach ver-
steht man den Ablauf der Prozedur (Zeilen 24 bis 30) aufgrund der rekursiven
Formulierung des Problems sofort (man beachte den zweifachen rekursiven
Aufruf!).

Die Ausgabe des Programms für einen Turm mit 5 Scheiben sieht so aus:

```
"Türme von Hanoi", wieviel Scheiben?
 5
Bewege die Scheibe 1 von links  nach rechts.
Bewege die Scheibe 2 von links  nach mitte .
Bewege die Scheibe 1 von rechts nach mitte .
Bewege die Scheibe 3 von links  nach rechts.
Bewege die Scheibe 1 von mitte  nach links .
Bewege die Scheibe 2 von mitte  nach rechts.
Bewege die Scheibe 1 von links  nach rechts.
```

```
Bewege die Scheibe 4 von links   nach mitte  .
Bewege die Scheibe 1 von rechts  nach mitte  .
Bewege die Scheibe 2 von rechts  nach links  .
Bewege die Scheibe 1 von mitte   nach links  .
Bewege die Scheibe 3 von rechts  nach mitte  .
Bewege die Scheibe 1 von links   nach rechts.
Bewege die Scheibe 2 von links   nach mitte  .
Bewege die Scheibe 1 von rechts  nach mitte  .
Bewege die Scheibe 5 von links   nach rechts.
Bewege die Scheibe 1 von mitte   nach links  .
Bewege die Scheibe 2 von mitte   nach rechts.
Bewege die Scheibe 1 von links   nach rechts.
Bewege die Scheibe 3 von mitte   nach links  .
Bewege die Scheibe 1 von rechts  nach mitte  .
Bewege die Scheibe 2 von rechts  nach links  .
Bewege die Scheibe 1 von mitte   nach links  .
Bewege die Scheibe 4 von mitte   nach rechts.
Bewege die Scheibe 1 von links   nach rechts.
Bewege die Scheibe 2 von links   nach mitte  .
Bewege die Scheibe 1 von rechts  nach mitte  .
Bewege die Scheibe 3 von links   nach rechts.
Bewege die Scheibe 1 von mitte   nach links  .
Bewege die Scheibe 2 von mitte   nach rechts.
Bewege die Scheibe 1 von links   nach rechts.
```

Die Zweiteilung der Aufgabe in den Hin- und Rücktransport eines Turmes läßt die Einstufung dieses Problems in die Klasse der binären Probleme erkennen. Man verifiziert nämlich leicht anhand der Prozedur Transportiere, daß ein Turm mit n Scheiben genau 2^n-1 Bewegungen erfordert.

Ein solches binäres Problem mit rekursiver Lösung stellt auch das folgende Sortierverfahren dar („Quick-Sort-Verfahren").

Dort wollen wir zunächst die Prozedur Ausgabe betrachten. Sie enthält den Parameter Text, der als formales CHAR-Feld deklariert ist. Im Aufruf der Prozedur (Zeilen 38 und 40) entspricht dem jeweils eine String-Konstante. Die Verträglichkeit von formalem und aktuellem Parameter wird deutlich, wenn wir die Deklaration des Typs String aus dem Modul Strings betrachten:

```
TYPE String = ARRAY [0..79] OF CHAR;
```

Ein String ist also deklariert als ein Feld mit 80 Elementen (die gängige Länge einer Bildschirmzeile stand hierfür Pate). Die Prozedur Ausgabe kann somit nicht nur Strings, sondern CHAR-Felder beliebiger Länge verarbeiten.

```
 1   MODULE QSort;
 2     FROM  InOut  IMPORT WriteString, WriteCard, WriteLn,
 3                         ReadCard, OpenInput;
 4     CONST n = 10;
 5     TYPE  Element = CARDINAL;
 6     VAR   i: CARDINAL;
 7           a: ARRAY [1..n] OF Element;

 8     PROCEDURE Ausgabe (Text: ARRAY OF CHAR;
 9                        x: ARRAY OF Element);
10       VAR  i: CARDINAL;
11     BEGIN
12       WriteLn; WriteString (Text); WriteLn; WriteLn;
13       FOR i := 0 TO HIGH (x) DO
14         WriteCard (x[i], 5)
15       END;
16       WriteLn
17     END Ausgabe;

18     PROCEDURE QuickSort (L, R: CARDINAL);
19       VAR   i, j: CARDINAL;
20             x, w: Element;
21     BEGIN
22       i := L;   j := R;
23       x := a[(i+j) DIV 2];
24       REPEAT
25         WHILE a[i] < x DO INC (i) END;
26         WHILE a[j] > x DO DEC (j) END;
27         IF i <= j THEN
28           w := a[i]; a[i] := a[j]; a[j] := w;
29           INC (i);    DEC (j)
30         END
31       UNTIL i > j;
32       IF L < j THEN QuickSort (L, j) END;
33       IF i < R THEN QuickSort (i, R) END
34     END QuickSort;

35   BEGIN
36     OpenInput ('Zahlen Eingabe');
37     FOR i := 1 TO n DO ReadCard (a[i]) END;
38     Ausgabe ("Unsortierte Zahlen:", a);
39     QuickSort (1, n);
40     Ausgabe ("mit QuickSort sortiert:", a)
41   END QSort.
```

Die rekursive Prozedur QuickSort wird zunächst mit den Feldgrenzen 1 und n (also mit dem ganzen Feld) aufgerufen (Zeile 39). Innerhalb von QuickSort wird zunächst ein etwa in der Mitte des zu sortierenden Feldes stehendes Element x bestimmt (Zeile 23). Dieses teilt den ursprünglichen Sortierbereich in einen linken und einen rechten Teil. Ziel des Unterprogramms wird es zunächst sein, die Elemente im gesamten Bereich so miteinander zu vertauschen, daß im linken Teil alle Elemente stehen, die kleiner als x sind, und im rechten Teil alle Elemente, die größer oder gleich x sind. In der anschließenden Schleife (Zeilen 24 bis 31) wird sowohl im linken Teil ein Laufindex i inkrementiert als auch im rechten Teil ein Laufindex j dekrementiert, solange die genannte Bedingung erfüllt ist. Stoppt dieser Prozeß der Inkrementierung und Dekrementierung, ohne daß der ursprüngliche Bereich von i und j bereits voll überstrichen wurde (dies wäre der Fall, wenn i > j geworden ist), so hat man zwei Elemente a[i] und a[j] gefunden, die miteinander zu vertauschen sind (Zeile 28). Danach ist i erneut zu inkrementieren und j zu dekrementieren, da die beiden Elemente jetzt im „richtigen" Teilbereich liegen.

Am Ende des beschriebenen Prozesses liegen zwei Teilbereiche vor, die so beschaffen sind, daß jedes Element des linken Teilbereichs kleiner ist als jedes Element des rechten Teilbereichs. Auf jeden dieser Teilbereiche wendet man nun (solange er nicht leer ist, vgl. die Bedingungen in Zeile 32 und 33) erneut dasselbe Verfahren an.

Das Quick-Sort-Verfahren zählt zu den schnellsten Sortierverfahren und ist auch für große Wertemengen geeignet.

7.4 Der PROCEDURE-Typ

Bei der Syntax-Beschreibung der Typ-Deklaration ist die Möglichkeit gegeben, einen Prozedur-Typ mit einem Namen zu belegen. Dadurch kann man eine Prozedur als Parameter an eine andere Prozedur übergeben:

```
ProzedurTyp       = PROCEDURE [ FormaleTypListe ]
FormaleTypListe   = "(" [ [ VAR ] FormalTyp { "," [ VAR ] FormalTyp } ]
                    ")" [ ":" QuName ]
```

So kann man z.B. in einer Typ-Deklaration eine reellwertige Funktion einer reellen Veränderlichen einfach „Funktion" nennen:

```
TYPE Funktion = PROCEDURE (REAL): REAL;
```

Die formale Typliste unterscheidet sich von einer Parameterliste dadurch, daß hier lediglich die Typen aufgeführt sind, wobei auch die Partikel VAR vor der Typbezeichnung stehen dürfen. Beispiele für die Deklaration von Prozedur-Typen kommen hauptsächlich in mathematischen Anwendungen vor.

Dies soll in einer Prozedur veranschaulicht werden, die eine Näherungslösung für das Integral einer Funktion in einem vorgegebenen Intervall numerisch berechnet:

```
 1   MODULE Integral;
 2     FROM InOut      IMPORT WriteLn, WriteString;
 3     FROM RealInOut IMPORT WriteReal;
 4     FROM MathLibO  IMPORT ln;

 5     (* Integration mit der Trapezregel *)

 6     TYPE Funktion = PROCEDURE(REAL): REAL;

 7     PROCEDURE y (x: REAL): REAL;
 8     BEGIN
 9       RETURN 1./(1.+x)
10     END y;

11     PROCEDURE Trapezregel (a, b: REAL;
12                                   f:    Funktion): REAL;
13       CONST n = 100;
14       VAR   s,h: REAL;
15             i:   CARDINAL;
16     BEGIN
17       h := (b-a) / FLOAT (n);
18       s := (f(a) + f(b))*0.5;
19       FOR i := 1 TO n-1 DO
20         s := s + f (a + FLOAT (i)*h)
21       END;
22       RETURN h*s
23     END Trapezregel;

24   BEGIN
25     WriteString ('Integral von f(x) = 1/(1+x) in [0,1]');
26     WriteLn; WriteLn;
27     WriteString ('exakter Wert (ln(2)) =');
28     WriteReal (ln(2.), 18); WriteLn;
29     WriteString ('Trapezregel:          ');
30     WriteReal (   Trapezregel (0., 1., y), 18); WriteLn
31   END Integral.
```

Das Programm produziert folgende Ausgabe:

```
Integral von f(x) = 1/(1+x) in [0,1]

exakter Wert (ln(2)) = 0.693147180559945
Trapezregel:           0.693153430481823
```

Zunächst bemerkt man neben der bereits angedeuteten Deklaration des Prozedur-Typs in Zeile 6 die Verwendung des Bibliotheksmoduls MathLib0, aus dem der natürliche Logarithmus ln importiert wird. MathLib0 enthält außer dieser Funktion noch die Quadratwurzel sqrt (für „square root"), die Exponentialfunktion exp, die trigonometrischen Funktionen sin, cos und arctan, die Typ-Transferfunktion real, die eine INTEGER-Größe in den entsprechenden REAL-Wert umwandelt, die Funktion entier, die die größte INTEGER-Zahl liefert, die unterhalb einem gegebenen REAL-Ausdruck liegt. Ferner sind aus MathLib0 die Konstanten pi (= π), e (die Eulersche Zahl) und ln10 = ln(10) abrufbar, womit eine eigene Konstanten-Deklaration der Gestalt

```
CONST   pi   = 3.14159265358979;
        e    = 2.71828182845904;
        ln10 = 2.30258509299405;
```

eingespart werden kann.

Zum Verfahren selbst sei erwähnt, daß unter dem Integral einer Funktion über einem bestimmten Intervall [a, b] der x-Achse der Inhalt der Fläche verstanden wird, die von der x-Achse, dem Funktionsgraphen und den beiden senkrechten Geraden x = a und x = b beschrieben wird. Diese Fläche wird in n = 100 senkrechte Streifen gleicher Breite zerlegt. Ein solcher Streifen, der bei einem bestimmten x-Wert beginnt und die Breite h = (b–a)/n hat, ist durch ein Trapez angenähert, daß den Flächeninhalt (f(x) + f(x + h)) · h/2 besitzt. Die Trapezflächen werden von der Prozedur Trapezregel aufsummiert und sind eine – wenn auch bescheidene – Näherung für das gesuchte bestimmte Integral.

Erwähnt sei, daß es den vordefinierten Prozedur-Typ PROC gibt, der eine parameterlose Prozedur bezeichnet. Für ihn ist also intern eine Deklaration folgender Art vorhanden:

```
TYPE PROC = PROCEDURE;
```

7.5 *Übungen*

Aufgabe 27:

Schreiben Sie ein Programm, das zu gegebenen positiven reellen Zahlen a jeweils die Quadratwurzel innnerhalb einer Funktionsprozedur berechnet, indem, beginnend mit y = a, die Iteration

```
x <- y
y <- (x + a/x)/2
```

so lange durchgeführt wird, bis $| x - y | < 10^{-8}$ ist.

Vergleichen Sie die Ergebnisse mit dem Aufruf der Funktion sqrt aus dem Modul MathLib0.

Aufgabe 28:

Schreiben Sie eine Funktionsprozedur "Hoch (x, n)", die die n-te Potenz des REAL-Ausdrucks x ($\neq$ 0) ermittelt, wobei n ein beliebiger INTEGER-Ausdruck ist. Beachten Sie, daß $x^0 = 1$ ist für alle x und $x^{-n} = 1/x^n$ ist. Die Prozedur ist mit einem passenden Hauptprogramm zu testen.

Aufgabe 29:

Die Ackermannsche Funktion A(m,n) ist für nichtnegative ganze Argumente m und n wie folgt definiert:

```
A(0,n) = n+1
A(m,0) = A(m-1,1)            ( m > 0 )
A(m,n) = A(m-1,A(m,n-1))     ( m > 0, n > 0 )
```

Man berechne eine Tabelle von A für m, n = 0,1,2,3.

Aufgabe 30:

Eine an ein Unterprogramm übergebene CARDINAL-Zahl soll von diesem in gesperrter Form ausgedruckt werden, d.h. zwischen je zwei Ziffern ist ein Blank auszugeben (dies geht rekursiv am einfachsten). Schreiben Sie ein Programm, das beliebig viele CARDINAL-Zahlen einliest und an das Unterprogramm weitergibt. Das Programm soll enden, sobald eine Null oder eine negative Zahl eingelesen wird.

Aufgabe 31:

Bei einem Wettlauf, dessen Ergebnisse in Minuten und Sekunden gemessen
werden, hat jeder Teilnehmer 4 Versuche, von denen der schlechteste nicht
gewertet wird. Von den verbleibenden 3 Läufen ist die Durchschnittszeit zu
berechnen und zusammen mit dem eingelesenen Namen des Läufers auszugeben. Das Programm soll beliebig viele Teilnehmer bearbeiten können.
Vor den Berechnungen sind die Ergebnisse in Sekunden umzurechnen und
nach den Berechnungen wieder in Minuten und Sekunden zurückzuverwandeln.
Diese Teilaufgabe ist in einem Unterprogramm durchzuführen.

Aufgabe 32:

Ein Programm soll alle magischen Quadrate mit drei Reihen und drei Spalten
berechnen. Hier sind also die Zahlen 1 bis 9 jeweils so anzuordnen, daß sich
in jeder Zeile und Spalte und in jeder Diagonalen derselbe Summenwert ergibt,
z.B.

```
2   9   4
7   5   3
6   1   8
```

Machen Sie sich klar, daß der Summenwert stets 15 sein muß und die mittlere
der Zahlen – die Zahl 5 – in der Mitte des Quadrats stehen muß, woraus sich
ergibt, daß die geraden Zahlen die Ecken besetzen müssen. Somit können drei
der geraden Zahlen beliebig gesetzt werden, während die vierte sich durch
Berechnung ergibt ebenso wie die ungeraden Zahlen. Prüfen Sie die Eigenschaft aller zwischendurch erhaltenen Quadrate, magisch zu sein, innerhalb
einer Funktion, die einen Wert vom Typ BOOLEAN berechnet.

8 STRUKTURIERTE DATENTYPEN II

8.1 Textverarbeitung

Im ersten Kapitel über strukturierte Datentypen haben wir den Datentyp **String** kennengelernt und einige elementare Operationen mit Strings durchgeführt. In diesem Abschnitt nun sollen die bisher nur namentlich erwähnten Prozeduren aus dem Bibliotheksmodul Strings besprochen werden, mit deren Hilfe das Einfügen, Löschen und Kopieren von Strings bewerkstelligt wird.

Die Deklaration des Typs **String** im Modul Strings steht im folgenden Kontext:

```
CONST   EOS = OC;
        StrLen = 80;
TYPE    String = ARRAY [0..StrLen-1] OF CHAR;
```

String entpuppt sich somit als ARRAY-Typ. Eine Variable vom Typ String beginnt mit einem Zeichen, das an Position 0 innerhalb des angegebenen Feldes steht, und endet entweder mit dem letzten im Feld definierten Zeichen an Position StrLen-1 oder, falls das Feld nicht voll belegt ist, mit dem Zeichen, das vor dem „String-Ende-Zeichen" EOS (= End of String) steht. Die oktale Schreibweise OC für diese Konstante ist dem Umstand zu verdanken, daß der erste Rechner, auf dem Modula implementiert wurde, die oktale Schreibweise verstand. Das „C" hinter der oktalen Null bedeutet, daß es sich um eine Konstante vom Typ CHAR handelt. Ein mit Hilfe von EOS begrenzter String hat also eine variable Länge, die von 0 bis 80 reichen kann. Steht das Zeichen EOS bereits an der Position 0 des Strings, so hat dieser die Länge 0. Der „Nullstring" ist durch zwei aufeinanderfolgende Apostrophe darstellbar. Zur Ermittlung der aktuellen Länge eines Strings dient die Funktion Length. Das folgende Programm soll die Funktionen und Prozeduren des Moduls Strings erläutern:

```
 1  MODULE  Konjugation;
 2    FROM  Strings IMPORT Assign, Insert, Delete, Copy,
 3                         Pos, Concat, String, Length;
 4    FROM  InOut   IMPORT ReadString, Write, WriteLn,
 5                         WriteString;
 6    CONST Pro = 'ich du er wir ihr sie ';
 7    VAR   Wort: (ich,du,er,wir,ihr,sie);
 8          Verb, pstr, Pronomen, Form: String;
 9          i: CARDINAL;
10  BEGIN
11    WriteString ('Konjugation von Verben:'); WriteLn;
12    WriteString ('Verb (Ende mit RETURN):'); WriteLn;
13    ReadString (Verb);
14    WHILE Length (Verb) > 0 DO
15      pstr := Pro;
16      WriteLn;
17      FOR Wort := ich TO sie DO
18        i := Pos(' ', pstr) + 1;
19        Copy   (pstr, 0, i, Pronomen);
20        Delete (pstr, 0, i);
21        WriteString (Pronomen);
22        Assign (Verb, Form);
23        Delete (Form, Length(Form)-2, 2);
24        CASE Wort OF
25          ich:      Insert ('e',  Form, Length(Form))
26        | du :      Insert ('st', Form, Length(Form))
27        | er, ihr:  Concat (Form, 't',  Form)
28        | wir, sie: Concat (Form, 'en', Form)
29        END;
30        WriteString (Form); WriteLn
31      END;
32      WriteLn; WriteString ('Verb:'); WriteLn;
33      ReadString (Verb)
34    END
35  END Konjugation.
```

Das Programm liest Verben ein und konjugiert diese unter Voranstellung der Personalpronomen. Es sollte nur auf bestimmte schwache Verben (z.B. gehen, fliegen, singen usw.) angewendet werden, bei anderen (z.B. wollen) ergeben sich eher lustige Verbformen.

In Zeile 6 ist eine String-Konstante deklariert, die – durch Blank getrennt – die deutschen Personalpronomen enthält (außer den beiden anderen Formen der 3. Person Singular). Statt diese einzeln in ein Feld zu schreiben und zuzuweisen, ist hier dieser Weg gewählt worden, um zu demonstrieren, wie mit den Mitteln der Programmiersprache durch Blanks begrenzte Teilketten abgespaltet werden können. Dieses Problem stellt sich hier – anders als beim Einlesen mittels ReadString, wo das Blank als Begrenzung eines Strings erkannt wird – und muß mit den Textverarbeitungsfunktionen des Moduls String gelöst werden.

Die Variable Wort ist als Aufzählungstyp deklariert, dessen Elemente gerade die Namen der Personalpronomen sind. Dies ermöglicht im folgenden eine durchsichtigere Programmierung (z.B. ist die Schleife in Zeile 17 sprechender als eine Zählschleife, die eine CARDINAL-Zahl von 1 bis 6 hochzählt!).

In den Zeilen 18 bis 21 wird aus dem Pronomen-String pstr das jeweilige Personalpronomen abtrennt und ausgegeben. Zunächst ermittelt die Funktion Pos in Zeile 18 die erste Stelle eines Blanks innerhalb von pstr (bezogen auf den Startwert 0). Allgemein werden an die Funktion Pos zwei Strings – sagen wir str1 und str2 – übergeben. Der Funktionswert ist die Position von str2, an der str1 beginnt, falls str1 in str2 enthalten ist. Der höchste Wert kann also die aktuelle Länge von str2 −1 sein. Kommt str1 in str2 nicht vor, so wird als Funktionswert Length(str2) ermittelt.

Im Gegensatz zu Pos ist Copy keine Funktion, sondern eine Prozedur, die das Ergebnis der auszuführenden Operation im 4. Parameter zurückgibt, der also als VAR-Parameter fungiert. Der erste Parameter von Copy ist der String, von dem etwas kopiert werden soll. Der zweite bestimmt den Startindex und der dritte die Länge des zu kopierenden Strings. Der erste String bleibt nach dem Kopieren unverändert (er fungiert als Wert-Parameter!). Im Gegensatz zur Positionsangabe zählt die Länge nicht von 0 an, weswegen hier ein aus der Positionsangabe des Blanks um 1 erhöhter Wert zu übergeben ist (vgl. Zeile 18). Die Funktion Delete löscht aus einem als ersten (VAR-)Parameter zu übergebenen String eine Anzahl von Zeichen. Ab wo gelöscht werden soll, bestimmt der zweite Parameter, wieviel, der dritte. Wird dabei die Länge des aktuellen Strings überschritten, so wird nur bis zum Ende des Strings gelöscht.

Da in der Variablen Pronomen das jeweils erste Personalpronomen mit anhängendem Blank gespeichert ist, beginnt die „Restkette" nach dem Löschen dieser Teilkette in Zeile 20 mit dem nächsten Pronomen bzw. sie ist die leere Kette („Nullstring"). Nach der Ausgabe des aktuellen Pronomens wird die eingelesene Infinitivform des Verbs auf die Variable Form zugewiesen und die Endung „en" entfernt (Zeile 23).

In der folgenden CASE-Anweisung wird in Abhängigkeit vom aktuellen Personalpronomen (Laufindex der Schleife) eine Endung angefügt. Dabei werden zwei Möglichkeiten vorgestellt: Die Prozedur Insert fügt den an erster Stelle angegebenen String in den als VAR-Parameter an zweiter Stelle genannten String ein und zwar an der Stelle (CARDINAL-Zahl), die durch den dritten Parameter gegeben ist. Zum Veständnis der Funktionsweise beachte man, daß die Positionsangabe wie gewöhnlich ab 0 zählt. Der Teil des

ursprünglichen Strings, der bei „Position" begann, wird durch das Einfügen um
die Anzahl der Zeichen des einzuschiebenden Strings nach hinten verschoben.
Man beachte, daß durch die Angabe Length(Form) in den Zeilen 25 und 26
jeweils das Zeichen *nach* dem jeweiligen String gemeint ist. Ist die Positionsangabe größer als die Länge des aufnehmenden Strings, so wird eine entsprechende Anzahl von Blanks vor der anzuhängenden Kette eingestreut.

Die Verwendung von Insert wirkt in unserem Beispiel wie ein Anhängen an
den ersten String, was durch die eigens hierfür vorgesehene Prozedur Concat
ebenfalls erreicht werden kann (Zeile 27 und 28). Sie hat zwei Wert- und einen
VAR-Parameter, die alle Strings sind. Dabei werden die ersten beiden Strings
aneinandergekettet und das Ergebnis auf den dritten String zugewiesen.

Das folgende Programmbeispiel zeigt, daß Methoden der Textverarbeitung nicht
nur auf sprachliche Probleme Anwendung finden:

```
 1   MODULE Kuerzen;
 2     FROM InOut    IMPORT ReadString, Write, WriteLn,
 3                            WriteString, WriteCard;
 4     FROM Strings IMPORT Copy, Length, Pos, String, EOS;
 5     VAR A, B, C: CARDINAL;
 6       S       : String;

 7     PROCEDURE Extract (S: String; VAR A, B: CARDINAL);
 8       VAR T: String;
 9           I: CARDINAL;

10       PROCEDURE Convert (S: String): CARDINAL;
11         VAR I, J: CARDINAL;
12             K:     INTEGER;
13             OK:    BOOLEAN;
14       BEGIN
15         I := 0; J := 0; OK := TRUE;
16         WHILE OK & (S[I] # EOS) DO
17           K := INTEGER(ORD(S[I])) - INTEGER(ORD('0'));
18           IF (K >= 0) & (K <= 9)
19           THEN J := J*10 + CARDINAL(K)
20           ELSE WriteString ('ungültiger Operand!');
21                WriteLn;
22                J := 0; OK := FALSE   END;
23           INC (I)
24         END;
25         RETURN J
26       END Convert;
```

```
27      BEGIN (* von Extract *)
28        I := Pos ('/', S);
29        IF I >= Length (S) THEN
30          WriteString ('ungültige Eingabe!'); WriteLn;
31          A := 0; B := 0
32        ELSE
33          Copy (S, 0, I, T);
34          Copy (S, I+1, Length(S)-I-1, S);
35          A := Convert (T);
36          B := Convert (S)
37        END
38      END Extract;

39      PROCEDURE GGT (I, J: CARDINAL): CARDINAL;
40      BEGIN
41        IF J # 0 THEN RETURN GGT (J, I MOD J)
42                 ELSE RETURN I END
43      END GGT;

44    BEGIN
45      WriteString ('Kürzen von Brüchen'); WriteLn;
46      WriteString ('Gib Bruch in der Form "A/B" an!');
47      WriteLn;
48      WriteString ('(Ende, wenn ungültige Eingabe)');
49      WriteLn;
50      ReadString (S);
51      Extract (S, A, B);
52      WHILE A*B # 0 DO
53        C := GGT (A, B);
54        IF C=1 THEN
55          WriteString ('Der Bruch ist schon gekürzt.')
56        ELSE
57          WriteString ('Gekürzter Bruch: ');
58          WriteCard (A DIV C,1);  Write('/');
59          WriteCard (B DIV C,1)
60        END;
61        WriteLn;
62        WriteString ('Nächster Bruch (0/0 für Ende)!');
63        WriteLn;
64        ReadString (S); Extract (S, A, B)
65      END
66    END Kuerzen.
```

Beim Einlesen von Zahlen kann es zu Fehlersituationen kommen, wenn statt oder innerhalb einer Zahl ungültige Zeichen eingegeben wurden. Um ein „Abstürzen" des Programms zu verhindern, soll die Eingabe zunächst in eine

Zeichenkette erfolgen, die – nach Durchsuchen der sie zusammensetzenden Zeichen – nur dann als numerischer Wert interpretiert wird, wenn eine gültige Eingabe erfolgt ist. Anderenfalls soll eine Fehlermeldung ausgegeben werden.

Das Programm liest Brüche mit ganzzahligem Zähler und Nenner ein und gibt sie gekürzt wieder aus oder die Meldung, daß nichts mehr zu kürzen ist. Da die Eingabe in eine Zeichenkette erfolgen soll, können wir auch ein Divisionssymbol (/) spendieren, das darüber hinaus vom Programm zur Trennung der Bestandteile des Bruches benutzt werden kann. Hierfür wurde die Prozedur Extract geschrieben, die gleichzeitig auf Gültigkeit der Eingabe prüft. Wir kommen später darauf zurück. Die bereits bekannte Prozedur GGT zur Berechnung des größten gemeinsamen Teilers wird herangezogen, um den Bruch weitestgehend kürzen zu können (Zeile 53).

Natürlich soll das Programm nicht nur einen einzigen Bruch kürzen. Es beendet, sobald eine oder beide der eingegebenen Zahlen Null ist. Da die Nenner ohnehin ungleich Null sein müssen, ist dies ein sinnvolles Abbruchkriterium (Zeile 52), das auch im Fehlerfalle vom Programm zum kontrollierten Ausstieg genutzt wird (Zeile 22 und 31).

Doch nun zur Prozedur Extract, der der Eingabe-String übergeben wird und die mit A und B zwei CARDINAL-Zahlen ermitteln soll, die Zähler und Nenner unseres Bruches sind. Zunächst wird nach dem Schrägstrich gesucht. Ist er nicht vorhanden, so wird eine Fehlermeldung ausgegeben und die beiden Ergebniszahlen auf Null gesetzt, damit das Programm abbrechen kann. Anderenfalls wird der Teilstring vor dem Schrägstrich und der Teilstring nach dem Schrägstrich auf die Strings T und S kopiert (Zeilen 33 und 34). Dies kann geschehen, da der Eingabe-Parameter S hier nicht mehr benötigt wird. Jeder der Strings wird nun mittels Convert – wenn möglich – in eine CARDINAL-Zahl verwandelt.

Dort verwenden wir den aus Strings importierten Wert EOS zur Bezeichnung des Endes einer Zeichenkette, der hinter dem letzten gültigen Zeichen eines Strings steht, sofern dieser nicht die maximale Länge (80) besitzt. Die Eingabekette wird nun zeichenweise abgearbeitet, solange ein gültiges Zeichen verarbeitet (OK = TRUE) und noch nicht das Zeichen EOS gefunden wurde (Zeile 16). Mit der ORD-Funktion, die uns hier die Position des Zeichens im betrachteten Zeichensatz liefert, können wir den numerischen Wert des Ziffernzeichens ermitteln, indem wir die Ordnungszahl des Zeichens '0' abziehen.

Da auch ungültige Zeichen verarbeitet werden sollen, kann der Wert der Differenz ORD(S[i]) - ORD('0') positive und negative Werte annehmen. Damit ein gültiger Ausdruck in Modula entsteht, müssen die zwischenzeitlich berechneten CARDINAL-Zahlen zunächst mit der Typ-Transferfunktion INTEGER in INTEGER-Werte umgewandelt und die Differenz der INTEGER-Zahl K zugewiesen werden. Nur wenn eine gültige Dezimalziffer vorliegt (Zeile 18), kann in Zeile 19 nach dem gleichen Mechanismus wie beim Horner-Schema (siehe dort!) die gesuchte CARDINAL-Zahl aufgebaut werden. Anderenfalls wird eine Fehlermeldung ausgegeben, das Ergebnis der Konvertierung für den Programmabbruch auf Null und der Indikator OK für den sofortigen Schleifenabbruch auf FALSE gesetzt.

Als Anwendung der im letzten Kapitel besprochenen Sortierung mittels QuickSort auf ein Feld von Wörtern gehen wir etwa von der folgenden Deklaration aus:

```
VAR  Wort: ARRAY [1..100] OF String;
```

Das Feld Wort war in unserer Formulierung des Verfahrens in der Prozedur QuickSort global. Für die Zuweisung und den Vergleich von Zeichenketten benötigen wir die bereits bekannten Prozeduren Assign und CompareStr aus dem Modul Strings:

```
 1  PROCEDURE QuickSort (L, R: CARDINAL);
 2    VAR    i, j: CARDINAL;
 3           x, w: String;
 4  BEGIN
 5    i := L;  j := R;
 6    Assign (Wort[(i+j) DIV 2], x);
 7    REPEAT
 8      WHILE CompareStr (Wort[I], x) = -1 DO INC (i) END;
 9      WHILE CompareStr (Wort[J], x) = +1 DO DEC (j) END;
10      IF i <= j THEN
11        Assign (Wort[i], w       );
12        Assign (Wort[j], Wort[i]);
13        Assign (w       , Wort[j]);
14        INC (i);  DEC (j)
15      END
16    UNTIL i > j;
17    IF L < j THEN QuickSort (L, j) END;
18    IF i < R THEN QuickSort (i, R) END
19  END QuickSort;
```

Ein komplexeres Beispiel aus dem Bereich Textverarbeitung möge diesen Abschnitt beschließen. Es behandelt die Umwandlung ganzer Zahlen im Bereich von 1 bis 1000000 in die entsprechenden Zahlwörter, ein Problem, das im Bankwesen auftritt.

Bei der Analyse unserer deutschen Zahlwörter stellen wir fest, daß deren Bezeichnungsweise rekursiver Natur ist. Dementsprechend bietet sich die For-

mulierung der Problemlösung als rekursive Prozedur an. Lediglich der Umstand,
daß die Bezeichnungen nicht durchgehend einheitlich sind (vgl. eins, elf, ein-
hunderteins, sieben, siebzehn etc.), verkompliziert das Problem:

```
 1   MODULE ZahlInWorten;
 2     FROM InOut   IMPORT ReadCard, WriteString, WriteLn;
 3     FROM Strings IMPORT Assign, Concat, Insert, Delete,
 4                         Length, String;
 5     VAR s: String;
 6         n: CARDINAL;


 7     PROCEDURE InWorten (n: CARDINAL; VAR s: String);
 8       VAR  i, j: CARDINAL;
 9             v, r: String;
10     BEGIN
11       IF n >= 1000 THEN
12          j := n DIV 1000;
13          InWorten (j, v);
14          IF j = 1 THEN Delete (v, 3, 1) END;
15          Insert ('tausend', v, Length(v));
16          InWorten (n MOD 1000, r);
17          Concat (v, r, s)
18       ELSIF n >= 100 THEN
19          j := n DIV 100;
20          InWorten (j, v);
21          IF j = 1 THEN Delete (v, 3, 1) END;
22          Insert ('hundert', v, Length(v));
23          InWorten (n MOD 100, r);
24          Concat (v, r, s)
25       ELSIF (n >= 10) & (n <= 19) THEN
26          IF n IN {10,13..15,18,19} THEN
27            InWorten (n MOD 10, s);
28            Insert ('zehn', s, Length(s))
29          ELSE  (* Ausnahmen *)
30            CASE n OF
31              11: Assign ('elf',      s)
32            | 12: Assign ('zwölf',    s)
33            | 16: Assign ('sechzehn',s)
34            | 17: Assign ('siebzehn',s)
35            END
36          END
```

```
37          ELSE
38            i := n DIV 10;
39            j := n MOD 10;
40            CASE j OF
41               0: Assign ('',        s)
42            |  1: Assign ('eins',  s);
43                  IF n # 1 THEN Delete (s, 3, 1) END
44            |  2: Assign ('zwei',  s)
45            |  3: Assign ('drei',  s)
46            |  4: Assign ('vier',  s)
47            |  5: Assign ('fünf',  s)
48            |  6: Assign ('sechs', s)
49            |  7: Assign ('sieben',s)
50            |  8: Assign ('acht',  s)
51            |  9: Assign ('neun',  s)
52            END;
53            IF i > 1 THEN
54              IF i IN {4,5,8,9} THEN
55                InWorten (i, r);
56                Insert ('zig', r, Length(r));
57              ELSE   (* Ausnahmen *)
58                CASE i OF
59                   2: Assign ('zwanzig', r)
60                |  3: Assign ('dreißig', r)
61                |  6: Assign ('sechzig', r)
62                |  7: Assign ('siebzig', r)
63                END;
64              END;
65              IF j > 0 THEN Insert ('und', s, Length(s)) END;
66              Concat (s, r, s)
67            END
68          END
69        END InWorten;

70    BEGIN
71      WriteString ('Zahlenausgabe in Worten:'); WriteLn;
72      WriteString ('Gib ganze Zahlen ein (Ende mit 0)');
73      WriteLn;
74      ReadCard (n);
75      WHILE n > 0 DO
76        InWorten  (n, s);
77        WriteString (s); WriteLn;
78        ReadCard (n)
79      END
80    END ZahlInWorten.
```

8.2   Der RECORD-Typ

Als strukturierten Datentyp haben wir bisher lediglich das Array als Aggregation **homogener** (gleichartiger) Daten kennengelernt und als interessanten Spezialfall den Typ String. Im folgenden soll nun die Aggregation **heterogener** Daten unter einer Typbezeichnung besprochen werden. Daten solcher Art treten in der Praxis häufig auf, man denke etwa an die Elemente einer Personaldatei, wo pro Person Name, Vorname, Wohnort und Straße als Strings, Postleitzahl und Geburtsdatum als Zahlen und Familienstand und anderes durch besondere Merkmalsbezeichnungen ausgedrückt werden. Ein solches Datenaggregat kann mit einer eigenen (frei wählbaren) Typbezeichnung benannt werden:

```
TYPE Person = RECORD
            Name:        ARRAY [1..20] OF CHAR;
            Vorname:     ARRAY [1..10] OF CHAR;
            PLZ:         [1000..8999];
            Wohnort:     ARRAY [1..15] OF CHAR;
            Strasse:     ARRAY [1..25] OF CHAR;
            Geburtsdt:   RECORD
                           Tag,
                           Monat,
                           Jahr:  CARDINAL;
                         END;
            FamStand:    (ledig, verheiratet,
                           geschieden, verwitwet);
            MdB:         BOOLEAN
            END;

     VAR  Angestellter: Person;
```

Ein solcher Satz unterschiedlicher Daten wird also im Deklarationsteil durch die Schlüsselwörter RECORD und END eingeklammert. Unser Beispiel zeigt auch, daß solche RECORDs geschachtelt werden können. So ist Geburtsdt ein RECORD in unserem RECORD Person und enthält – auch das ist möglich! – lauter gleichartige Daten, die aber, statt sie über einen Index innerhalb eines Arrays anzusprechen, mit einem eigenen Namen (Tag, Monat, Jahr) versehen wurden. Ein RECORD muß nicht in einer Typ-Deklaration mit einem Namen benannt werden, sondern er kann überall dort eingesetzt werden, wo auch sonst ein Typ stehen kann, also z.B. in einer Variablendeklaration.

Im obigen Beispiel folgt eine Variablendeklaration für den eben deklarierten Record-Typ. Wie weist man nun den Elementen des Records Angestellter Werte zu? Für die CHAR-Arrays verwenden wir hier die bekannte Assign-Prozedur:

```
Assign ('Meyer', Angestellter.Name);
Assign ('Franz', Angestellter.Vorname);
Assign ('Köln',  Angestellter.Wohnort);
Assign ('Ubierring 25 a', Angestellter.Strasse);
Angestellter.PLZ          := 5000;
Angestellter.Geburtsdt.Tag    := 31;
Angestellter.Geburtsdt.Monat  := 12;
Angestellter.Geburtsdt.Jahr   := 1957;
Angestellter.FamStand := ledig;
Angestellter.MdB          := FALSE;
```

Einem Element eines Records muß also der Name des Records vorangestellt werden, getrennt durch einen Punkt. Wir sagen, das Element Name wird durch den Record-Bezeichner Angestellter qualifiziert. Angestellter.Name ist somit ein „qualifizierter Name" (QuName). Man vergleiche hierzu die auf Seite 59 erwähnte Syntax des Begriff „QuName"! Dort entnimmt man auch, daß eine mehrstufige Qualifizierung – wie bei Angestellter.Geburtsdt.Jahr – möglich ist. Soweit Records wieder Unter-Records besitzen, muß man, wie oben gezeigt wurde, alle Qualifizierungstufen angeben, damit ein Element eines Records gefunden werden kann. Dies kann sehr schwerfällig werden, wie bereits unser Beispiel erkennen läßt. Daher ist eine Abkürzung zulässig, die die Qualifizierung auf andere Weise bewerkstelligt, indem sie gewissermaßen „ausgeklammert" wird:

```
WITH Angestellter DO
   Assign ('Meyer', Name);
   Assign ('Franz', Vorname);
   Assign ('Köln',  Wohnort);
   Assign ('Ubierring 25 a', Strasse);
   PLZ       := 5000;
   WITH Geburtsdt DO
     Tag     := 31;
     Monat   := 12;
     Jahr    := 1957
   END;
   FamStand := ledig;
   MdB       := FALSE
END
```

In einer WITH-Anweisung (vgl. die Syntax von „Anweisung") muß nicht jede vorkommende Bezeichung durch den in der WITH-Anweisung genannten Bezeichner qualifiziert werden. Dies geschieht nur, wenn der Name ohne die Qualifizierung in dem betrachteten Block unbekannt ist.   Geschachtelte WITH-Anweisungen führen zu mehrfachen Qualifizierungen, wie das Beispiel zeigt.

Beim Aufbau eines Schallplattenkatalogs wollen wir den RECORD-Typ und die
WITH-Anweisung verwenden:

```
 1   MODULE Platten0;
 2     FROM InOut     IMPORT WriteLn, ReadCard,
 3                              ReadString, WriteString;
 4     FROM Files     IMPORT FILE, Open, Write, Close;
 5     FROM SYSTEM    IMPORT ADR;
 6     TYPE Record = RECORD
 7                      Komp, Titel: ARRAY[1..20] OF CHAR;
 8                      Spieldauer:  RECORD
 9                                     Min, Sek: CARDINAL
10                                   END
11                   END;
12     VAR  Schallplatte: Record;
13          F:            FILE;

14   BEGIN
15     Open (F, 'Schall Platte A', 'WRITE');
16     WITH Schallplatte DO
17       WriteString ("Komponist?"); WriteLn;
18       ReadString (Komp);
19       WHILE Komp[1] # '.' DO
20         WriteString ("Titel?");   WriteLn;
21         ReadString (Titel);
22         WITH Spieldauer DO
23           WriteString ("Minuten?");   WriteLn;
24           ReadCard (Min);
25           WriteString ("Sekunden?"); WriteLn;
26           ReadCard (Sek);
27         END;
28         Write (F, ADR(Schallplatte), 48);
29         WriteString ("Komponist?"); WriteLn;
30         ReadString (Komp)
31       END;
32       Close (F)
33     END
34   END Platten0.
```

Über die Anwendung der neuen Ausdrucksmöglichkeiten hinaus enthält dieses
Programm noch eine weitere Besonderheit: die Ausgabe der Sätze (Records)
unseres Schallplattenkatalogs auf (Magnet-)Platte. Im Prinzip hatten wir bereits
die Umlenkung der Terminal-Ausgabe auf eine Plattendatei erwähnt, bei der
aber die Darstellung immer in lesbaren Zeichen erfolgte („Text-Datei"). Bei
unserem Plattenkatalog kommt es aber nicht darauf an, daß die Daten als Texte

lesbar bleiben, vielmehr wollen wir uns darauf beschränken, daß sie mit Hilfe eines Programms gelesen werden können (wie im folgenden Beispiel). Die Speicherungsform auf Platte ist die der internen Darstellung, z.B. benötigt eine CARDINAL-Zahl wie Schallplatte.Min nur 4 Bytes (auf dem Großrechner) und nicht 10 Bytes, die die Maximalzahl an Ziffern enthalten würde.

Das Programm verwendet zwei weitere Bibliotheksmoduln, die beide in den meisten Modula-Implementierungen vorhanden sind, wohl aber – insbesondere im Falle des Moduls Files – unterschiedlich aufgebaut sein können. Es sei noch einmal daran erinnert, daß wir die Waterloo-Implementierung benutzen.

Der Typ FILE kann als strukturierter Datentyp aufgefaßt werden, der eine externe Datei bezeichnet. Diese wiederum ist als im Prinzip endloser Strom von Datenaggregaten (z.B. CARDINAL-Zahlen oder Records) aufzufassen, der nacheinander abgearbeitet werden kann. Der Typ FILE gehört nicht zu den in der Sprache Modula enthaltenen Datentypen, wie INTEGER oder BITSET, sondern ist versteckt in einem Bibliotheksmodul enthalten, dessen Realisierung verborgen bleibt und vom einen zum anderen Speichermedium variieren kann.

Die Prozedur Open (Zeile 15) besitzt drei Parameter, wobei der erste vom Typ FILE ist und die Datei benennt. Der zweite und dritte sind vom Typ String und bedeuten die Dateibezeichnung auf dem externen Speichermedium und den Zugriffsmodus, also die Art, wie die Datei geöffnet werden soll. In unserem Falle bedeutet der Zugriffsmodus 'WRITE', daß wir die Datei zum Schreiben öffnen.

Die Prozedur Write (Zeile 28) ist nicht mit der gleichnamigen Prozedur aus dem Modul InOut zu verwechseln. (Was zu tun ist, wenn beide Prozeduren benötigt werden, wird auf Seite 142 gezeigt.)   Write hat drei Parameter: der erste bezeichnet das File, auf das etwas zu schreiben ist, der zweite den Beginn eines Speicherbereichs, von dem etwas auf das File zu schreiben ist, und der dritte Parameter gibt die Anzahl der zu übertragenden Bytes an. Den Beginn des Speicherbereichs ermitteln wir mit der Funktion ADR aus dem Modul SYSTEM, der eine Variable eines beliebigen Typs übergeben werden kann und die einen Wert vom Typ ADDRESS ermittelt (dieser kann ebenfalls aus SYSTEM importiert werden und bezeichnet eine Adresse im Hauptspeicher; genaueres wird auf Seite 176 erklärt). Die Anzahl der zu übertragenden Bytes ergibt sich als Summe der Längen der einzelnen Elemente des jeweiligen Datenaggregats. Die Länge der einzelnen Typen ist abhängig von der jeweiligen Implementation und ergibt sich in unserem Falle aus folgender Tabelle:

Typ	Länge
BOOLEAN	4
CHAR	1
BITSET	4
CARDINAL	4
INTEGER	4
REAL	8
Aufzählungstyp	4
Unterbereichstyp	Länge des Basistyps
SET...	Kardinalität des Basistyps, dividiert durch 8[12]
ARRAY...	Kardinalität des Indextyps, multipliziert mit der Länge des Basistyps
RECORD...	Summe der Längen der Elemente

In unserem Beispiel ergibt sich somit für die Länge des Records Schall-
platte im Hauptspeicher 20 + 20 + 4 + 4 = 48. Der Speicherbedarf eines
bestimmten Typs kann übrigens auch mit der Funktion TSIZE aus dem Modul
SYSTEM ermittelt werden, der man den Namen eines Typs als Argument
übergibt.

Die Prozedur Close (Zeile 32) beendet die Verbindung der externen Datei zum
(internen) File und aktualisiert den Eintrag der Datei im Platteninhaltsverzeichnis
(„directory") des Betriebssystems.

Wenn wir die Eingabe unseres Schallplattenkatalogs nach dem Verlassen des
Programms fortsetzen wollen, würde ein erneuter Aufruf die alte Datei über-
schreiben, da der Zugriffsmodus 'WRITE' im Aufruf von Open die Datei immer
auf ihren Anfang einstellt, gleichgültig, ob die Datei bisher existierte oder nicht.
Will man eine bereits begonnene Datei aktualisieren (erweitern oder ändern),
so gibt es die beiden Zugriffsmodi 'APPEND' bzw. 'UPDATE'. APPEND sorgt
dafür, daß bei erneuter Verwendung der Datei als Ausgabedatei neue Sätze an
deren Ende angefügt werden, während UPDATE ein änderndes Zurückschrei-
ben bereits existierender Sätze gestattet. Im Falle einer noch nicht existierenden Datei haben die Zugriffsmodi WRITE und APPEND die gleiche Wirkung.

Beim Zugriffsmodus UPDATE ist ein Lesen und Schreiben der Datei erlaubt,
während WRITE und APPEND nur schreibenden Zugriff ermöglichen. Um eine

---

[12] Evtl. ist dieser Wert auf die nächstgrößere ganze Zahl zu runden.

Datei nur zu lesen, ist der Zugriffsmodus 'READ' einzustellen. Das folgende
Programm zeigt eine Anwendung:

```
 1   MODULE Platten1;
 2     FROM InOut  IMPORT WriteCard, WriteLn, WriteString;
 3     FROM Files  IMPORT FILE, Read, Open, Close, Status,
 4                        States;
 5     FROM SYSTEM IMPORT ADR;
 6     TYPE Record = RECORD
 7                     Komp, Titel: ARRAY [1..20] OF CHAR;
 8                     Spieldauer:  RECORD
 9                                    Min, Sek: CARDINAL
10                                  END
11                   END;
12     VAR Schallplatte: Record;
13         GStd, GMin, GSek, L: CARDINAL;
14         F: FILE;

15     PROCEDURE Zeitrechnung (Sek: CARDINAL;
16                             VAR GSek, GMin: CARDINAL);
17     BEGIN
18       INC (GSek, Sek);
19       WHILE GSek > 59 DO
20         INC (GMin); DEC (GSek, 60)
21       END
22     END Zeitrechnung;

23   BEGIN
24     GStd := 0; GMin := 0; GSek := 0;
25     Open (F, 'Schall Platte A', 'READ');
26     IF Status (F) = FileOK THEN
27       L := Read (F, ADR(Schallplatte), 48);
28       WHILE Status (F) # EndOfFile DO
29         WITH Schallplatte DO
30           WriteString (Komp);  WriteString (': ');
31           WriteString (Titel);
32           WITH Spieldauer DO
33             WriteCard (Min, 6);
34             WriteCard (Sek, 4);  WriteLn;
35             Zeitrechnung (Sek, GSek, GMin);
36             Zeitrechnung (Min, GMin, GStd)
37           END
38         END;
39         L := Read (F, ADR (Schallplatte), 48)
40       END;
```

```
41        Close (F);
42        WriteString ("Gesamtspieldauer:  ");
43        WriteCard (GStd,1); WriteString (" Std ");
44        WriteCard (GMin,1); WriteString (" Min ");
45        WriteCard (GSek,1); WriteString (" Sek ")
46     ELSE
47        WriteString ('Datei existiert nicht.')
48     END;
49     WriteLn
50  END Platten1.
```

Aus dem Modul Files benötigen wir die Funktionen Read und Status, sowie
den Aufzählungstyp States. Dieser ist wie folgt deklariert:

```
TYPE States = (FileOK, FileNotOpen, EndOfFile, IOError);
```

Die Funktion Status kann nach Ein/Ausgabe-Befehlen aufgerufen werden und
ermittelt z.B., ob bei einem Open der Bezug zur externen Datei erfolgreich
hergestellt werden konnte oder nicht (die Funktion liefert dann den Wert FileOK
bzw. FileNotOpen). Ersteres bedeutet bei einer zum Lesen zu öffnenden
Datei, daß sie existiert (Zeile 26). Bei einer Leseoperation ist es wichtig festzustellen, ob bereits das Ende der Datei erreicht wurde bzw. ob beim Lesen ein
Fehler aufgetreten ist (Funktionswerte EndOfFile – vgl. Zeile 28 des Programms – bzw. IOError).

Die Funktion Read (Zeile 39) hat drei Parameter, deren Bedeutung mit der von
Write (siehe das vorangehende Beispiel) übereinstimmt. Der Funktionswert ist
eine CARDINAL-Zahl und ergibt die tatsächliche Zahl der übertragenen Bytes.
Ein Vergleich mit dem dritten Paramter läßt ebenfalls einen Rückschluß auf den
Erfolg oder Mißerfolg der Leseoperation zu.

In den Zeilen 35 und 36 wird die Prozedur Zeitrechnung (Zeilen 15 bis 22)
aufgerufen, die die Gesamtspieldauer unserer Schallplattensammlung berechnen soll. Sie wird für jedes eingelesene RECORD ausgeführt und akkumuliert
die „Gesamtgrößen" GStd, GMin und GSek (Stunden, Minuten, Sekunden),
Bei dieser Berechnung ist natürlich darauf zu achten, daß 60 Sekunden eine
Minute und 60 Minuten eine Stunde ergeben (Übertrag auf die Minuten und
Stunden in Zeile 19 bis 21).

8.3 Variante Records

Zusammenfassend und in der Vorausschau auf die im nächsten Beispiel genannte Erweiterung zum „varianten Record" sei zunächst die Syntax des Record-Typs und der WITH-Anweisung angegeben:

```
RecordTyp         = RECORD Feldlistenfolge END
Feldlistenfolge   = Feldliste { ";" Feldliste }
Feldliste         = [ NamenListe ":" Typ |
                      CASE [ Name ] ":" QuName OF Variante
                      { "|" Variante } [ ELSE Feldlistenfolge ] END ]
Variante          = [ CaseMarkenliste ":" Feldlistenfolge ]
WithAnweisung     = WITH Bezeichner DO Anweisungsfolge END
```

Eine Modifikation des letzten Programms, die aber um die Ein/Ausgabe auf externe Speicher verkürzt wurde, möge das Thema veranschaulichen helfen. Zu diesem Zweck soll das Programm in die Lage versetzt werden, nicht nur Schallplatten, sondern auch Compact Disks und Musikkassetten mit ihren spezifischen Daten zu erfassen:

```
 1    MODULE Platten2;
 2       FROM InOut      IMPORT WriteString, WriteLn,
 3                              ReadString, ReadCard;
 4       FROM Strings    IMPORT String, CompareStr;
 5       TYPE Konserve = (CD, Disk, Tape);
 6            CharSet  = SET OF CHAR;
 7            Record   = RECORD
 8                          Komp, Titel: ARRAY [1..20] OF CHAR;
 9                          CASE Art: Konserve OF
11                             Disk: Groesse:
12                                      (Single, LP, Album) |
10                             CD  : Nr, Index: CARDINAL |
13                             Tape: Spur: CARDINAL
14                          END;
15                          Zeit: RECORD
16                                   Min, Sek: CARDINAL
17                                END
18                       END;
19       VAR Tontraeger: Record;
20           c: CHAR;
21           d: String;
```

```
22  BEGIN
23    WITH Tontraeger DO
24      WriteString ("Komponist?"); WriteLn;
25      ReadString (Komp);
26      WHILE Komp[1] # '.' DO
27        WriteString ("Titel?");  WriteLn;
28        ReadString (Titel);
29        c := " ";
30        WHILE NOT (c IN CharSet {"c","C","d","D","t","T"})
31        DO
32          WriteString ("Art?");  WriteLn;
33          ReadString (d); c := d[0]
34        END;
35        CASE c OF
36          "c","C": Art := CD;
37                   WriteString ("Nr?"); WriteLn;
38                   ReadCard (Nr);
39                   WriteString ("Index?"); WriteLn;
40                   ReadCard (Index) |
41          "d","D": Art := Disk;
42                   WriteString ("Größe?"); WriteLn;
43                   ReadString (d);
44                   IF CompareStr (d, "Single") = 0 THEN
45                      Groesse := Single
46                   ELSIF CompareStr (d, "LP")  = 0 THEN
47                      Groesse := LP
48                   ELSE  Groesse := Album
49                   END |
50          "t","T": Art := Tape;
51                   WriteString ("Spur?"); WriteLn;
52                   ReadCard (Spur)
53        END;
54        WITH Zeit DO
55          WriteString ("Minuten?");  WriteLn;
56          ReadCard (Min);
57          WriteString ("Sekunden?"); WriteLn;
58          ReadCard (Sek)
59        END;
60        WriteString ("Komponist?");  WriteLn;
61        ReadString (Komp)
62      END;
63    END
64  END Platten2.
```

Innerhalb der Record-Deklaration kann eine der CASE-Anweisung formal
ähnelnde Variante stehen, die es erlaubt, je nach dem Wert eines „Varianten-

selektors" (hier: `Art`) eine bestimmte Folge von Variablen zu deklarieren, die innerhalb der einzelnen Varianten unterschiedlichen Typ haben dürfen, d.h. daß einmal an einer Varianten-Speicherstelle etwa eine INTEGER-Zahl gespeichert sein kann und das andere Mal eine BITSET-Variable.

Unser Beispiel arbeitet die Eingabe in einer CASE-Anweisung (Zeilen 35 bis 53) ab, wobei aufgrund eines Kennbuchstabens die Eingabe in die jeweiligen Record-Varianten erfolgt. Zur Länge des Records bleibt zu erwähnen, daß hierbei die längste Record-Variante in die Längenberechnung eingeht. Man macht sich die Speicheraufteilung des angegebenen Records am folgenden Bild deutlich, wobei links neben den Elementnamen die bisher akkumulierte Record-Länge steht und die Record-Varianten waagerecht nebeneinander angegeben sind. Hieran sehen wir, daß die Compact Disk am meisten Speicherplatz benötigt und damit die Gesamtlänge des Records bestimmt (20 + 20 + 4 + 4 + 4 + 4 + 4 = 60):

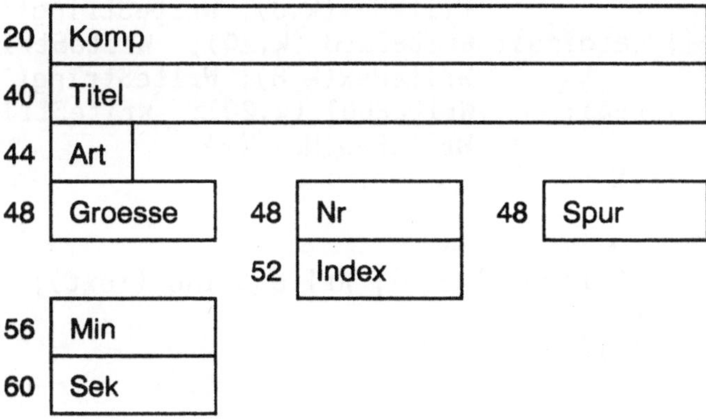

Record-Varianten dürfen überall in einem Record stehen, also auch am Anfang. Ferner dürfen mehrere Varianten in einem Record vorkommen. Beides kann man auch dem obigen Syntax-Kästchen entnehmen.

Eine andere Anwendung von varianten Records wird in folgendem Programm gezeigt, das es ermöglicht, eine Speicherstelle als Variable der unterschiedlichsten Typen zu unterpretieren. Man braucht hierfür nur Recordvarianten mit den gewünschten Typen zu deklarieren und die gleiche Speicherstelle mit den deklarierten Namen der verschiedenen Typen aufzurufen:

```
 1   MODULE Intern1;
 2     FROM InOut      IMPORT Write, WriteString, WriteLn,
 3                             WriteCard, WriteInt, WriteHex;
 4     FROM RealInOut IMPORT WriteReal, WriteRealHex;
 5     TYPE Types  = (integer, cardinal, real, bitset);
 6     VAR  Alles: RECORD
 7                    CASE : Types OF
 8                       integer:  i: INTEGER;
 9                     | cardinal: k: CARDINAL;
10                     | real:     x: REAL;
11                     | bitset:   y: ARRAY [0..1] OF BITSET
12                    END
13                  END;

14     PROCEDURE PrintAs (t: Types; Text: ARRAY OF CHAR);
15     BEGIN
16       WITH Alles DO
17         CASE t OF
18           integer:   WriteInt (i,20);   WriteString (' ');
19                      WriteHex(k,8); WriteString('      ')
20         | cardinal: WriteCard (k,20);   WriteString (' ');
21                      WriteHex(k,8); WriteString('        ')
22         | real:     WriteReal (x,20);   WriteString (' ');
23                      WriteRealHex (x)
24         ELSE
25         END
26       END;
27       WriteString ('   '); WriteString (Text);
28       WriteLn
29     END PrintAs;

30   BEGIN
31     WriteString ('interne Darstellung (/370):');   WriteLn;
32     WriteString ('---------------------------');   WriteLn;
33     WriteLn;
34     WITH Alles DO
35       WriteString ('Cardinals:'); WriteLn;
36       y[0] := {};        PrintAs (cardinal, 'kleinste');
37       y[0] := {0..31}; PrintAs (cardinal, 'größte');

38       WriteString('Integers:');   WriteLn;
39       y[0] := {};        PrintAs (integer, 'Null');
40       y[0] := {0};       PrintAs (integer, 'kleinste');
41       y[0] := {1..31}; PrintAs (integer, 'größte');
42       y[0] := {0..31}; PrintAs (integer, 'minus Eins');
```

```
43        WriteString('Reals:');       WriteLn;
44        y[0] := {};
45        y[1] := {};       PrintAs (real, 'Null');
46        y[0] := {0..31};
47        y[1] := y[0];     PrintAs (real, 'kleinste neg');
48        y[0] := {1..31}; PrintAs (real, 'größte pos');
49        y[0] := {11};
50        y[1] := {};       PrintAs (real, 'kleinste pos');
51        y[0] := {0,11}; PrintAs (real, 'größte neg')
52     END
53  END Internl.
```

Das Programm liefert für die gewünschten Typen die

```
interne Darstellung (/370):
---------------------------


Cardinals:
                  0  00000000          kleinste
         4294967295  FFFFFFFF          größte
Integers:
                  0  00000000          Null
        -2147483648  80000000          kleinste
         2147483647  7FFFFFFF          größte
                 -1  FFFFFFFF          minus Eins
Reals:
                  0  0000000000000000  Null
-7.23700557773323E+75  FFFFFFFFFFFFFFFF  kleinste neg
 7.23700557773323E+75  7FFFFFFFFFFFFFFF  größte pos
 5.39760534693340E-79  0010000000000000  kleinste pos
-5.39760534693340E-79  8010000000000000  größte neg
```

Das variante Record besteht nur aus einem Variantenteil (Zeile 7 bis 12). Die Besonderheit liegt ferner in der Abwesenheit eines Variantenselektors (im CASE-Teil fehlt der Name vor dem Doppelpunkt – vgl. die obige Record-Syntax). In der Darstellung für CARDINAL-, INTEGER- und REAL-Zahlen wird durch ein überlagertes BITSET bzw. ein ARRAY OF BITSET die Möglichkeit gegeben, jedes Bit einzeln an- bzw. auszuschalten.

Der Anschaulichkeit halber sind die verschiedenen Varianten mit den (kleinge-schriebenen!) Namen der zugeordneten Typen bezeichnet (TYPE-Deklaration in Zeile 5). Es reicht aus, die entsprechenden Namen anzugeben, um den gleichen Speicherplatz als Variable des jeweiligen Typs zu interpretieren. Diese scheinbare Ausschaltung der strengen Typbindung in Modula wird uns später noch in einfacherer Weise begegnen.

Wegen der Auswahl der zu den jeweiligen Typen passenden Prozeduren ist die Prozedur `PrintAs` eingefügt. Dort benutzen wir die Prozeduren `WriteHex` und `WriteRealHex` für die Ausgabe von CARDINAL- und REAL-Zahlen in hexadezimaler Form. Im Gegensatz zu `WriteHex` besitzt `WriteRealHex` keine Längenangabe.

8.4　Der Typ FILE

Der Datentyp FILE, den wir bereits auf Seite 126 kennengelernt haben, ist ein verdeckter Datentyp, der in einigen Modula-Implementierungen – so auch im Waterloo-Modula – zusammen mit einer Reihe von Prozeduren zur effizienten Bearbeitung von Plattendateien in externen Moduln bereitgestellt wird. Der Modul Files, den wir oben angesprochen haben, ist geeignet, Ein- und Ausgabe für feste Datenstrukturen zu unterstützen („Record-I/O"), während für die Ein- und Ausgabe von Daten unterschiedlichen Typs – vergleichbar derjenigen vom und zum Bildschirmterminal, wie sie in den Moduln `InOut` und `RealInOut` vorliegt, – bisher nur die Umlenkung der Terminal-Ein/Ausgabe mittels der Prozeduren `OpenInput` und `OpenOutput` besprochen wurde.

Will man die Ein/Ausgabe mit mehreren Ein- und/oder Ausgabedateien gleichzeitig durchführen, so ist dies mit den genannten Mitteln nicht möglich. Hier werden in Waterloo-Modula die Moduln `FInOut` und `FRealInOut` bereitgestellt, die die Eingabe bezüglich beliebig vieler Ein- und/oder Ausgabedateien zulassen. Die Möglichkeiten sollen wieder mit Hilfe eines Programms erläutert werden. Dieses möge aus einer auf Platte unter dem Dateinamen BIBLIO.DBF gespeicherten Bibliographie Zeilen herausziehen, die Autor, Buchtitel, Jahrgang und Verlagsangabe enthalten, nicht aber solche Zeilen, in der ein Herausgeber, eine ISBN-Buchnummer oder eine Reihe von Stichwörtern genannt sind – kenntlich am Eintrag HERAUSGEBER, ISBN bzw. STICHWORT ab Spalte 1 einer jeden Zeile. Der Auszug aus obiger Datei soll in eine neu zu erzeugende Plattendatei mit dem Namen BUECHER.DBF geschrieben werden. Gleichzeitig soll Ein- und Ausgabe auf dem Terminal möglich sein:

```
1   MODULE Auszug;
2     FROM InOut    IMPORT WriteCard, WriteLn, WriteString;
3     FROM FInOut   IMPORT FILE, FOpenInput, FOpenOutput,
4                          FReadLn, FWriteLn, FWriteString,
5                          FCloseInput, FCloseOutput, FDone;
6     FROM Strings  IMPORT String, Pos, Insert, Length;
7     VAR  Zeile:  String;
8          i, j:   CARDINAL;
9          F, G:   FILE;
```

```
10  BEGIN
11    i := 0; j := 0;
12    FOpenInput (F, 'BIBLIO DBF');
13    IF NOT FDone THEN
14      WriteString ('Datei existiert nicht'); WriteLn;
15      HALT
16    END;
17    FOpenOutput (G, 'BUECHER DBF');
18    FReadLn (F, Zeile);
19    WHILE FDone DO
20      INC (i);
21      IF (Pos ('HERAUSGEBER', Zeile) > 0)
22      &  (Pos ('ISBN',        Zeile) > 0)
23      &  (Pos ('STICHWORT',   Zeile) > 0) THEN
24        INC (j);
25        FWriteString (G, Zeile); FWriteLn (G)
26      END;
27      FReadLn (F, Zeile)
28    END;
29    FCloseInput  (F);
30    FCloseOutput (G);
31    WriteString("gelesen: "); WriteCard (i, 1); WriteLn;
32    WriteString("kopiert: "); WriteCard (j, 1); WriteLn
33  END Auszug.
```

Der Modul FInOut enthält analoge Prozeduren wie der vergleichbare Modul
InOut, jedoch tragen die Bezeichnungen ein „F" vor dem jeweiligen dort
angegebenen Namen. Darüber hinaus sind in unserem Programm noch der Typ
FILE und die Prozedur ReadLn erwähnt. Ersterer entspricht dem Typ gleichen
Namens im Modul Files (auf Seite 126) und hat dieselbe Bedeutung wie dort.
Mit FOpenInput, FOpenOutput, FCloseInput und FCloseOutput (Zeilen
12, 17, 29 und 30) wird – entsprechend Open und Close im Modul Files –
der Bezug zwischen den (internen) FILE-Variablen F und G und den (externen)
Plattendateien hergestellt bzw. wieder aufgehoben.

Jede der „F-Prozeduren" enthält als erstes Argument eine Variable vom Typ
FILE, die den Bezug zur externen Datei vermittelt. Für die Prozedur FReadLn
gibt es im Modul InOut keine Entsprechung. Sie kann dazu verwendet werden,
aus einer Textdatei (die durch EOL-Zeichen in Zeilen strukturiert ist) ganze
Zeilen in eine Variable vom Typ eines beliebigen CHAR-Arrays (z.B. String)
einzulesen. Man beachte aber, daß das EOL-Zeichen in Zeile 18 bzw. 27 nicht
zur String-Variablen Zeile gehört, weswegen bei der Ausgabe von Zeile in
Zeile 25 das EOL-Zeichen in der Ausgabedatei zusätzlich durch die Prozedur
FWriteLn erzeugt werden muß.

8.5   Übungen

Aufgabe 33:

Ein Programm soll über die Tastatur eingegebene römische Zahlen bis maximal
zur Größe 2000 in CARDINAL-Zahlen umwandeln. Dabei sind die folgenden
römischen Zahlzeichen zu verwenden: I = 1, V = 5, X = 10, L = 50, C =
100, D = 500, M = 1000. Alle ganzen Zahlen im genannten Bereich ergeben
sich durch Addition und Subtraktion aus den obigen Zahlenwerten. Dabei gilt:
Stehen gleiche Symbole oder Symbole mit von links nach rechts absteigendem
Wert nebeneinander, so bestimmt sich der Wert der Zahl aus der Summe der
Werte der einzelnen Symbole. Steht ein kleineres Symbol vor einem größeren
(„Inversion"), so ist dessen Wert von dem des größeren abzuziehen. An einer
Inversion sind immer nur zwei Symbole beteiligt (die Schreibweise „IIX" für den
Zahlenwert 8 ist also unzulässig und muß richtig „VIII" heißen).

Aufgabe 34:

Es soll eine Bibliographie (ein Bücher- und Zeitschriftenverzeichnis) erstellt
werden. Bei den Monographien interessieren die Angaben Autor, Titel, Verlag
und Jahr, bei den Zeitschriftenartikeln Autor, Titel, Zeitschriftenname, Jahr,
Bandnummer und Seitennummer, auf der der Artikel beginnt. Entwerfen Sie
eine Datenstruktur, die die obigen Angaben in der genannten Reihenfolge in
Gestalt eines varianten Records enthält und schreiben Sie ein Programm, das
es erlaubt, in die Felder der Datenstruktur Eingaben vorzunehmen, diese in
einer externen Datei abzuspeichern und eine Liste des Bestandes auszudrucken. Es soll auch Fortschreibung eines bereits existierenden Bestandes
möglich sein. Beschreiben sie die Teilfunktionen des Programms mit Hilfe von
Prozeduren.

Aufgabe 35:

Zwei Textdateien enthalten jeweils eine Liste alphabetisch sortierter Wörter, die
in einer Ausgabedatei alphabetisch sortiert zusammengefügt werden sollen
(„Mischen"). In jeder der Eingabedateien kommen nur verschiedene Wörter vor,
es kann jedoch der Fall auftreten, daß in beiden Dateien gleiche Wörter enthalten sind, die dann nur einmal in die Ausgabedatei aufzunehmen sind.
Beachten Sie auch die Sonderfälle, daß eine Datei keine oder wesentlich
weniger Einträge enthält als die andere.

9   MODULN

Die Verwendung globaler Variablen in Unterprogrammen warf Probleme auf, die aus der mangelnden Überschaubarkeit resultierten und insbesondere beim Entwurf großer Programme zu häufigen Fehlersituationen führen konnten. Es ist dann nämlich möglich, daß die Deklaration einer Variablen im Unterprogramm vergessen und die Deklaration einer gleichlautenden Variablen im umgebenden Programmabschnitt übernommen wird: ein Versehen, das vom Compiler nicht bemerkt werden kann.

Modula besitzt nun sprachliche Ausdrucksmöglichkeiten, diesen ungewollten „Seiteneffekt" explizit zu umgehen, das **Modulkonzept**, das eine totale Abschottung eines Moduls vom umgebenden Programmtext beinhaltet.

9.1   *Lokale Moduln, ein Zufallszahlengenerator*

Die Problematik der globalen Variablen möge zunächst an einem Beispiel erläutert werden, das wir dann sofort so umschreiben wollen, daß unerwünschte Effekte nicht mehr auftreten können:

```
 1   MODULE    Verteilung;
 2     FROM    InOut IMPORT WriteString, WriteCard, WriteLn;
 3     CONST   M = 9; Anfangswert = 17;
 4     VAR     Naechster, i, x: CARDINAL;
 5             a: ARRAY [0..M] OF CARDINAL;

 6     PROCEDURE Random(): INTEGER;
 7       CONST   Modul = 4831; Inkr  = 25543;
 8       BEGIN
 9         Naechster := (Naechster + Inkr) MOD Modul;
10         RETURN Naechster
11       END Random;
```

```
12   BEGIN
13     FOR i := 0 TO M DO a[i] := 0 END;
14     Naechster := Anfangswert;
15     FOR i := 1 TO 1000 DO
16       x := Random() * 10 DIV 4831;
17       INC (a[x])
18     END;
19     FOR i := 0 TO M DO WriteCard (a[i], 5) END;
20     WriteLn
21   END Verteilung.
```

In Zeile 6 lernen wir als erstes eine parameterlose Funktion kennen. Diese von der Syntax her zulässige Konstruktion, bei der mindestens das runde Klammerpaar vorhanden sein muß, erscheint zunächst paradox, da eine Funktion ja üblicherweise von mindestens einem Argument abhängt und für verschiedene Argumente unterschiedliche Werte liefern kann. Aufeinanderfolgende Aufrufe der Funktion Random liefern aber tatsächlich unterschiedliche Ergebnisse, was nur deshalb möglich ist, weil das Unterprogramm bei jedem Aufruf die globale Variable Naechster modifiziert, um sie als Funktionswert an die Stelle des Aufrufs zurückzugeben (Zeile 16).

Die Funktion erzeugt eine Folge von scheinbar zufällig verteilten Zahlen („Pseudozufallszahlen"), wobei der angegebene Algorithmus einer Klasse angehört, die mit dem Stichwort „Arithmetische Progression" beschrieben wird: Hierbei wird zu einer Anfangszahl – ggf. nach der Multiplikation mit einem konstanten Faktor – eine Zahl addiert, wobei die nächste „Zufallszahl" entsteht. Damit die Werte nicht über alle Grenzen wachsen, werden aber jeweils die Reste bzgl. der Division durch eine feste Zahl betrachtet.

Unser Verfahren erhebt hinsichtlich der gewählten Parameter keinen Anspruch auf statistische Qualität (Art der Verteilung, Periodizität usw.), sondern soll nur das programmiertechnische Prinzip erläutern.

Der gewählte Anfangswert der Folge wird *einmal* im Hauptprogramm gesetzt. Ein anderer Anfangswert sollte eine andere Folge von Pseudozufallszahlen liefern. Das Problem besteht nun in der möglichen falschen Handhabung der Zuweisung eines Anfangswertes (die ja nur im Hauptprogramm erfolgen kann): Würde etwa die Zuweisung der Zeile 14 in die FOR-Anweisung nach Zeile 15 eingefügt werden, so würde eine konstante Folge resultieren, womit die ursprüngliche Absicht zunichtegemacht wäre.

Das Feld a dient dazu, die erzeugten Zufallszahlen ihrer Größe nach in 10 Klassen einzuteilen (Erzeugung eines sog. Histogramm-Feldes). Läßt man das Programm laufen, so beobachtet man eine annähernde Gleichverteilung der erzeugten Zufallszahlen (in jeder Klasse befinden sich ungefähr gleich viele Elemente).

Im folgenden Programm wird die Notwendigkeit, den Anfangswert auf eine globale Variable Naechster zuzuweisen, durch die Einführung eines Moduls hinfällig. Eine ungewollte Modifikation des Startwertes an der falschen Stelle – wie sie oben angedeutet wurde – ist dann nicht mehr möglich:

```
 1  MODULE Suchen1;
 2    FROM InOut IMPORT WriteString, WriteCard, WriteLn;
 3    CONST  M = 100; LL = 12; Anfangswert = 17; x = 721;
 4    VAR    i: CARDINAL;
 5           a: ARRAY [0..M] OF CARDINAL;

 6    MODULE Zufallszahlen;
 7      IMPORT Anfangswert;
 8      EXPORT Random;
 9      CONST  Modul = 4831; Fakt = 5543; Inkr = 25371;
10      VAR    Naechster: CARDINAL;

11      PROCEDURE Random() : CARDINAL;
12        BEGIN
13          Naechster := (Naechster*Fakt + Inkr) MOD Modul;
14          RETURN Naechster
15        END Random;

16    BEGIN
17      Naechster := Anfangswert
18    END Zufallszahlen;

19  BEGIN
20    FOR i := 0 TO M-1 DO
21      a[i] := Random();  WriteCard (a[i], 5);
22      IF i MOD LL = LL - 1 THEN WriteLn END
23    END;
24    WriteLn;
25    a[M] := x;
26    i    := 0;
27    WHILE a[i] # x DO INC (i) END;
28    WriteCard(x, 5);
29    IF i = M THEN WriteString (' nicht gefunden');
30            ELSE WriteString (' gefunden an Stelle ');
31                 WriteCard (i, 5) END;
32    WriteLn
33  END Suchen1.
```

Die Zeilen 6 bis 18 des Programms zeigen die Verwendung eines (lokalen) Moduls, der formal wie ein Hauptprogramm aufgebaut ist, jedoch mit dem Unterschied, daß nach dem Modulnamen hinter END kein Punkt, sondern ein Semikolon steht (Zeile 18). Lokale Moduln wie diese erscheinen im Deklarationsteil eines Programms (bzw. Unterprogramms). Wir sprechen daher von einer Moduldeklaration (vgl. die Syntax des Begriffes "Deklaration" auf Seite 42). Zunächst sei die Syntax des Begriffes „Moduldeklaration" vorgestellt:

ModulDeklaration	= MODULE Name [Priorität] ";" { Import } [Export] Block Name
Priorität	= "[" ConstAusdruck "]"
Import	= [FROM Name] IMPORT NamenListe ";"
Export	= EXPORT [QUALIFIED] NamenListe ";"

Die Anweisungen IMPORT und EXPORT regeln den Verkehr des Moduls mit der „Außenwelt" (Zeilen 7 und 8): Alles, was aus dem Modul hinaus nach außen wirken soll, muß in einer Namenliste der EXPORT-Klausel aufgeführt sein und ist dann in der Umgebung des Moduls bekannt. Ebenso ist alles, was von außen in den Modul hineintransportiert werden soll, explizit in einer IMPORT-Liste aufzuführen. Eine ungewollte Übernahme einer außen deklarierten Größe („globale Variable") in das Innere eines Moduls ist somit nicht möglich. Da aus dem Modul nur die Funktion Random exportiert werden soll, ist der Name dieser Prozedur der einzige, der in der EXPORT-Liste erscheint.

Das Importieren von Größen aus anderen Moduln haben wir bereits im ersten Beispielprogramm (auf Seite 9) kennengelernt. Hier handelte es sich aber um einen durch den nach FROM folgenden Modulnamen qualifizierten IMPORT (vergleichbar der WITH-Anweisung). Im Programm brauchten wir dann nur noch den nach IMPORT folgenden Namen aufzuführen. Man kann nun aber in Programm-Moduln auch ganze Bibliotheksmoduln importieren, d.h. an Stelle des bisher gewohnten

```
FROM InOut IMPORT Write, WriteLn;
```

kann auch

```
IMPORT InOut;
```

geschrieben werden. Hierdurch sind alle Namen des Moduls InOut zugreifbar. Der Nachteil besteht jedoch darin, daß sie ausdrücklich mit dem Bibliotheksnamen qualifiziert werden müssen, d.h. statt nur `Write (c)` muß im Programm `InOut.Write (c)` geschrieben werden. Diese Methode ist aber dann zu empfehlen, wenn man sowohl die Prozedur Write aus dem Modul InOut als auch die gleichnamige Prozedur aus dem Modul Files verwenden möchte. Durch die qualifizierte Schreibweise `InOut.Write` und `Files.Write` hat man dann eine Unterscheidungsmöglichkeit der beiden Prozeduren.

Nun zum vorstehenden Programm: Die Zuweisung des (importierten) Anfangswertes für unsere (hier einmal anders erklärte) Zufallszahlenfolge an die Variable `Naechster` geschieht in Zeile 17 innerhalb des Moduls `Zufallszahlen`. Diese Zuweisung erfolgt nur *einmal*, nämlich bei der ersten Aktivierung des Moduls, was genau dann passiert, wenn das erste Mal etwas aus dem Modul angesprochen wird, in unserem Fall heißt das, wenn die Funktion `Random` das erste Mal aufgerufen wird.

Einige Bemerkungen mögen den Zweck des Programms erklären: Die erzeugten Zufallszahlen werden hier in einem Feld a gespeichert, das auf diese Weise bis zum vorletzten Element gefüllt wird (siehe den Index M−1 in Zeile 20). Danach soll das Programm prüfen, ob eine gegebene Zahl x unter den erzeugten Zufallszahlen vorkommt. Um die sequentielle Suche nach dem Vorkommen des Elements x im Feld a zu vereinfachen, wird x als Element mit dem Index M in das Feld a eingefügt (Zeile 25). Es wird also in jedem Fall spätestens beim Index M gefunden. Dann war es nicht unter den ursprünglich erzeugten Zufallszahlen. Liegt die Fundstelle dagegen vor dem Index M, so kam die zu suchende Zahl unter den erzeugten Zahlen vor.

9.2 Lokalität, Existenz und Gültigkeitsbereich von Namen

Wenn wir noch einmal das letzte Programm betrachten, bei dem wir bereits einige Überlegungen zum Gültigkeitsbereich von Namen gemacht haben, so stellen wir fest, daß prinzipiell die Modulgrenze den Gültigkeitsbereich einschränkt, es sei denn, dieser wird mittels IMPORT in den MODUL hinein erweitert (Beispiel `Anfangswert`) bzw. mittels EXPORT auf die umfassende Programmeinheit – MODULE oder PROCEDURE – ausgedehnt (Beispiel `Random`).

Die anderen außerhalb des Moduls `Zufallszahlen` genannten Größen (Konstanten, Variablen etc.), die nicht mittels IMPORT in den lokalen Modul importiert werden, gelten nur außerhalb des Moduls und existieren dort auch weiter, wenn der lokale Modul betreten wird.

Ebenso ist der Gültigkeitsbereich der lokal im Modul `Zufallszahlen` deklarierten Größen, die nicht nach außerhalb exportiert werden (z.B. die Konstante `Fakt` oder die Variable `Naechster`), der ganze Modul `Zufallszahlen`, sofern nicht innerhalb einer weiteren Prozedur ein Name anders deklariert wird.

Die Existenz der im Modul deklarierten lokalen Größen beginnt mit der ersten Aktivierung des Moduls, endet aber nicht damit, daß der Modul nach Rückgabe eines Wertes nach außerhalb bzw. nach Ablauf einer Prozedur des Moduls wieder verlassen wird, sondern erst mit dem Ende der Existenz der den Modul umgebenden Programmumgebung (also der umgebenden Prozedur bzw. des umgebenden Moduls). Man verdeutlicht sich das am Beispiel der Variablen Naechster, die innerhalb des Moduls Zufallszahlen lokal ist, die aber nach jedem Aufruf von Random mit ihrem Wert erhalten bleibt, damit der neue Wert beim nächsten Aufruf von Random wieder zur Verfügung steht.

Wollte man innerhalb des Moduls Zufallszahlen in einer Prozedur oder im Modulrumpf Ausgabe etwa mittels WriteCard machen, so kann der Gültigkeitsbereich dieser Prozedur vom umgebenden Modul, in den sie ja von einem externen Bibliotheksmodul importiert wurde, durch ein einfaches „IMPORT WriteCard" in diesen Modul hinein erweitert werden.

9.3   Definitions- und Implementations-Moduln

Das Konzept des lokalen Moduls erleichtert bereits die Übernahme eines separat programmierten Teils in ein anderes Programm, da die Schnittstelle zu diesem in den IMPORT- und EXPORT-Listen übersichtlich festgelegt ist. Die eigentliche Stärke des Modulkonzepts besteht aber in der separaten Compilation **externer Moduln**, die, wie wir es von den „Bibliotheksmoduln" (z.B. InOut, Strings etc.) gewohnt sind, ebenfalls mit einer der möglichen IMPORT-Klauseln in andere Programme integriert werden können.

Hierbei ergibt sich jedoch ein Problem: Während der lokale Modul zusammen mit seinem Programm-Modul übersetzt wird und seine Bestandteile in ihrem Aufbau (z.B. Art und Anzahl der Parameter exportierter Prozeduren) für den Compiler transparent bleiben, stellt sich bei externen Moduln die Frage, ob die importierten Namen syntaktisch richtig verwendet werden. Dieses „Problem" ist natürlich nur ein retorisches, da externe Moduln ebenfalls für den Compiler transparent sind. Vielleicht haben Sie das schon anhand einer Fehlermeldung festgestellt, die etwa besagte, daß die Anzahl oder die Typen der Argumente einer importierten Prozedur ungültig sind.

In der Tat handelt es sich bei der getrennten Übersetzung verschiedener Moduln durch den Compiler nicht um eine „unabhängige", sondern um eine „separate" Übersetzung. Der Compiler greift nämlich bei der Übersetzung eines Moduls, der Teile eines anderen Moduls importiert, auf jenen zu, um eine Syntaxprüfung der importierten Namen vorzunehmen. Dies erfordert es nun, daß die in der Programmiersprache beschriebene Syntax des zu importierenden (Bibliotheks-)Moduls – trotz des in übersetzter Form vorliegenden zu importierenden Moduls – noch sichtbar sein muß.

In Modula wird diese Problematik – zumindest für die Bedürfnisse des Compilers! – auf einfache, für den Benutzer aber etwas kompliziertere Weise wie folgt gelöst: der externe Modul muß grundsätzlich in zwei Formen vorliegen, einen für den Compiler sichtbaren **DEFINITION MODULE**, an dem er die Überprüfung der Deklarationen vornehmen kann, und einen Code-Teil, den **IMPLEMENTATION MODULE**, aus dem später die entsprechenden Code-Bestandteile in das übersetzte Programm übertragen werden. Dies geschieht mit speziellen Betriebssystemkomponenten (dem Linker bzw. Lader), über deren Verwendung man sich näher in den betreffenden Systemhandbüchern informieren sollte.

Die Umwandlung des Beispiels aus dem vorletzten Abschnitt in einen externen Modul soll den Sachverhalt verdeutlichen. Wir sehen uns zunächst den implementierten (d.h. den Programmtext enthaltenden) Modul Zufall an:

```
 1   IMPLEMENTATION MODULE Zufall;
 2      CONST Inkrement = 25543; Anfangswert = 13297;
 3      VAR   Naechster: CARDINAL;

 4      PROCEDURE Random (Anfang, Ende: CARDINAL): CARDINAL;
 5      BEGIN
 6         Naechster := (Naechster + Inkrement)
 7                       MOD (Ende - Anfang + 1);
 8         RETURN Anfang + Naechster
 9      END Random;

10   BEGIN
11      Naechster := Anfangswert
12   END Zufall.
```

Bis auf die unterschiedlichen Verfahrenskonstanten Inkrement und Anfangswert entspricht dieser IMPLEMENTATION MODULE dem lokalen Modul des Programms Suchen1, mit dem Unterschied, daß die IMPORT- und EXPORT-Klauseln fehlen. Da die Prozedur Random dieses Beispiels zwei CARDINAL-Zahlen als Parameter enthält, die die Grenzen für die zu berechnenden Zufallszahlen bestimmen, sind die entsprechenden Anweisungen des Unterprogramms leicht modifiziert (vgl. Zeilen 6 bis 8). Der Modulrumpf in den Zeilen 10 bis 12 entspricht wieder dem lokalen Modul: auch er wird *einmal* ausgeführt und zwar dann, wenn der Modul das erste Mal benutzt wird.

Alles, was oben über die Gültigkeit und Existenz von Namen bzgl. lokaler Moduln gesagt wurde, gilt auch für externe Moduln.

Der folgende DEFINITION MODULE stellt den für den Compiler sichtbaren Teil des externen Moduls Zufall dar. Er enthält ggf. die IMPORT-Listen für diesen

Modul und die Deklarationen, in unserem Fall also nur den Kopf der Prozedur
Random:

```
1  DEFINITION MODULE Zufall;

2    PROCEDURE Random (Anfang, Ende: CARDINAL): CARDINAL;
3    (* Zufallszahlen zwischen Anfang und Ende *)

4  END Zufall.
```

In Modula-Versionen, die noch auf der 2. Auflage des Wirthschen Buches[3] aufbauen, ist nach der Zeile 1 die Angabe einer EXPORT-Klausel für Random (mit
oder ohne das Schlüsselwort QUALIFIED) erforderlich, um einen (qualifizierten)
Export der angegebenen Namen durchzuführen. In der Regel wurde ein qualifizierter Export empfohlen, um bei Vorhandensein gleicher Bezeichnungen aus
verschiedenen Moduln die importierten Größen mit dem Modul-Namen qualifizieren zu können. In der 3. Auflage ist diese Angabe nicht mehr zulässig, da
alle im DEFINITION MODULE aufgeführten Namen automatisch qualifiziert
exportiert werden. Eine EXPORT-Klausel wird aber z.B. in der Waterloo-
Implementierung vom Compiler geduldet und ignoriert. Da ein qualifizierter
Export aus lokalen Moduln nicht möglich ist, ist das Schlüsselwort QUALIFIED
somit überflüssig geworden.

Falls eine Konstante, Variable oder ein Typ im Implementationsmodul gebraucht
wird und zusätzlich exportiert werden soll, so ist er im Definitionsmodul ebenfalls aufzuführen. Bei Angabe eines Typs im Definitionsmodul reicht es, wenn
hier nur der Name angegeben wird („verdeckter Typ") und die genaue
Typdefinition im zugehörigen Implementationsmodul steht. Hierauf werden wir
noch zurückkommen.

Dem nachfolgenden Syntax-Kästchen kann die Syntax für den DEFINITION und
IMPLEMENTATION MODULE entnommen werden, wobei wir gleich im größeren
Zusammenhang den Programm-Modul anführen:

```
DefinitionModul    = DEFINITION MODULE Name ";" { Import }
                     { Definition } END Name "."
Definition         = CONST { ConstDeklaration ";" } |
                     TYPE { Name [ " = " Typ ] ";" } |
                     VAR { VarDeklaration ";" } | ProzedurKopf ";"
ProgrammModul      = MODULE Name [ Priorität ] ";"[13]
                     { Import } Block Name "."
CompEinheit        = DefinitionModul |
                     [ IMPLEMENTATION ] ProgrammModul
```

Wir bemerken, daß bei einem Definitionsmodul – da hier ja keine Aktionen angegeben werden – ein Modulrumpf selbstverständlich fehlt. Somit ist auch keine Notwendigkeit für das trennende Schlüsselwort BEGIN gegeben. Ferner unterscheidet sich ein Implementationsmodul von einem Programm-Modul nur durch das vorangestellte Schlüsselwort IMPLEMENTATION. Alle drei Arten von Moduln werden als „Compilationseinheit" zusammengefaßt, da jeder für sich getrennt übersetzt wird.

Bevor ein Implementationsmodul verwendet werden kann, muß erst sein Definitionsmodul und dann er selber übersetzt werden. Die compilierte Form des Definitionsmoduls wird als Symbol-Datei abgelegt, die vom Compiler interpretiert werden kann. Schließlich wird die compilierte Form des Implementationsmoduls als Objekt-Datei gespeichert; sie wird vom Betriebssystem des Rechners in einen sie verwendenden Programm-Modul eingebunden:

```
 1   MODULE Suchen2;
 2     FROM Zufall IMPORT Random;
 3     FROM InOut  IMPORT WriteString, WriteCard, WriteLn;
 4     CONST  M = 300; LL = 10; x = 111;
 5     VAR    i: CARDINAL;
 6            a: ARRAY [0..M] OF CARDINAL;

 7   BEGIN
 8     FOR i := 0 TO M-1 DO
 9       a[i] := Random (1000, 2000);
10       WriteCard (a[i], 5);
11       IF i MOD LL = 14 THEN WriteLn END
12     END;
13     a[M] := x;
14     i    := 0;
15     WHILE a[i] # x DO INC (i) END;
16     WriteCard (x, 5);
17     IF i = M THEN WriteString (' nicht gefunden')
18             ELSE WriteString (' gefunden an Stelle ');
19                  WriteCard (i, 5) END;
20     WriteLn
21   END Suchen2.
```

Das vorstehende Programm bedarf keiner weiteren Erklärung außer dieser, daß zur Benutzung des Moduls Zufall die wohlbekannte FROM-IMPORT-Klausel

---

13 Die Angabe einer Priorität bei Programm- und Implementationsmoduln für die gegenseitige Unterbrechbarkeit von Prozessen bzw. Prozessoren ist nur bei einigen Implementierungen realisiert und soll hier nicht weiter diskutiert werden.

verwendet wird (Zeile 2). Die berechneten Zufallszahlen sollten im Bereich von 1000 bis 2000 liegen (Zeile 9).

Weitere Moduln werden uns in den folgenden Kapiteln begegnen.

9.4 Übungen

Aufgabe 36:

Ein Programm soll einen Text mit maximal 100 verschiedenen Wörtern zu je maximal 20 Buchstaben von einer Datei einlesen und jedes Wort mit der Anzahl seiner Vorkommen (alphabetisch sortiert) ausgeben. Dabei ist der Unterschied zwischen Groß- und Kleinschreibung zu ignorieren. Verwenden Sie hierzu die Funktion CAP, die kleine in große Buchstaben verwandelt. Die entsprechende Umwandlung einer Zeichenkette soll in einer Prozedur mit einem VAR-Parameter erfolgen. Die Aufgabe ist so zu gliedern, daß im Hauptprogramm das Einlesen der Wörter und die Ausgabe der Tabelle durchzuführen ist, während die genannten Teilaufgaben in einen externen Modul einzubetten sind.

Aufgabe 37:

Ein Programm soll von Platte einzulesende Texte mit einer Kopf- und Fußzeile pro Seite ausgeben, wobei in der Kopfzeile ein Kurztitel und in der Fußzeile die fortlaufende, mit Eins beginnende Seitennummer anzugeben ist. Die Initialisierung der Seiten- und Zeilennummern (letztere für die Kontrolle der impliziten Zeilenzahl pro Seite, z.B. 60) sollen innerhalb eines eigenen Modulrumpfes erfolgen. Das Programm ist mit einem lokalen Modul zu formulieren.

Aufgabe 38:

Definieren Sie die Schnittstelle zu einem externen Modul, in dem einige in Modula nicht vorhandene Funktionen beschrieben werden. So seien folgende Funktionen mit ihren üblichen Definitionen zu beschreiben und anschließend zu implementieren:

$$
\begin{aligned}
\tan(x) &= \sin(x)/\cos(x) && \text{für } x \neq \pi/2,\ 3\pi/2,\ \dots \\
\cot(x) &= \cos(x)/\sin(x) && \text{für } x \neq 0,\ \pi,\ 2\pi,\ \dots \\
\arcsin(x) &= \arctan\left(x/\sqrt{1-x^2}\right) && \text{für } -1 < x < 1, \\
&\quad\ -\pi/2 && \text{für } x = -1, \\
&\quad\ \ \pi/2 && \text{für } x = 1. \\
\arccos(x) &= \pi/2 - \arcsin(x) && \text{für } |x| \leq 1.
\end{aligned}
$$

10 DYNAMISCHE DATENSTRUKTUREN

Bisher waren unsere Datenstrukturen in dem Sinne statisch, daß ihre Speicherplätze entweder beim Programmstart angelegt wurden und bis zum Programmende existierten oder aber sich insofern unserem Einfluß entzogen, als sie (als lokale Variablen) beim Aufruf einer Prozedur angelegt und beim Verlassen der Prozedur zu existieren aufhörten.

Wir wollen nun die Fähigkeit von Modula kennenlernen, Datenstrukturen unter Kontrolle des Programmierers anzulegen und deren Speicherplatz auch wieder freizugeben, wenn er ihn nicht mehr benötigt. Diese Möglichkeit wird uns für Variablen beliebigen Typs gegeben, und zwar so, daß die neuen „dynamischen" Variablen vom Typ T über sogenannte Zeigervariablen, die auf Variablen des Typs T zeigen, angesprochen werden können.

10.1 Der POINTER-Typ

Zeigervariablen sind typgebunden, d.h. eine solche Variable enthält gewissermaßen die Adresse des Anfangs eines Hauptspeicherbereichs, der von einem bestimmten Typ ist und dadurch eine wohldefinierte Größe besitzt. Zunächst sei die Syntax des Typs für Zeigervariablen („Pointertyp")angegeben:

```
PointerTyp       = POINTER TO Typ
```

Da sich zu jedem bisher besprochenen Typ ein zugehöriger Zeigertyp angeben läßt, erhalten wir auf einen Schlag eine Verdoppelung der ohnehin schon recht großen Typenvielfalt.

Zeigervariablen werden dynamisch während des Programmablaufs durch die Prozedur ALLOCATE mit einem Wert belegt, der die Adresse des gleichzeitig angelegten Speicherplatzes vom Typ T enthält. Die genannte Prozedur muß aus dem Modul Storage importiert werden. Wir legen als Beispiel eine INTEGER-Variable dynamisch an, weisen ihr einen Wert zu und geben diesen aus:

```
 1  MODULE Speichern;
 2      FROM InOut   IMPORT WriteInt, WriteLn;
 3      FROM Storage IMPORT ALLOCATE, DEALLOCATE;
 4      VAR  z: POINTER TO INTEGER;
 5  BEGIN
 6      ALLOCATE (z, 4);
 7      z↑ := 17;
 8      WriteInt (z↑, 5);
 9      DEALLOCATE (z, 4);
10      WriteLn
11  END Speichern;
```

Die Prozedur ALLOCATE (= Speicher zuordnen) benötigt zwei Argumente.
Das erste ist eine Zeigervariable, die nach Ausführung von ALLOCATE die
Adresse des Speichers enthält, der durch die Prozedur im noch freien Haupt-
speicherbereich angelegt wurde, während das zweite Argument die Größe
dieses Speicherbereichs in Bytes angibt – eine INTEGER-Zahl benötigt 4 Bytes
(Zeile 6).

Die neue INTEGER-Zahl wird durch z↑ bzw.   z∧ oder (für Nicht-ASCII-Termi-
nals) ersatzweise durch z@ angesprochen (Zeile 7 und 8). Stellt z die
„Referenz" zu dieser neuen Speichervariablen her, so sprechen wir bei z↑ von
einer „Dereferenzierung", da nun nicht mehr die Zeigervariable, sondern die
Variable gemeint ist, auf die diese zeigt.

Wird der Speicherplatz der dynamischen Variablen z↑ nicht mehr benötigt, so
kann er durch Aufruf der Prozedur DEALLOCATE (= Speicher freigeben) für
die Speicherung anderer dynamischen Variablen wieder verfügbar gemacht
werden. Diese Prozedur hat dieselben Parameter wie die Prozedur ALLOCATE.

Der Wert einer Zeigervariablen ist für uns nicht von Interesse (es gibt auch
keine Ein- oder Ausgabeprozeduren für Zeigervariablen), wir sollten aber stets
wissen, ob eine Zeigervariable – mittels ALLOCATE – bereits einen Wert
erhalten hat oder nicht. Ist ein Programm nicht so übersichtlich wie das obige,
so hat man die Möglichkeit, einer Zeigervariablen die Zeigerkonstante NIL
zuzuweisen, die keine gültige Speicheradresse bezeichnet. Da die einzigen
erlaubten Vergleichsausdrücke mit Zeigervariablen die Abfragen auf Gleichheit
oder Ungleichheit sind, kann man eine Zeigervariable danach mit dem Wert NIL
vergleichen, um festzustellen, ob ihr schon eine gültige Adresse zugewiesen
wurde oder nicht.

Wegen einer einzelnen INTEGER-Variablen lohnt sich nun das dynamische
Anlegen des Speicherplatzes während des Programmablaufs sicherlich nicht,
wohl aber für eine Listenstruktur, die sofort beschrieben werden soll und die
beliebig viele dynamische Variablen enthalten kann.

Eine **lineare Liste** haben wir uns als eine Kette von Records vorzustellen, die eine Zeigervariable enthalten, die entweder auf das nachfolgende Record der Kette zeigen, sofern dieses existiert bzw. auf NIL, falls kein Nachfolger vorhanden ist:

Der Typ Speicher des folgenden Programms beschreibt nun ein Element dieser linearen Liste. Er ist ein Record, der die aufzunehmende Zahl enthält und außerdem eine Zeigervariable Next beschreibt, die die Adresse des folgenden Listenelements enthalten soll:

```
 1   MODULE DynAlloc;
 2      FROM InOut     IMPORT WriteString, WriteCard, WriteLn;
 3      FROM Storage   IMPORT ALLOCATE, Available;
 4      FROM SYSTEM    IMPORT TSIZE;
 5      TYPE Zeiger    = POINTER TO Speicher;
 6           Speicher = RECORD
 7                          Zahl: CARDINAL;
 8                          Next: Zeiger
 9                       END;
10      VAR   p, q, Start:  Zeiger;
11            Groesse, Mal: CARDINAL;
12   BEGIN
13      Groesse := TSIZE (Speicher);
14      Start   := NIL;
15      Mal     := 0;
16      WHILE Available (Groesse) DO
17         INC (Mal);
18         ALLOCATE (p, Groesse);
19         p↑.Zahl := Mal;
20         p↑.Next := NIL;
21         IF Start = NIL THEN Start   := p
22                        ELSE q↑.Next := p END;
23         q := p
24      END;
25      WriteCard (Mal, 1); WriteString (' x Zuweisung von ');
26      WriteCard (Groesse, 1); WriteString (' Bytes.');
27      WriteLn
28   END DynAlloc.
```

In Zeile 13 liefert uns die Funktion TSIZE (aus dem Modul SYSTEM) den Speicherbedarf einer Variablen des als Argument übergebenen Typs. Im Gegensatz zur Funktion SIZE steht hier keine Variable, sondern ein Typ. Die Variable

Groesse enthält somit den für die ALLOCATE-Prozedur in Zeile 18 benötigten Wert. In Zeile 14 merken wir zunächst in der Variablen Start vor, daß unsere Liste noch kein Element enthält, danach wird ein Zähler Mal initialisiert.

Die boolesche Funktion Available liefert den Wert TRUE, wenn noch mindestens so viele Bytes freier Hauptspeicher verfügbar sind, wie das Argument angibt. Solange diese Bedingung in Zeile 16 erfüllt ist, wollen wir ein neues Element unserer linearen Liste erzeugen (Zeile 18). Dabei erhält die Zeigervariable p jedesmal einen neuen Wert zugewiesen, der die nächste freie Speicheradresse im für dynamische Speicherzuweisung zur Verfügung stehenden Bereich (engl. **heap**) darstellt.

Das neue Record vom Typ Speicher kann nicht über einen eigenen Namen, aber über den Bezeichner p↑ angesprochen werden (vgl. die Syntax auf Seite 64). Die qualifizierten Namen der Elemente unseres Records sind dann die in Zeile 19 und 20 genannten (wir hätten sie auch mit einer WITH-Anweisung qualifizieren können). Das Record-Element Zahl erhält hier einen nicht weiter interessierenden Wert zugewiesen, während die Zeigervariable den Wert NIL erhält, um anzudeuten, daß noch kein Nachfolger existiert (wir fügen ja jedes neue Listenelement am Ende der Liste an).

Für die Verkettung der Listenelemente sind nun die folgenden drei Zeilen wichtig: Falls wir das erste Listenelement erzeugt haben (Start = NIL), wollen wir uns den Zeiger auf dieses Element in der Variablen Start merken (Start := q), anderenfalls existiert schon ein Vorgänger in der Liste, der über den Zeiger q angesprochen werden kann (vgl. die folgende Anweisung). Dem Vorwärtszeiger q↑.Next dieses Vorgängers weisen wir nun den Zeiger p auf das neue Listenelement zu.

Die Schleife bricht dann ab, wenn nicht mehr genügend Speicher zur Verfügung steht, um ein weiteres Listenelement zu speichern. An dieses (konstruierte) Beispiel würde sich in der Praxis ein Abarbeiten der Liste anschließen, indem wir den Zeiger an den Anfang der Liste zurücksetzen (p := Start) und danach alle Elemente der Liste durchsuchen (p := p↑.Next).

Ein weiteres Beispiel aus der Textverarbeitung soll eine andersartige Verwendung einer linearen Liste zeigen. Wir wollen einmal ein Wort als lineare Liste von Buchstaben beschreiben, die wir gespiegelt wieder ausgeben wollen. Zu diesem Zweck verketten wir die Elemente der Liste nicht nach vorwärts, sondern rückwärts, was einfacher ist. Außerdem brauchen wir uns kein Anfangselement zu merken, wie im Beispiel davor. Und zum dritten können wir den angelegten Speicherplatz nach Ausgabe des betreffenden Buchstabens sofort wieder freigeben:

```
 1  MODULE Umkehren1;
 2    FROM InOut   IMPORT EOL, WriteString, WriteLn,
 3                         Read, Write;
 4    FROM Storage IMPORT ALLOCATE, DEALLOCATE;

 5    TYPE Zeiger = POINTER TO Stapel;
 6         Stapel = RECORD
 7                     z:    CHAR;
 8                    rueck: Zeiger
 9                  END;
10    VAR  p, q:  Zeiger;
11         stop:  BOOLEAN;

12  BEGIN
13    REPEAT
14      WriteString ('ein Wort eingeben (RETURN = Stopp):');
15      WriteLn;
16      q := NIL;
17      REPEAT      (* Einlesen einer Zeile *)
18        ALLOCATE (p, 5);
19        WITH p↑ DO
20          Read (z);
21          rueck := q;
22        END;
23        q := p
24      UNTIL p↑.z = EOL;

25      stop := p↑.rueck = NIL;
26      IF NOT stop THEN
27        WriteString(' ---> ');
28        REPEAT   (* Ausgeben in umgekehrter Reihenfolge *)
29          WITH q↑ DO
30            Write (z);
31            p := q;
32            q := rueck
33          END;
34          DEALLOCATE (p, 5)
35        UNTIL q = NIL;
36        WriteLn
37      END
38    UNTIL stop
39  END Umkehren1.
```

Die angedeutete Datenstruktur nennen wir einen **Stapel** (engl. stack), weil durch
jede neue „Generation" der betreffenden Variablen (hier durch den Bezeichner
p↑ angesprochen) die vorhergehende verdeckt wird, wie ein Blatt Papier auf

einem Papierstapel durch ein daraufgelegtes verdeckt wird und erst wieder
sichtbar wird, wenn man das neue Blatt wieder entfernt. Dieses Enfernen
geschieht in Zeile 35 durch die Prozedur DEALLOCATE, die den Speicherplatz
der bezeichneten Variablen wieder frei gibt und gleichzeitig durch das Rück-
setzen des Zeigers in Zeile 32. Da wir beliebig viele Wörter spiegeln wollen, ist
eine Freigabe des nicht mehr benötigten dynamischen Speichers eine wichtige
Bedingung für die korrekte Programmfunktion.

Unser Listen-Record sieht ähnlich aus, wie das des letzten Beispiels mit dem
Unterschied, daß wir als Datum eine Variable vom Typ CHAR speichern wollen
(Zeile 7). Die Zeigerkomponente des Records nennen wir rueck, weil diese –
wie schon gesagt – rückwärts zeigen soll.

Die äußere REPEAT-Schleife (Zeilen 13 bis 38) soll mehrere einzugebende
Wörter verarbeiten können, wobei die Betätigung der RETURN-Taste allein (also
ohne Eingabe eines Wortes) das Programm beenden soll (Zeile 14). Dies
geschieht dadurch, daß die Variable stop dann den Wert TRUE erhält (vgl.
Zeile 25 und 38).

Die Qualifizierung der Elemente unserer Listen-Records erfolgt diesmal durch
WITH-Anweisungen (Zeilen 19 bis 22 bzw. 29 bis 33). Während der Eingabe-
Phase verweist die Zeigervariable q, die anfangs den Wert NIL hat, auf das
Vorgänger-Element (vgl. Zeile 23), so daß die Einstellung des Rückwärtszeigers
jeweils korrekt erfolgt (Zeile 21), während die Eingabe des jeweiligen Buch-
stabens direkt in das entsprechende Record-Element geschieht (Zeile 20).
Wenn das EOL-Zeichen gelesen wurde, ist das Ende einer Eingabezeile erreicht
(Zeile 24).

Hatte am Ende der Eingabe der Rückwärtszeiger noch den Wert NIL, so ist
überhaupt kein Buchstabe eingelesen worden, d.h. es wurde nur die
RETURN-Taste gedrückt. In diesem Fall wird die Variable stop TRUE. War
dies nicht der Fall, so wird anschließend nach einem Pfeil (Zeile 27) das eingelesene Wort in umgekehrter Reihenfolge ausgegeben. Dies geht sehr einfach,
da der Zeiger q noch auf das letzte eingelesene Zeichen zeigt (weil dies das
Zeichen EOL ist, erscheint das gespiegelte Wort in einer neuen Zeile). Wir
geben den Buchstaben aus, setzen den Zeiger q auf den vorhergehenden
Buchstaben, merken uns aber vorher den alten Wert dieses Zeigers in p, damit
wir den betreffenden Speicherplatz in Zeile 34 wieder freigeben können. Ist der
Rückwärtszeiger NIL, so ist die Ausgabe beendet (Zeile 35).

Beim **rekursiven Aufruf** einer Prozedur haben wir gesehen, daß Wert-Parameter
und lokale Variablen ebenfalls stapelartig verwaltet wurden. Wir sagten dort, daß
sie in einen „Keller" gebracht werden, so daß immer nur das oberste Keller-
element sichtbar ist und die darunterliegenden Elemente erst wieder sichtbar
werden, nachdem die darüberliegenden Kellerelemente entfernt wurden. Dies

ist genau das Prinzip des Stapels, das wir eben zum Umkehren einer Zeichenkette verwendet haben. Als Anwendung sei ein Programm zur Umkehr einer
Zeichenkette angegeben, das den „Programm-Stack" beim rekursiven Prozeduraufruf benutzt und das deswegen sehr viel kürzer ist als der selbstprogram-
mierte Stack im Programm Umkehren1, weil hier die Stack-Verwaltung dem
Modula-Compiler überlassen wird:

```
 1   MODULE Umkehren2;
 2     FROM InOut IMPORT EOL, WriteString, WriteLn,
 3                  Read, Write;

 4     PROCEDURE Umkehren;
 5       VAR  c: CHAR;
 6     BEGIN
 7       Read (c);
 8       IF c # EOL THEN Umkehren END;
 9       Write (c)
10     END Umkehren;

11   BEGIN
12     WriteString ('Bitte ein Wort eingeben:'); WriteLn;
13     Umkehren; WriteLn
14   END Umkehren2.
```

Das Hauptprogramm ruft die Prozedur Umkehren auf, in der ein Zeichen des
eingegebenen Wortes gelesen wird (Zeile 7). Wenn dies nicht das EOL-Zeichen
war, das das Ende des Wortes markiert, so wird Umkehren erneut aufgerufen
(Zeile 8), wobei das erste Zeichen auf den Stack gepackt wird, bevor die lokale
Variable c beim zweiten Aufruf erneut angelegt wird. Es erfolgt solange ein
rekursiver Aufruf von Umkehren, bis endlich EOL gelesen wurde. Dann wird der
letzte rekursive Aufruf der Prozedur nach Ausgabe des EOL-Zeichen (Zeilen-
schaltung!) normal beendet (Zeile 9) und danach alle rekursiven Aufrufe an der
gleichen Stelle, wodurch die auf dem Stack liegenden Buchstaben des Wortes
in Umkehrung der Einlesefolge ausgegeben werden.

Mit Zeigern kann man nicht nur lineare Listen aufbauen, sondern auch Strukturen, die an Ringe, Bäume, Netze usw. erinnern. Zur Konstruktion eines
Ringes beispielsweise reicht es aus, den Zeiger des letzen Elementes einer
linearen Liste wieder auf das erste Element dieser Liste zeigen zu lassen:

```
 1   MODULE Zyklus;
 2     FROM InOut    IMPORT Read, Write, WriteLn, EOL,
 3                          WriteString;
 4     FROM Storage IMPORT ALLOCATE;
 5     TYPE Rptr  = POINTER TO Ring;
 6          Ring  = RECORD
 7                     z:   CHAR;
 8                    ptr: Rptr
 9                  END;
10     VAR    p,q,s: Rptr;

11   BEGIN
12     WriteString ('Zeichenkette: '); WriteLn;
13     p := NIL;
14     REPEAT              (* eine Zeile lesen   *)
15       q := p;
16       ALLOCATE (p, 5);
17       IF q = NIL THEN
18         s := p          (* erstes Ringelement *)
19       ELSE
20         q↑.ptr := p     (* Vorwärtszeiger einstellen *)
21       END;
22       Read (p↑.z)
23     UNTIL p↑.z = EOL;

24     q↑.ptr := s;       (* Ring schließen zum 1. Element  *)
25     p := s; q := s;    (* Anfang des Textes suchen/merken *)
26     REPEAT             (* Text rotieren ...  *)
27       IF p = q THEN
28         WriteLn;
29         p := p↑.ptr;
30         q := p
31       END;
32       Write (p↑.z);
33       p := p↑.ptr
34     UNTIL q = s        (* ... bis er einmal herum ist *)
35   END Zyklus.
```

Das Programm erzeugt nach dem Einlesen eines Wortes etwa die folgende
Ausgabe. Der Leser mache sich an Hand der Kommentare im Programm dessen Funktionsweise klar.

```
Zeichenkette:
honolulu

onoluluh
noluluho
oluluhon
luluhono
uluhonol
luhonolu
uhonolul
```

10.2 Der Modul LinListe, verdeckte Datentypen

Für die Bearbeitung insbesondere sortierter linearer Listen ist es wünschenswert, daß man einen externen Modul mit einer Reihe von Prozeduren zur Verfügung hat, die das Einfügen, Löschen und Durchsuchen usw. ausführen. Da
es einen solchen Modul in unserer Modula-Umgebung nicht gibt, wollen wir ihn
selbst schreiben. Er soll den Namen LinListe erhalten. Die Erstellung eines
Moduls soll gleichzeitig exemplarisch die Programmierung im Team demonstrieren, bei der man sich zuvor über die Schnittstelle zum Anwendungsprogramm (den Definitionsmodul) einigen muß, um dann die Erstellung einzelner
Prozeduren von den einzelnen Personen des Teams durchführen zu lassen.

Zunächst wollen wir in einem Definitionsmodul die gewünschten Prozeduren
und den Datentyp Liste beschreiben:

```
 1  DEFINITION MODULE  LinListe;

 2     TYPE Liste;
 3     VAR  Done: BOOLEAN;

 4     PROCEDURE Leer (): BOOLEAN;
 5     PROCEDURE Einreihen (VAR p: Liste; X: ARRAY OF CHAR);
 6     PROCEDURE Einfuegen (X: ARRAY OF CHAR);
 7     PROCEDURE Loeschen  (VAR p: Liste; X: ARRAY OF CHAR);
 8     PROCEDURE Entfernen (X: ARRAY OF CHAR);
 9     PROCEDURE Suchen    (X: ARRAY OF CHAR);
10     PROCEDURE Anhaengen (X: ARRAY OF CHAR);
11     PROCEDURE Wegnehmen (VAR X: ARRAY OF CHAR);

12  END LinListe.
```

Die Syntax des Begriffs „Definition" eines Definitionsmoduls läßt die Konstruktion verdeckter Typen zu. In Zeile 2 unseres Beispiels dürfen wir also den

Namen eines Datentyps hinschreiben und dessen Erklärung vor dem Benutzer (im Implementationsmodul) verstecken. Der Benutzer des Moduls darf den Typ verwenden, ohne zu wissen, wie er realisiert ist. Dies setzt natürlich voraus, daß alle Hilfsmittel zur Bearbeitung von Daten des so bezeichneten Typs dem Benutzer des Moduls mitgegeben werden.

In unserem Beispiel könnte der Typ Liste z.B. als ARRAY realisiert sein. Wir werden ihn aber als lineare Liste implementieren, weil diese als dynamische Datenstruktur eine nahezu unbeschränkte Länge haben kann. Die lineare Liste soll zweierlei Funktionen erfüllen können: zum einen soll sie als **Schlange** und zum anderen als **sortierte lineare Liste** angesprochen werden können.

Mit einer Schlange ist der Begriff FIFO („First In, First Out") verbunden: das erste Element, das in die Schlange hineingegeben wird, ist auch das erste, das aus ihr herauskommt. Ein Fahrzeug im Verkehrsstau ist ein gutes Bild für diesen Sachverhalt. Eine Datenstruktur, die dem Prinzip LIFO („Last In, First Out" oder „die Letzten werden die Ersten sein") entspricht, haben wir bereits mit dem Begriff des Stapels kennengelernt. Sowohl die Schlange als auch der Stapel werden gern in Form einer zeigerverketteten Liste realisiert.

Die sortierte lineare Liste wird so aufgebaut, daß ein neu hinzu kommendes Element so in die Liste eingefügt wird, daß es nach allen kleineren und vor allen größeren seinen Platz erhält. Dies geschieht jedoch nicht durch physisches Umspeichern, derart, daß alle nachfolgenden Elemente nach hinten verschoben werden, um dem einzufügenden Platz zu machen (wie bei der im Programm Sortieren2 auf Seite 87 benutzten ARRAY-Struktur). Die Sortierung durch Einfügen in eine lineare Liste stellt vielmehr über die Zeigervariablen eine logische Sortierung dar, während die physische Reihenfolge der Knoten einer linearen Liste im Speicher dieselbe ist wie die Reihenfolge beim Einlesen der entsprechenden Elemente (siehe die folgende Prozedur Einreihen).

Das Herausnehmen eines Elementes aus dieser Liste kann an beliebiger Stelle geschehen. Für beide Typen stellt sich dagegen die Frage, ob sie leer sind oder nicht, d.h. ob sie überhaupt schon Elemente enthalten. Ferner möchte man in beiden Fällen wissen, ob ein bestimmtes Element in der Liste enthalten ist. Dementsprechend müssen wir für jede der Listenarten unterschiedliche Prozeduren für das Eingeben (Einfügen bei sortierten Listen bzw. Anhängen bei Schlangen) und das Herausnehmen (Loeschen bei sortierten Listen bzw. Wegnehmen bei Schlangen) vorsehen.

Es folgt der Implementationsmodul:

```
 1   IMPLEMENTATION MODULE LinListe;
 2     FROM SYSTEM  IMPORT TSIZE;
 3     FROM Storage IMPORT ALLOCATE, DEALLOCATE;
 4     FROM Strings IMPORT String, Assign, CompareStr;

 5     TYPE Liste  = POINTER TO Knoten;
 6          Knoten = RECORD
 7                         Eintrag: String;
 8                         folgt:   Liste
 9                       END;
10     VAR  Kopf, Ende: Liste;

11     PROCEDURE Einreihen (VAR p: Liste; X: ARRAY OF CHAR);
12       VAR  q: Liste;
13     BEGIN
14       IF (p # NIL) & (CompareStr(p↑.Eintrag,X) = -1) THEN
15         Einreihen (p↑.folgt, X)
16       ELSE
17         q := p;
18         ALLOCATE (p, TSIZE (Knoten));
19         WITH p↑ DO
20           Assign (X, Eintrag);
21           folgt   := q
22         END
23       END
24     END Einreihen;

25     PROCEDURE Einfuegen (X: ARRAY OF CHAR);
26     BEGIN
27       Einreihen (Kopf, X)
28     END Einfuegen;

29     PROCEDURE Loeschen (VAR vor: Liste; X: ARRAY OF CHAR);
30       VAR q: Liste;
31     BEGIN
32       Done := vor # NIL;
33       IF Done THEN
34         IF CompareStr (vor↑.Eintrag, X) # 0 THEN
35           Loeschen (vor↑.folgt, X)
36         ELSE
37           q   := vor;
38           vor := vor↑.folgt;
39           DEALLOCATE (q, TSIZE(Knoten))
40         END
41       END
42     END Loeschen;
```

```
43     PROCEDURE Entfernen (X: ARRAY OF CHAR);
44     BEGIN
45       Loeschen (Kopf, X)
46     END Entfernen;

47     PROCEDURE Suchen (X: ARRAY OF CHAR);
48       VAR p: Liste;
49     BEGIN
50       p := Kopf;
51       WHILE (p#NIL) & (CompareStr(X,p↑.Eintrag)#0) DO
52         p := p↑.folgt
53       END;
54       Done := p # NIL
55     END Suchen;

56     PROCEDURE Anhaengen (X: ARRAY OF CHAR);
57       VAR p:  Liste;
58     BEGIN
59       ALLOCATE (p, TSIZE(Knoten));
60       WITH p↑ DO
61         Assign (X, Eintrag);
62         folgt   := NIL
63       END;
64       IF Kopf = NIL THEN Kopf := p
65                     ELSE Ende↑.folgt := p END;
66       Ende := p
67     END Anhaengen;

68     PROCEDURE Wegnehmen (VAR X: ARRAY OF CHAR);
69       VAR p:  Liste;
70     BEGIN
71       Done := Kopf # NIL;
72       IF Done THEN
73         p := Kopf;
74         Assign (p↑.Eintrag, X);
75         Kopf := p↑.folgt;
76         IF Kopf = NIL THEN Ende := NIL END;
77         DEALLOCATE (p, TSIZE(Knoten))
78       END
79     END Wegnehmen;
```

```
80      PROCEDURE Leer (): BOOLEAN;
81      BEGIN
82        RETURN Kopf = NIL
83      END Leer;

84   BEGIN
85      Kopf := NIL;
86      Ende := NIL
87   END LinListe.
```

Im angegebenen Implementationsmodul legen wir uns auf den Record-Typ der
Knoten unserer linearen Liste fest: er soll eine Zeichenkette speichern können
(Eintrag) und muß darüber hinaus einen Zeiger auf den nächsten Knoten
enthalten (folgt). Ferner benötigen wir zwei Zeiger, die auf den Kopf und das
Ende unserer linearen Liste zeigen (Zeile 10). Beide Zeiger werden im Rumpf
des Moduls mit dem Wert NIL belegt, um anzudeuten, daß die Liste noch keinen
Eintrag enthält. Da diese Initialisierung vor der ersten Benutzung eines Teils des
Moduls durchgeführt wird, gehen wir anfangs also wie gewünscht von einer
leeren Liste aus.

Der Fall, daß die Liste leer ist, wird auch dadurch erreicht, daß der Zeiger Kopf
auch im Ablauf eines Programms den Wert NIL erhält, so daß in jedem Fall die
boolesche Funktion Leer (Zeilen 80 bis 83) den richtigen Wert ermittelt, nämlich
TRUE, wenn die Liste leer ist, und sonst FALSE.

Ab Zeile 11 ist die Prozedur Einreihen implementiert, deren Aufgabe es ist,
eine Zeichenkette an alphabetisch richtiger Stelle in die lineare Liste einzufügen. Der Zeiger p deutet auf den Listenkopf, der ja anfangs den Wert NIL
besitzt, so daß in diesem Fall der boolesche Ausdruck in Zeile 14 den Wert
FALSE erhält, weil der erste Vergleich (p # NIL) schon den Wert FALSE liefert.
Modula wertet (glücklicherweise!) den Rest des Ausdrucks nicht mehr aus,
sonst würde eine ungültige Zeiger-Referenz (p↑.Eintrag) resultieren. Im eben
besprochenen Fall wird der Zeigerwert NIL über Zeile 17 und 21 an den
Vorwärtszeiger folgt des ersten Elements weitergereicht, während Kopf über
den VAR-Parameter p der Wert des Zeigers auf das erste Listenelement zugewiesen wird.

Existiert mindestens ein Element in unserer linearen Liste, so kommt auch der
zweite Teil des Vergleichs in Zeile 14 zum Tragen. Ist dabei die Kette X alphabetisch nach p↑.Eintrag, so suchen wir in der Liste weiter. Dies geschieht
durch einen rekursiven Aufruf dadurch, daß wir das Einfügen der Kette X am
nächsten Knoten der Kette versuchen (p↑.folgt).

Wir müssen noch zwei Fälle erklären. Erstens, wie wird ein neuer Knoten vor
einem vorhandenen eingefügt, und zweitens, was passiert am Ende der Liste?

Im ersten Fall wird der Zeiger zum Folgeknoten in q gemerkt, der neue Knoten erzeugt, dessen Zeiger p über den VAR-Parameter auf den Folgezeiger des Vorgängers zugewiesen wird. Der Folgezeiger des neuen Knotens zeigt dagegen auf den Knoten mit der alphabetisch größeren Kette q (Zeile 21). Ist dagegen der letzte Knoten erreicht, die einzuordnende Kette also alphabetisch nach der dort gespeicherten Kette abzulegen, so hat p den Wert NIL, der in Zeile 17 zunächst wieder gemerkt wird. Nach dem Anlegen des neuen Speicherplatzes erhält der Folgezeiger den Wert NIL (Zeile 21) und der Folgezeiger des Vorgängers zeigt auf p, weil dieser Wert wieder über den Parametermechanismus zugewiesen wird.

Mit der Prozedur Einfuegen stellen wir die Möglichkeit bereit, ohne Kenntnis der Struktur von Liste Einfügungen in die Liste vorzunehmen, indem wir auf den Zeiger-Parameter verzichten (hier sei auf das folgende Programm verwiesen).

Die Prozedur Loeschen gestattet es, ab dem als erstem Parameter angegebenen Zeiger (vor) in der Zeigerkette einen Knoten der Liste zu entfernen, wenn der Knoteneintrag mit dem als zweiten Parameter übergebenen String übereinstimmt, anderenfalls erfolgt ein rekursiver Aufruf der Prozedur Loeschen in Zeile 35 solange, bis Übereinstimmung vorliegt. In Zeile 37 wird zunächst der Zeiger vor gemerkt, um in Zeile 39 den Speicherplatz für diesen Knoten freigeben zu können, während in Zeile 39 die Neueinstellung des Vorwärtszeigers von der letzten Zeigerreferenz erfolgt.

Die Prozedur Entfernen erlaubt es wiederum (entsprechend wie bei Einfuegen), das Entfernen eines Eintrags ohne Kenntnis der Zeigerstruktur vornehmen zu können.

Die Prozedur Suchen durchläuft die Zeigerkette solange, bis entweder der Eintrag mit der übergebenen Zeichenkette X übereinstimmt oder das Ende der Kette erreicht wurde (p = NIL). Im letzten Fall zeigt die boolesche Variable Done den Mißerfolg des Suchvorgangs an (Zeile 54), was nach dem Aufruf von Suchen abgefragt werden kann, da Done exportiert wird (vgl. den Definitionsmodul).

Die Prozeduren Anhaengen und Wegnehmen behandeln eine Schlange: neue Elemente werden immer am Ende eingefügt, während das Herausnehmen von Elementen der Schlange am Kopf erfolgt. Im ersten Fall erfolgt ein dynamisches Anlegen eines neuen Speicherplatzes (ALLOCATE) im letzten Fall die Freigabe vorhandenen Speicherplatzes (DEALLOCATE). Beim Anhängen muß darauf geachtet werden, ob in der Schlange überhaupt schon ein Element enthalten war. In diesem Fall (Zeile 64) muß der Zeiger Kopf die neue Speicheradresse p als Wert erhalten. Anderenfalls muß der Vorwärtszeiger folgt des bisherigen Endknotens auf das neue Element eingestellt werden. In beiden

Fällen ist dem Zeiger Ende die Adresse des neuen Endknoten zuzuweisen
(Zeile 66).

Das Wegnehmen eines Elementes der Schlange erfolgt vom Kopf her, was nur
möglich ist, wenn Kopf # NIL ist (Setzen der Variablen Done in Zeile 71). Vor
der Freigabe des Speicherplatzes in Zeile 77 muß der VAR-Parameter für die
auszugebende Zeichenkette besetzt (Zeile 74) und die Neueinstellung des
Zeigers Kopf (und ggf. des Zeigers Ende) vorgenommen werden (Zeile 75 und
76).

Im folgenden Beispiel sollen nicht alle hier angebotenen Funktionen des Moduls
LinListe demonstriert werden. Es soll aber gezeigt werden, daß nach der
sortierenden Eingabe von Wörtern in eine lineare Liste diese als Schlange
betrachtet wird, um die Elemente „FIFO" auszugeben und gleichzeitig zu
löschen.

```
 1   MODULE SortList;
 2            (* Sortieren durch Einfügen in lineare Liste *)
 3     IMPORT InOut, LinListe, Strings;
 4     FROM    InOut     IMPORT OpenInput, WriteString,
 5                              WriteLn, Write, ReadString;
 6     FROM    LinListe IMPORT Einfuegen, Suchen, Entfernen,
 7                              Wegnehmen;
 8     TYPE    Kette     = ARRAY [1..8] OF CHAR;
 9     VAR     Wort: Kette;
10             n:      CARDINAL;

11     PROCEDURE WriteWord (S: Kette);
12       VAR i:   CARDINAL;
13     BEGIN              (* formatierte Ausgabe von Wörtern *)
14       WriteString (S);
15       FOR i := Strings.Length (S) TO HIGH (S) DO
16         Write(' ')
17       END
18     END WriteWord;

19   BEGIN
20     n := 0;
21     OpenInput ('Namen Eingabe');
22     WriteString ('unsortierte Liste:'); WriteLn;
23     ReadString (Wort);
```

```
24     WHILE InOut.Done DO          (* nächstes Wort einfügen *)
25       Einfuegen (Wort);
26       WriteWord (Wort); n := n+1;
27       IF n MOD 7 = 0 THEN WriteLn END;
28       ReadString (Wort)
29     END;

30     n := 0;                 (* Ausgabe der sortierten Liste *)
31     WriteLn;
32     Wegnehmen (Wort);
33     WHILE LinListe.Done DO     (* nächstes Wort ausgeben *)
34       WriteWord (Wort); n := n+1;
35       IF n MOD 7 = 0 THEN WriteLn END;
36       Wegnehmen (Wort)
37     END;
38     WriteLn
39   END SortList.
```

Wegen der in beiden Moduln InOut und LinListe vorkommenden Variablen Done exportieren wir beide Moduln als Ganzes. Obwohl aus dem Modul Strings nur die Funktion Length (Zeile 11) benötigt wird, verfahren wir mit diesem Modul analog (Zeile 3), um eine weitere FROM-IMPORT-Anweisung einzusparen, wobei wir die notwendige Qualifizierung von Length in Kauf nehmen. Um nicht alle importierten Variablen, Prozeduren etc. qualifizieren zu müssen, nehmen wir in gewohnter Weise einen separaten IMPORT für die benötigten Elemente der angesprochenen Moduln vor (außer den Variablen Done, was einen Namenskonflikt verursacht hätte). Beide Arten des Imports stören sich nicht, ebenso wenig wie es die gleichzeitige Verwendung eines mit WITH qualifierten und eines explizit qualifizierten Elements eines Records tun.

Von der externen Datei „Namen Eingabe" lesen wir eine Reihe unsortierter Namen und geben sie gleichzeitig zur Kontrolle aus. Die ausschließliche Verwendung von WriteString würde jedes Wort nur in ein Feld der aktuellen Länge des jeweiligen Wortes ausgeben. Da wir eine formatierte Ausgabe der Wörter in Felder fester Länge durchführen wollen, muß eine entsprechende Prozedur (WriteWord) bereitgestellt werden (Zeile 11 bis 18). Als Feldlänge wird die deklarierte maximale Länge des Typs Kette verwendet. Diese Größe kann mit der Funktion HIGH abgefragt werden. Im Gegensatz zu HIGH liefert Length die aktuelle Länge einer Zeichenkette und somit die Differenz beider die Anzahl der noch anzuhängenden Leerstellen (vgl. Zeile 15).

Nach der Einleseschleife (Zeilen 23 bis 29), in der für jedes Wort die Prozedur Einfuegen aufgerufen wurde, liegen die Wörter in der linearen Liste sortiert vor. Bei der Ausgabe mittels der Prozedur Wegnehmen wird die Liste vom Kopf her abgebaut und der dynamische Speicher wieder freigegeben.

Es sei darauf hingewiesen, daß unser Beispielprogramm keinen Hinweis auf die dynamische Speicherung der eingelesenen Wörter gibt, da der Zeigervariablen-Typ Liste nicht importiert wird. Der Benutzer des Moduls LinListe muß also keine Kenntnis von der zugrundeliegenden Datenstruktur haben, um den Modul sinnvoll verwenden zu können.

10.3 Binäre Bäume

Die Datenstruktur „Lineare Liste" wird bei großen Datenmengen zu einer schwerfälligen Bearbeitung führen, da diese immer von vorn bis hinten durchsucht werden müssen. Baumartige Strukturen werden sich demgegenüber als effizienter erweisen. Das folgende Bild soll eine solche Datenstruktur veranschaulichen:

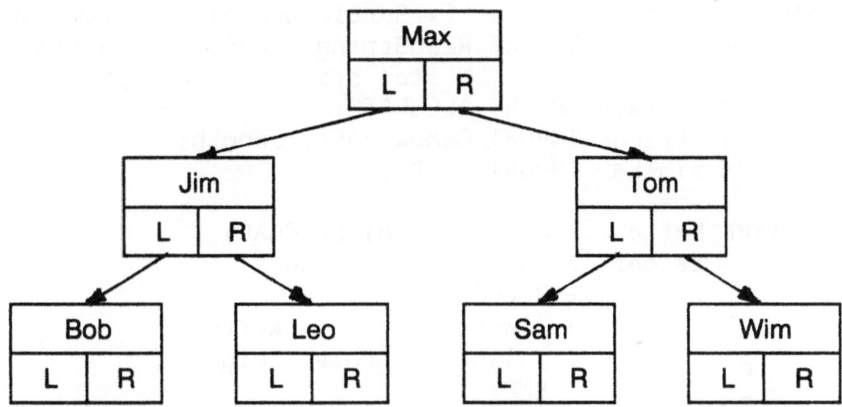

Der Knoten mit dem Element „Max" an der Spitze der Struktur wird die **Wurzel** des Baumes genannt. Der Knoten enthält neben dem zu speichernden Eintrag zwei Zeiger L („links") und R („rechts"), die auf weitere Knoten mit den Einträgen „Jim" und „Tom" zeigen, und zwar so, daß der alphabetisch vor „Max" stehende Eintrag „Jim" links und der alphabetisch auf „Max" folgende Eintrag „Tom" rechts steht. Mit weiteren Einträgen verfahren wir analog wie eben beschrieben. Die L- und R-Zeiger der untersten Reihe seien alle mit dem Wert NIL belegt.

Eine Baumstruktur der gezeigten Art nennen wir einen **binären Baum**, weil in jedem Knoten jeweils zwei Teilbäume beginnen. In unserem Beispiel zerfällt der gesamte Baum mit dem Wurzelelement „Max" dort in zwei Teilbäume mit den Wurzelelementen „Jim" bzw. „Tom". Die so als rekursiv erkannte Datenstruktur wird in der Bearbeitung zwangslos zu rekursiven Algorithmen führen,

da diese der Datenstruktur am besten angepaßt sind. Der Vorteil dieser
gegenüber der linearen Liste komplexeren Datenstruktur liegt z.B. in der
Effizienz beim Durchsuchen einer solchen Struktur: während bei einer linearen
Liste mit den obigen sieben Elementen das Auffinden des Eintrags „Wim" sie-
ben Abfragen erfordert, kommt man bei der gezeigten Baumstruktur mit drei
Abfragen aus, da ein Vergleich mit dem Wurzelelement „Max" zum rechten
Teilbaum führt, der weitere Vergleich mit „Tom" wieder nach rechts führt und
eine abschließende Abfrage bereits das gesuchte Wort ergibt.

Bei kleinen Bäumen ist dies noch kein gravierendes Argument für die Effizienz
eines entsprechenden Algorithmus, ein optimal balancierter Baum[14] mit 1000
Einträgen würde aber nur maximal 10 Abfragen ($\cong \log_2 1000$) beim Aufsuchen
eines beliebigen Elementes erfordern.

```
 1   MODULE SortBaum;          (* Sortierung mit binärem Baum *)
 2     FROM InOut    IMPORT ReadString, Done, WriteString,
 3                          Write, WriteLn, OpenInput;
 4     FROM Storage IMPORT ALLOCATE;
 5     FROM Strings IMPORT CompareStr, Length;
 6     FROM SYSTEM  IMPORT TSIZE;

 7     TYPE Kette   = ARRAY [1..8] OF CHAR;
 8          Zeiger  = POINTER TO Knoten;
 9          Knoten  = RECORD
10                       Wort:          Kette;
11                       links, rechts: Zeiger
12                    END;

13     VAR  Wurzel:   Zeiger;
14          Wort:     Kette;

15     PROCEDURE WriteWord (S: Kette);
16       VAR i: CARDINAL;
17     BEGIN
18       WriteString (S);
19       FOR i := Length(S) TO HIGH(S) DO Write(' ') END
20     END WriteWord;
```

---

[14] Dies ist ein Baum, bei dem alle Teilbäume auf allen Stufen die gleiche Höhe haben (wie in
unserem Beispiel).

```
21      PROCEDURE Einfuegen (w: Kette; VAR p: Zeiger);
22      BEGIN
23        IF p = NIL THEN                (* neuen Knoten erzeugen *)
24          ALLOCATE (p, TSIZE(Knoten));
25          WITH p↑ DO
26            Wort   := w;
27            links  := NIL;
28            rechts := NIL
29          END
30        ELSE
31          WITH p↑ DO               (* Durchsuchen des Baums *)
32            IF CompareStr (w, Wort) = 1
33              THEN Einfuegen (w, rechts)
34              ELSE Einfuegen (w, links ) END
35          END
36        END
37      END Einfuegen;

38      PROCEDURE Drucken (p: Zeiger);
39      BEGIN
40        IF p # NIL THEN
41          WITH p↑ DO
42            Drucken (links);
43            WriteWord (Wort);
44            Drucken (rechts)
45          END
46        END
47      END Drucken;

48    BEGIN   (* Hauptprogramm *)
49      Wurzel := NIL;
50      OpenInput ('Namen Eingabe');
51      WriteString ('unsortierte Eingabedaten:'); WriteLn;
52      ReadString  (Wort);
53      WHILE Done DO    (* lies und füge nächstes Wort ein *)
54        Einfuegen  (Wort, Wurzel);
55        WriteWord  (Wort);
56        ReadString (Wort)
57      END;
58      WriteLn;
59      WriteString ('  sortierte Ausgabedaten:'); WriteLn;
60      Drucken (Wurzel);
61      WriteLn
62    END SortBaum.
```

Die Datenstruktur der Knoten unseres binären Baumes wird in den Typ-Deklarationen der Zeilen 7 bis 12 beschrieben. Die Zeiger-Variablen nennen wir – sprechender als in der obigen Skizze – links bzw. rechts. Im Hauptprogramm müssen wir uns den Zeiger Wurzel merken, da die Bearbeitung des Baumes immer von der Wurzel her geschieht (Zeile 13). Als Typ für Zeichenketten benutzen wir den Typ Kette, der nur Zeichenketten bis zur Länge 8 zuläßt (wenn wir intern eine große Zahl von Zeichenketten speichern, benötigt der Typ String zu viel Platz!). Die Prozedur WriteWord (Zeile 15 bis 20) ist dieselbe wie im letzten Programm.

Die Prozedur Einfuegen fügt ein Wort in den binären Baum ein: Zunächst hat die Variable Wurzel den Wert NIL (Zeile 49), weil der Baum noch kein Element enthält. Daher werden also – da Einfuegen im Hauptprogramm mit der Variablen Wurzel als Parameter aufgerufen wird (Zeile 58) – die Anweisungen der Zeilen 24 bis 29 durchlaufen, der Wurzelknoten angelegt und der Zeiger p über den VAR-Parameter auf die Variable Wurzel zugewiesen. Bei jedem neu angelegten Knoten werden die Zeiger links und rechts zunächst mit dem Wert NIL besetzt. Sie kennzeichnen somit die freien Stellen des Baumes, an denen Einfügungen möglich sind.

Werden weitere Elemente in den Baum eingefügt, so wird beim Aufruf von Einfuegen aus dem Hauptprogramm an der Wurzel, die nun nicht mehr den Wert NIL besitzt, der ELSE-Teil der IF-Anweisung des Unterprogramms ausgeführt. Hierbei wird im gerade betrachteten Knoten gefragt, ob das einzufügende Wort w größer als der Eintrag Wort im Knoten ist. Wenn ja, wird Einfuegen rekursiv aufgerufen mit dem Zeiger rechts als zweitem Parameter, wenn nein, geschieht entsprechendes mit dem Zeiger links. Der rekursive Aufruf bewirkt also ein Durchsuchen des Baumes, bis eine freie Stelle im Baum für das Einfügen neuer Knoten gefunden, also der THEN-Teil der IF-Anweisung durchlaufen wurde. Der neue Wert von p ersetzt bei der Rückkehr aus dem nichtrekursiven Teil der Prozedur den zuletzt angegebenen Wert NIL des entsprechenden Zeigers durch die neu bestimmte Speicheradresse.

Die Beschreibung der Ausgabe-Prozedur Drucken für die Elemente des Baumes kann sehr kurz gefaßt werden: Wir beginnen wieder bei der Wurzel (Zeile 60). Da diese nicht den Wert NIL enthält (Zeile 40), geben wir zunächst den linken Teilbaum aus (rekursiver Aufruf in Zeile 42), dann das Wort am Knoten (Zeile 43) und schließlich den rechten Teilbaum (rekursiver Aufruf in Zeile 44).

Sowohl die Eingabe-Prozedur Einfuegen als auch die Ausgabe-Prozedur Drucken für binäre Bäume zählt zur Klasse der rekursiv formulierten binären Algorithmen, die sowohl elegant als auch schnell sind (es sei an die Algorithmen TuermeVonHanoi und QuickSort erinnert!).

10.4 Der Modul BinBaum

Im Programm-Modul SortBaum sind alle Prozeduren enthalten, die dieser für
den Aufbau und das geordnete Ausdrucken eines binären Baumes benötigt.
Um einen externen Modul zu erzeugen, der die wichtigsten Typen, Variablen
und Prozeduren zur Behandlung von Problemen mit binären Bäumen enthält,
benötigen wir noch eine einfache Such-Routine und eine Prozedur zum Entfernen von Knoten aus einem Baum. Zunächst sei wieder ein Definitionsmodul
angegeben, der die benötigten Prozedurköpfe gewissermaßen als Aufgabenstellung enthält:

```
 1  DEFINITION MODULE BinBaum;

 2      TYPE Zeiger;
 3           Kette   = ARRAY [1..8] OF CHAR;
 4      VAR  Wurzel:   Zeiger;
 5           gefunden: BOOLEAN;

 6      PROCEDURE Einfuegen (w: Kette; VAR p: Zeiger);
 7      PROCEDURE Suchen (w: Kette; p: Zeiger);
 8      PROCEDURE Fortnehmen (w: Kette; VAR p: Zeiger);
 9      PROCEDURE Drucken (p: Zeiger);

10  END BinBaum.
```

Wir benutzen Zeiger als verdeckten Datentyp, begeben uns dann aber der
Möglichkeit, eine im Anwendungsprogramm mit dem Typ Zeiger deklarierte
Variable p explizit als solche zu benutzen, d.h. daß uns der Vergleich p = NIL
oder eine Dereferenzierung der Art p↑ versagt ist, weil der Compiler wegen der
Verdeckung des Typs Zeiger die Eigenschaft „POINTER TO" nicht erkennen
kann. Dagegen können wir im Anwendungsprogramm den Vergleich p =
Wurzel oder die Zuweisung p := Wurzel durchführen oder p als Parameter
an die genannten Prozeduren übergeben.

Die Prozeduren Einfuegen und Drucken haben wir schon im letzten Programm angegeben und brauchen sie im folgenden Implementationsmodul (nach
Zeile 10) nur noch zu wiederholen. Dagegen ist die Prozedur Suchen im
Zusammenhang mit der in ihr verwendeten und exportierten booleschen Variablen gefunden und die Prozedur Fortnehmen zum Entfernen von Knoten aus
einem Baum näher zu beschreiben:

```
 1   IMPLEMENTATION MODULE BinBaum;
 2     FROM InOut    IMPORT WriteString, Write, WriteLn;
 3     FROM Storage IMPORT ALLOCATE, DEALLOCATE;
 4     FROM Strings IMPORT CompareStr;
 5     FROM SYSTEM   IMPORT TSIZE;

 6     TYPE Zeiger  = POINTER TO Knoten;
 7          Knoten  = RECORD
 8                        Wort:          Kette;
 9                        links,rechts: Zeiger
10                    END;

       ...

11     PROCEDURE Fortnehmen (w: Kette; VAR p: Zeiger);
12       VAR q, r: Zeiger;
13     BEGIN
14       IF p # NIL THEN
15         CASE CompareStr (w, p↑.Wort) OF
16          -1: Fortnehmen (w, p↑.links)
17         | 1: Fortnehmen (w, p↑.rechts)
18         ELSE
19           q := p;
20           IF q↑.rechts = NIL THEN
21             p := q↑.links
22           ELSIF q↑.links = NIL THEN
23             p := q↑.rechts
24           ELSE
25             p := p↑.rechts;
26             IF p↑.links # NIL THEN
27               REPEAT
28                 r := p;
29                 p := p↑.links
30               UNTIL  p↑.links = NIL;
31               r↑.links   := p↑.rechts;
32               p↑.rechts := q↑.rechts
33             END;
34             p↑.links := q↑.links
35           END;
36           DEALLOCATE  (q, TSIZE (Knoten));
37         END
38       END
39     END Fortnehmen;
```

```
40      PROCEDURE Suchen (w: Kette; p: Zeiger);
41      BEGIN
42       IF p # NIL THEN
43         CASE CompareStr (w, p↑.Wort) OF
44          -1: Suchen (w, p↑.links )
45         | 1: Suchen (w, p↑.rechts)
46         | 0: gefunden := TRUE
47         END
48       ELSE
49         gefunden := FALSE
50       END
51      END Suchen;

52  BEGIN
53     Wurzel := NIL
54  END BinBaum.
```

Die Prozedur Suchen als rekursiv programmierte Form des Durchwanderns
eines binären Baums ist uns ähnlich schon mehrfach begegnet, am deutlichsten
wohl in der Prozedur Einfügen, wo ja die Stelle des Einfügens ebenfalls nach
demselben Mechanismus aufgesucht werden mußte: an dieser Stelle setzen
wir nur die Variable gefunden auf TRUE (Zeile 46) bzw. FALSE (Zeile 49), je
nachdem ob der Suchvorgang erfolgreich war oder nicht.

Auch bei der Prozedur Fortnehmen, mit deren Hilfe wir einen nicht mehr
benötigten Knoten aus einem binären Baum entfernen wollen, finden wir das
zu löschende Element nach dem gleichen rekursiven Verfahren (Zeile 16 und
17). Das Herausnehmen eines Knotens aus einem Baum ist jedoch etwas
komplizierter als das entsprechende Verfahren bei einer linearen Liste, jedoch
können wir letzteres als Spezialfall bei unserem aktuellen Problem übernehmen.
In jedem Fall wird empfohlen, sich die folgenden Erläuterungen an einer Skizze
zu verdeutlichen.

Ist ein Knoten am Ende eines Zweiges unseres Baumes zu entfernen (beide
Zeiger haben dann den Wert NIL!), so braucht nur der Zeiger vom Vorgänger-
knoten, über den wir an diese Stelle gekommen sind, auf den Wert NIL gesetzt
zu werden. Entsprechend einfach kann verfahren werden, wenn einer der beiden Zeiger rechts bzw. links den Wert NIL hat – dann liegt zumindest lokal
eine lineare Liste vor. War der links-Zeiger NIL, so wird der rechts-Zeiger
auf den Vorgängerzeiger zugewiesen, hat dagegen der rechts-Zeiger den
Wert NIL, so ist entsprechend mit dem links-Zeiger zu verfahren (Zeilen 20
bis 23). Die Übergabe des geänderten Wertes für den Vorgängerzeiger
geschieht wieder – wie gewohnt – über den VAR-Parameter-Mechanismus.
Beide eben beschriebenen Fälle werden in den angegebenen Zeilen behandelt,

denn es ist gleichgültig, ob ein Zeiger zu einem existierenden Knoten oder der Zeigerwert NIL zugewiesen wird.

Es bleibt also noch der Fall zu betrachten, daß in dem zu entfernenden Knoten zwei Teilbäume ansetzen. Da nach dem Entfernen dieses Knotens wieder ein binärer Baum übrigbleiben muß, ist ein verbleibender Knoten so umzusetzen, daß er die Stelle des alten Knotens einnimmt und der Baum dennoch sortiert bleibt. Zu diesem Zweck betrachten wir den rechten Teilbaum (Zeile 25) und suchen dort nach dem am weitesten links stehenden Knoten (solange, bis ein links-Zeiger den Wert NIL hat). Dieser ist der in der Sortierfolge des Baumes auf den zu löschenden Knoten folgende Knoten, der nun dessen Stelle einnehmen soll (auf ihn zeigt der Zeiger p, während r bei dieser Suche auf dessen Vorgänger zeigt, Zeilen 28 und 29). War in dem ersten rechten Knoten kein linker Teilbaum vorhanden, so ist nur ein Zeiger zum linken Teilbaum des zu löschenden Knotens umzusetzen (Zeile 34), anderenfalls ist der Vorwärtsverweis vom Knoten mit dem Zeiger r neu einzustellen (Zeile 31), da dort ja der Knoten entfernt wurde. Ferner sind an diesen Knoten die beiden Teilbäume des alten zu löschenden Knotens zu hängen (Zeilen 32 und 34).

Die Einstellung des Zeigers zum neuen Knoten (der früher auf den alten, zu löschenden Knoten zeigte) erfolgt wieder über den VAR-Parameter der Prozedur. Da wir uns den Zeiger zum alten Knoten in der Variablen q gemerkt haben, kann dieser nun – nachdem alle Bezüge vom alten auf den neuen Knoten umgesetzt sind – gelöscht werden (Zeile 36). Im Initialisierungsblock des Moduls wird schließlich noch der Wurzelzeiger auf den Wert NIL gesetzt, weil der Baum vor Benutzung der Prozeduren des Moduls leer sein sollte.

10.5 Übungen

Aufgabe 39:

Mit Hilfe eines Programms sind arithmetische Ausdrücke mit einbuchstabigen Operanden und den Operatoren +, –, *, / sowie Klammern (beliebige Klammerschachtelungen sollen möglich sein) in die klammerfreie „Umgekehrte Polnische Notation" (UPN) umzuwandeln. In der UPN-Schreibweise werden Ausdrücke von rechts nach links abgearbeitet, wobei der Operator ganz rechts hinter zwei Operanden (den obersten Elementen eines Operandenstapels) steht. Als Beispiele seien genannt:

```
a+b                    ->     ab+
a+b*c                  ->     abc*+
(a+b)*c                ->     ab+c*
((a-b)*c+d)/(e+f)      ->     ab-c*d+ef+/
```

Das Programm muß sowohl einen Operanden- als einen Operator-Stack ver-
walten und bei dessen Aufbau die Klammer- und arithmetischen Prioritätsregeln
berücksichtigen. Eingabe in das Programm soll in Form von Zeichenketten der
oben links gezeigten Art erfolgen, und die Ausgabe soll dem angegebenen
Beispiel entsprechen.

Aufgabe 40:

Ein beliebiger Text ist von einer externen Datei einzulesen und alle großge-
schriebenen Wörter in einen binären Baum einzusortieren. Der Text ist dabei
zeilenweise durchnumeriert auszudrucken. Beim Einsortieren ist jedes Wort nur
einmal aufzunehmen und die Zeilennummer seines ersten Vorkommens im
Text. Am Ende sind die Wörter samt ihrem Erstvorkommen alphabetisch auszudrucken.

Aufgabe 41:

Die Aufgabenstellung der letzten Aufgabe ist so abzuwandeln, daß alle Zeilennummern mit dem jeweiligen Wort gespeichert werden. Zu diesem Zweck ist in
jedem Baumknoten eine lineare Liste anzuketten, in der die Seitenzahlen
gemäß dem beschriebenen Algorithmus für das sortierte Einfügen in linearen
Listen einzuordnen sind. Da die Zeilennummern aufsteigend sortiert anfallen,
kann im jeweiligen Baumknoten auch ein Zeiger auf das letzte Element der
anhängenden Nummernliste eingefügt werden, wodurch das Verfahren
beschleunigt werden kann. Am Ende sind die sortierten Wörtern mit allen Zeilennummern auszugeben.

Aufgabe 42:

Das in der letzten Aufgabe beschriebene beschleunigte Verfahren zur Speicherung von Wörtern und deren Zeilennummern in einem beliebigen Text soll
dazu benutzt werden, Modula-Programme zu analysieren und die Vorkommen
der selbstgewählten Namen aufzulisten. Das Programm soll so arbeiten, daß
es Schlüsselwörter, vordefinierte Bezeichner und Konstanten sowie Bestandteile
von Kommentaren und Zeichenkettenkonstanten nicht in den Baum einfügt.

Aufgabe 43:

Zerlegen Sie das in einer der vorstehenden Aufgaben dargestellte Problem in
der Weise, daß die benötigten Prozeduren in einem externen Modul bereitgestellt werden, der in ein passendes Hauptprogramm zu integrieren ist.

11 MASCHINENNAHE PROGRAMMIERUNG

Die Verwendung höherer Programmiersprachen – wie Modula – entbindet den Programmierer der Notwendigkeit, sich mit den Details der ihm zur Verfügung stehenden Hardware zu beschäftigen, weil die in der Programmiersprache bereitgestellten Methoden des Speicherzugriffs und der Benutzung der Ein-/Ausgabegeräte ihm den oft schwierigen Umgang mit den Details der Hardwareprogrammierung abnehmen. Die Verwendung von Sprachelementen ausschließlich der höheren, d.h. von der Hardware unabhängigen Programmkonstrukte ist ja schließlich die Voraussetzung für die Portierbarkeit von Programmen auf andere Rechnertypen! Warum soll man sich also – wie in der Überschrift angedeutet – mit maschinennahen und sogar maschinenabhängigen Details beschäftigen?

Die Notwendigkeit, maschinennah zu programmieren, tritt bei Aufgaben der Systemprogrammierung auf, also bei der Entwicklung von Programmen zur Änderung und Erweiterung der Betriebssystemfunktionen. Diese sind zwangsläufig an einen bestimmten Rechnertyp gebunden, können aber auch bei verschiedenen Rechnern in ähnlicher Weise benötigt werden. Ich denke z.B. an die Entwicklung eines Moduls von Unterprogrammen zur Unterstützung der Graphik in einem Rechnersystem.

Die Möglichkeit, mit den Mitteln einer Programmiersprache auch Aufgaben der Systemprogrammierung erledigen zu können, muß als ein wichtiges Plus dieser Programmiersprache gewertet werden, denn auch der oben erwähnte Verlust der Portierbarkeit muß sich bei maschinennaher Programmierung nicht zwangsläufig einstellen, da ja die maschinenabhängigen Programmelemente mit der gleichen Schnittstellendefinition in gleichbenannten externen Moduln bei unterschiedlichen Rechnern vorliegen können, ähnlich wie es bei den Moduln InOut, Storage, SYSTEM usw. der Fall ist.

11.1 Die Datentypen WORD und ADDRESS

Die bisher behandelten Konzepte von Modula unterstützten durch das Prinzip
der strengen Typbindung die exakte Einhaltung der Schnittstellendefinition bei
der Verwendung verschiedener Moduln. Dies ist auch für die Entwicklung großer Programmsysteme in einem Programmiererteam von großer Wichtigkeit.
Gelegentlich kann es jedoch sinnvoll sein, daß man eine Schnittstelle nicht
genau beschreibt, sondern etwa nur angibt, daß die verwendeten Parameter bei
einem Prozeduraufruf ein Speicherwort benötigen, wobei die Interpretation des
Speicherwortes durch die Bindung an einen bestimmten Datentyp unterbleibt.

Das folgende Programm nutzt die gezeigte Möglichkeit zur Umgehung der
strengen Typbindung und stellt so eine Vereinfachung eines früher angegebenen Programms (auf Seite 134) dar:

```
 1  MODULE   Intern2;
 2    FROM   SYSTEM    IMPORT TSIZE, WORD;
 3    FROM   InOut     IMPORT Write, WriteString, WriteLn,
 4                             WriteCard, WriteInt, WriteHex;
 5    FROM   RealInOut IMPORT WriteReal;

 6    VAR   c: CARDINAL;
 7          i: INTEGER;
 8          b: BITSET;
 9          t: BOOLEAN;

10    PROCEDURE Print (w: WORD; Text: ARRAY OF CHAR);
11    BEGIN
12      WriteString ('   ');
13      WriteHex (CARDINAL(w), 8)
14      WriteString ('  '); WriteString (Text);
15      WriteLn
16    END Print;

17  BEGIN
18    WriteString ('Interne Darstellung (IBM /370):');
19    WriteLn;
20    WriteString ('------------------------------- ');
21    WriteLn;  WriteLn;

22    WriteString('Cardinals: (');
23    WriteCard(TSIZE(CARDINAL),1);
24    WriteString(' Bytes)'); WriteLn;
25    c := 0;                 WriteCard(c,12);
```

```
26      Print (c, 'kleinste');
27      c := 4294967295;      WriteCard(c,12);
28      Print (c, 'groesste');

29      WriteString('Integers:   (');
30      WriteCard(TSIZE(INTEGER),1);
31      WriteString(' Bytes)'); WriteLn;
32      i := 0;               WriteInt (i,12);
33      Print (i, 'Null');
34      i := -2147483647-1; WriteInt (i,12);
35      Print (i, 'kleinste');
36      i :=  2147483647;    WriteInt (i,12);
37      Print (i, 'groesste');
38      i := -1;             WriteInt (i,12);
39      Print (i, 'minus Eins');

40      WriteString('BitSet:     (');
41      WriteCard(TSIZE(BITSET),1);
42      WriteString(' Bytes)'); WriteLn;
43      b := {0..31};  Print (b, 'alle Bits an');
44      WriteString('Booleans:   (');
45      WriteCard(TSIZE(BOOLEAN),1);
46      WriteString(' Bytes)'); WriteLn;
47      t := TRUE;            Print (t, 'TRUE');
48      t := FALSE;           Print (t, 'FALSE');
49   END Intern2.
```

Der Modul SYSTEM, der auch in diesem Programm verwendet wird, ist der Modul in der jeweiligen Implementierung, in dem die systemspezifischen, maschinenabhängigen Sprachkonstrukte definiert sind. In unserem Fall ist dort die Funktion TSIZE beschrieben, die in anderen Implementierungen zu den eingebauten Funktionen gehört und die, hier wie dort, den Speicherbedarf von Variablen des angegebenen Typs ermittelt (Zeile 2). Ferner wird der Typ WORD importiert, der einen Speicherplatz von der Länge eines Maschinenwortes beschreibt (dies sind im Falle des verwendeten IBM-Rechners der /370-Familie 4 Bytes, bei einem Mikrorechner sind es meist 2 Bytes).

Da die einfachen Datentypen CARDINAL, INTEGER, BITSET und BOOLEAN in jeder Implementierung ein Maschinenwort benötigen, ist WORD im folgenden Sinn mit diesen Typen verträglich: Wird ein formaler Parameter in einer Prozedur mit dem Typ WORD deklariert (Zeile 10), so kann im Aufruf dieser Prozedur das betreffende Argument von jedem der oben genannten Typen einschließlich des Typs WORD sein (vgl. z.B. Zeile 26, 33 oder 48). Dies gestattet uns, die strenge Typbindung von Modula zu umgehen, da die Typen nun nicht mehr in

Deklaration und Aufruf einer Prozedur übereinstimmen müssen, sondern nur in
der eben genannten „schwachen" Bedeutung verträglich zu sein brauchen.

Mit Variablen vom Typ WORD kann man nicht allzu viel anfangen, da
Operatoren und andere Sprachkonstrukte zu ihrer Behandlung fehlen. Man
kann sie jedoch an bereits erwähnte und hier noch zu besprechende Typ-
Transferfunktionen übergeben, um sie im Sinne eines bestimmten Typs zu
interpretieren: In Zeile 13 wird der WORD-Parameter als CARDINAL-Zahl interpretiert, um diese in hexadezimaler Form auszugeben. Auf diese Art können
wir Variablen der oben genannten einfachen Datentypen behandeln. Die einfachen Datentypen REAL (8 Bytes) und CHAR (1 Byte) sind nicht
WORD-kompatibel und lassen sich in diesem Programm nicht verarbeiten (vgl.
aber das Programm WortFeld im folgenden Abschnitt). Wir könnten aber
Variablen eines Aufzählungstyps oder eines Unterbereichstyps eines der
genannten WORD-kompatiblen Typen an den ersten Parameter der Prozedur
Print übergeben.

Interessanter wird es, wenn wir jede Variable der genannten Typen nicht nur
unterschiedlich ausgeben, sondern auch manipulieren könnten. Dies soll im
folgenden Programm gezeigt werden:

```
 1   MODULE Maske;
 2     FROM SYSTEM IMPORT WORD, ADR, ADDRESS;
 3     FROM InOut  IMPORT WriteString, WriteLn, ReadInt,
 4                        Write, WriteCard, WriteHex;
 5     VAR  i: INTEGER;
 6     VAR  j, k: CARDINAL;

 7     PROCEDURE Ausgeben (i: CARDINAL);
 8     BEGIN
 9       WriteCard (i, 6); Write (' ');
10       WriteHex  (i, 4); Write (' ')
11     END Ausgeben;

12     PROCEDURE Halbworte (i: WORD; VAR j, k: CARDINAL);
13       VAR p: POINTER TO CARDINAL;
14           z: CARDINAL;
15     BEGIN
16       z := CARDINAL (i);
17       j := CARDINAL (BITSET (z) - {0..15});
18       p := ADDRESS  (CARDINAL (ADR (z)) - 2);
19       k := CARDINAL (BITSET (p↑) - {0..15})
20     END Halbworte;
```

```
21  BEGIN
22     WriteString ('Ganze Zahlen eingeben (Ende mit 0):');
23     WriteLn;
24     ReadInt (i);
25     WHILE i # 0 DO
26        Halbworte (i, j, k);
27        Ausgeben  (j);
28        Ausgeben  (k); WriteLn;
29        ReadInt   (i)
30     END
31  END Maske.
```

Das Programm zerlegt eine Reihe eingegebener INTEGER-Zahlen in das linke
und rechte Halbwort, interpretiert diese als CARDINAL-Zahlen und gibt sie aus.
An die Prozedur Halbworte wird das INTEGER-Argument i übergeben. Da
diese Prozedur auch Argumente anderer WORD-kompatibler Datentypen verarbeiten soll, wird der entsprechende Parameter mit dem Typ WORD deklariert
(Zeile 12) und als CARDINAL-Zahl interpretiert (Zeile 16). Man erkennt daran,
daß die Typ-Transferfunktion CARDINAL nicht nur auf INTEGER-Größen ange-
wandt werden kann (wie auf Seite 39 gezeigt), sondern ganz allgemein auf alle
Ausdrücke, die zu ihrer Speicherung ein Wort benötigen, insbesondere also auf
Variablen vom Typ WORD. Dies gilt auch für die folgende Zeile, in der die
Typ-Transferfunktion CARDINAL auf einen Ausdruck vom Typ BITSET ange-
wandt wird. Um dies zu verstehen, muß man wissen, daß BITSET hier und in
Zeile 19 eine Typ-Transferfunktion ist, die WORD-kompatible Ausdrücke als
BITSET-Größe interpretiert. Die Mengendifferenz sorgt dafür, daß die linken 16
Bits der Variablen z auf Null gesetzt werden. Diesen Vorgang nennt man
Maskierung. Eine solche Bit-Maske kann beliebig gebildet werden, wenn man
die jeweilige BITSET-Konstante entsprechend konstruiert. Wenn wir das Ergeb-
nis dieser Operation wieder als CARDINAL-Zahl betrachten, haben wir den
Zahlenwert des rechten Halbwortes von z bestimmt.

Das rechte Halbwort könnte man durch die Betrachtung des Restes bei der
ganzzahligen Division durch 2^{16} = 65536 erhalten. Entsprechend könnte das
linke Halbwort bestimmt werden. Auch hier wollen wir einen anderen Weg
beschreiten: Wir verschieben die Speicheradresse von z um 2 Bytes nach links
und greifen von dort ein Wort ab, von dem wir – wie eben – das rechte Halbwort
ermitteln. Die Funktion ADR bestimmt die Speicheradresse der übergebenen
Variablen, die auf jeden POINTER-Typ zugewiesen oder – wie hier geschehen
– mit einer Typ-Transferfunktion z.B. als CARDINAL-Zahl interpretiert werden
kann. Hingegen wird mittels der Typ-Transferfunktion ADDRESS aus einer
WORD-kompatiblen Größe ein Wert vom Typ POINTER bestimmt, der – ähnlich
wie die Konstante NIL – auf Variablen beliebiger POINTER-Typen zugewiesen
werden kann.

Das letzte Programm machte deutlich, daß die **Typ-Transferfunktionen**
CARDINAL und BITSET einen Parameter vom Typ WORD besitzen, da sie mit
allen WORD-kompatiblen Argumenten aufgerufen werden können, um dann
eine Interpretation des Arguments als CARDINAL bzw. BITSET zu liefern. Dies
gilt nicht nur für diese beiden Typ-Transferfunktionen, sondern auch für die
Funktionen INTEGER und ADDRESS. Auch zum Typ BOOLEAN gibt es eine
Typ-Transferfunktion gleichen Namens für alle WORD-kompatiblen Argumente.
Sie erlaubt es also, ein Wort als booleschen Ausdruck zu interpretieren, wobei
nur das aus 32 Bits Null bestehende Wort als FALSE angesehen wird, während
alle anderen Bitkombinationen dem Wert TRUE zugeordnet werden.

11.2   Noch einmal Typ-Transfer

Die oben erwähnten Typ-Transferfunktionen INTEGER, CARDINAL, BITSET,
BOOLEAN und ADDRESS, die auf alle WORD-kompatiblen Typen angewandt
werden können, sind keine eingebauten Funktionen im strengen Sinne, vielmehr können sie als Operatoren aufgefaßt werden, die den darauf folgenden
Ausdruck im Sinne des sie bezeichnenden Typs interpretieren. Dies gilt nicht
nur für die genannten Typen, sondern kann auch auf selbstdefinierte Typen
angewandt werden. Das folgende Beispiel soll dies verdeutlichen:

```
 1    MODULE TypTransfer;
 2      FROM InOut IMPORT WriteInt, WriteCard, WriteString,
 3                        Write, WriteLn;
 4      TYPE Rec1 = RECORD
 5                      a: ARRAY [1..2] OF CHAR;
 6                      b: CHAR;
 7                      c: INTEGER
 8                  END;
 9      TYPE Rec2 = RECORD
10                      a: CHAR;
11                      b: ARRAY [1..2] OF CHAR;
12                      c: CARDINAL
13                  END;
14      VAR  a: Rec1;
15           b: Rec2;
```

```
16  BEGIN
17    a.a[1] := 'a';
18    a.a[2] := 'b';
19    a.b    := 'c';
20    a.c    := -1;
21    b := Rec2 (a);
22    WriteString (a.a);  Write (' '); Write (a.b);
23    WriteInt (a.c, 12); WriteLn;
24    Write (b.a); Write (' '); WriteString (b.b);
25    WriteCard (b.c, 12); WriteLn
26  END TypTransfer.
```

Es werden die beiden RECORD-Typen Rec1 und Rec2 deklariert, die den gleichen Speicherbedarf haben, ferner die Variablen a und b, die vom Typ Rec1 bzw. Rec2 sind (Zeile 4 bis 15). In den Zeilen 17 bis 20 werden den Elementen des Records a Werte zugewiesen. In Zeile 21 wird mit der Typ-Transferfunktion Rec2 das Record a vom Typ Rec1 Bit für Bit als Record des Typs Rec2 interpretiert und auf das Record b eben dieses Typs zugewiesen.

Die Ausgabe des Programms ist

```
ab c             -1
a bc  4294967295
```

Es fällt auf, daß die einzelnen Zeichen am Anfang des Records a entsprechend der Struktur von Record b auf deren Elemente verteilt werden. Ferner wird bei der Interpretation der INTEGER-Konstanten –1 als CARDINAL-Zahl deutlich, daß hier keine Umrechnung, sondern lediglich eine andere Interpretation derselben Hexadezimalzahl 0FFFFFFFFH erfolgt ist.

Die vorher beschriebenen Typ-Transferfunktionen INTEGER usw. ordnen sich diesem allgemeinen Prinzip unter, daß ein Typ-Name vor das in Klammern gesetzte Argument gestellt die Interpretation dieses Arguments als Ausdruck eben dieses Typs bewirkt. Eine Einschränkung beim Typ-Transfer ist jedoch zu beachten: beide involvierten Typen müssen in der Anzahl der im Speicher belegten Bytes übereinstimmen, d.h. die Funktion TSIZE muß in beiden Fällen denselben Wert liefern. Dies war bei den WORD-kompatiblen Typen die Zahl 4, und auch im eben genannten Beispiel ist oben auf die Übereinstimmung der Längen bereits hingewiesen worden.

Auch bei nicht WORD-kompatiblen Typen können wir die strenge Typbindung bei der Übergabe von Argumenten an Prozeduren umgehen, wenn wir statt des Typs WORD den Typ ARRAY OF WORD verwenden:

```
 1  MODULE WortFeld;
 2    FROM InOut      IMPORT WriteHex, Write, WriteInt,
 3                          WriteLn;
 4    FROM RealInOut IMPORT WriteReal;
 5    FROM SYSTEM     IMPORT WORD;
 6    VAR  i: INTEGER;
 7         x: REAL;
 8         c: CHAR;

 9    PROCEDURE WriteAll (a: ARRAY OF WORD);
10      VAR i:  CARDINAL;
11    BEGIN
12      FOR i := 0 TO HIGH (a) DO
13        Write (' ');
14        WriteHex (CARDINAL (a[i]), 8)
15      END;
16      WriteLn
17    END WriteAll;

18  BEGIN
19    i := 17;  WriteInt  (i, 10);  WriteAll (i);
20    x := 1.;  WriteReal (x, 10);  WriteAll (x);
21    c := 'a'; Write (c);          WriteAll (c)
22  END WortFeld.
```

An den Parameter a (Zeile 9) können nicht nur Ausdrücke übergeben werden,
die den Typ ARRAY bezüglich eines WORD-kompatiblen Basistyps besitzen,
sondern Ausdrücke beliebigen Typs. Im Programm ist das für den
WORD-kompatiblen einfachen Typ INTEGER dargestellt (Zeile 19) und die nicht
WORD-kompatiblen Typen REAL und CHAR. Ausdrücke vom Typ REAL
belegen zwei Speicherworte, können also als ARRAY [1..2] OF WORD aufgefaßt
werden, während die CHAR-Variable c nur ein Byte belegt, was den Compiler
zu einer „Warnung" (also einer Fehlermeldung geringen Schweregrades) veranlaßt, wobei in der Hexadezimaldarstellung (Zeile 14) nur das erste Byte gültig
ist, während für die restlichen drei Bytes des Wortes ein zufälliger Speicherin-
halt angezeigt wird.

11.3 Direkte Adressierung

Schon der letzte Abschnitt hat gezeigt, daß man in Modula mittels der Funktion
ADDRESS jeden Speicherplatz innerhalb des zur Verfügung stehenden Spei-
cherbereichs ansprechen kann. Dies erfordert aber eine genaue Kenntnis der
Grenzen dieses Speicherraumes, wenn man nicht auf Laufzeitfehler der Art

„addressing interrupt" stoßen will. Eine sinnvolle Anwendung ist aber auch
ohne diese Kenntnis mit Hilfe der ADR-Funktion – wie oben gezeigt – möglich.

Nun kann man nicht nur während des Programmablaufes sich im gültigen
Speicherraum bewegen, sondern schon bei der Compilation die Speicher-
adressen von Programmvariablen direkt zuordnen. Den Normal-Programmierer
wird das wenig berühren, zumal ihm meist die Grenzen des ihm zur Verfügung
stehenden Speicherraumes nicht bekannt sind und beim Großrechner auch
kaum von Belang sind, da das Betriebssystem einer Mehrbenutzer-Maschine
die Benutzung des Speichers auf den dem jeweiligen Benutzer zugewiesenen
Adreßraum beschränkt. Im Mehrbenutzerbetrieb wird die Information über die
jeweilige virtuelle Maschine im „System Control Block" am Anfang des
Adreßraumes abgelegt, der mit Hilfe der ADR-Funktion zugänglich gemacht
werden kann (wir verzichten auf ein Beispiel). Das Waterloo-Modula-System
bietet hingegen Moduln an, die zur Interpretation dieser Information, aber auch
zur Abfrage der Prozessor-Register herangezogen werden können:

```
 1  MODULE Zeitansagel;
 2     FROM InOut     IMPORT WriteString, WriteLn;
 3     FROM Strings   IMPORT Pos, Copy, Length, EOS;
 4     FROM SYSTEM    IMPORT ADR, ADDRESS, WORD,
 5                          HALFWORD, SYSVAL;
 6     FROM Terminal IMPORT ClearScreen;
 7     FROM CMSUtil   IMPORT DIAG;
 8     VAR   cmd, result: ARRAY [0..200] OF CHAR;
 9           rx, ry, rz:  ADDRESS;
10           rxl, ryl:    CARDINAL;
11           Code:        HALFWORD;

12  BEGIN
13    ClearScreen;
14    Code := SYSVAL (HALFWORD, WORD(8));
15    cmd  := 'QUERY TIME';
16    rx   := ADR (cmd);
17    rxl  := Length (cmd) + 1073741824;
18    ry   := ADR (result);
19    ryl  := SIZE (result);
20    DIAG (Code, rx, rxl, ry, ryl, rz);
21    result [ryl] := EOS;
22    Copy (result, Pos (':', result) - 2, 8, result);
23    WriteString (result); WriteLn
24  END Zeitansagel.
```

Das Beispiel zeigt, daß einzelne Modula-Implementierungen in Bezug auf
Anzahl und Aufbau der Bibliotheksmoduln z.T. erheblich voneinander

abweichen können (vgl. die Zeilen 5 bis 7): So enthält in der Waterloo-Implementierung der Modul SYSTEM einige Bezeichnungen, die in anderen Implementierungen fehlen (dagegen enthält er andere wichtige Bestandteile nicht, worauf noch zurückzukommen sein wird): HALFWORD bezeichnet – ähnlich wie WORD – einen allgemeinen Typ, dessen Realisierung ein Halbwort (= 2 Byte) beansprucht. Die Funktion SYSVAL stellt eine Erweiterung der Funktion VAL für einige in SYSTEM enthaltenen Typen wie HALFWORD dar. Der zweite als WORD übergebene Parameter wird in den als ersten Parameter angegebenen Typ konvertiert, im Beispiel in Zeile 14 wird also die Halbwortdarstellung der Zahl 8 ermittelt.

In Zeile 9 tritt ADDRESS als Typ auf. Diese Bezeichnung hatten wir bisher nur als Typ-Transferfunktion kennengelernt, die einen Ausdruck eines WORD-kompatiblen Typs als einen solchen vom Typ ADDRESS interpretiert. Der Typ ADDRESS ist mit jedem POINTER-Typ verträglich, d.h. man kann einen POINTER-Ausdruck auf eine Variable vom Typ ADDRESS zuweisen und umgekehrt.

Die Prozedur ClearScreen aus dem Modul Terminal sorgt dafür, daß der Bildschirm gelöscht wird (Zeile 13). Die Prozedur DIAG aus dem Modul CMSUtil schließlich führt eine DIAGNOSE-Instruktion aus (Näheres erfährt man in Handbüchern über Assembler bzw. das Steuerprogramm CP im VM/CMS-Betriebssystem). Der Code 8 im Aufruf von DIAG (Zeile 20) bewirkt, daß ein CP-Kommando an das Betriebssystem abgegeben wird. Mittels der WORD-Parameter rx, rxl, ry und ryl, die je zu zweit den Inhalt eines Registerpaares zu setzen bzw. auszulesen gestatten, wird das Kommando bezeichnet bzw. die Antwort auf das Kommando lokalisiert:

In Zeile 15 wird das Kommando 'QUERY TIME' zur Abfrage der Uhrzeit als Zeichenkette an die Variable cmd übergeben, in der Variablen rx wird deren Speicheradresse festgehalten und in der Variablen rxl die (verschlüsselte, d.h. um den Wert 2^{30} = 1073741824 vergrößerte) Länge des Kommandostrings. Entsprechend steht in ry und ryl die Adresse bzw. die deklarierte Länge des zurückerwarteten Ergebnisses result dieses Kommandos. Nach dem Aufruf von DIAG steht in ryl die tatsächliche Länge von result und in der Variablen rz ein hier nicht weiterverarbeiteter Return-Code.

Will man das Ergebnis als String interpretieren, so muß am Ende der Ergebniskette result noch das „EndOfString-Zeichen" EOS eingefügt werden (Zeile 21). Im Ergebnis steht irgendwo am Anfang die Uhrzeit in der Form HH:MM:SS (die zweistelligen Angaben für Stunde, Minute und Sekunde sind also jeweils durch einen Doppelpunkt abgetrennt). Die Copy-Anweisung in Zeile 22 kopiert zwei Positionen vor dem Auftreten des ersten Doppelpunktes einen String der Länge 8 aus der Variablen result und weist diesen auf dieselbe Variable zu, die in Zeile 23 z.B. als „10:42:58" ausgegeben wird.

Beim Ansprechen von Ein-/Ausgabe-Geräten (etwa bei der Programmierung von Gerätetreibern) kann die direkte Angabe einer Speicheradresse als sogenannter „I/O-Port" in Verbindung mit einer Variablendeklaration wichtig sein. Da dies beim Waterloo-Modula nicht vorgesehen ist, wenden wir uns im folgenden der LOGITECH-Implementierung von Modula für IBM-PCs und Kompatible zu. Als Beispiel für die direkte Adressierung von Speicherstellen im Hauptspeicher sei ein Programm gewählt, das ebenfalls die im Rechner gespeicherte Uhrzeit abfragt:

```
 1   MODULE Zeitansage2;
 2     FROM InOut  IMPORT WriteCard, WriteString, Write,
 3                        WriteLn;
 4     FROM SYSTEM IMPORT ENABLE, DISABLE;
 5     TYPE BIOSZeit = RECORD
 6                        lo:  CARDINAL;
 7                        hi:  CARDINAL;
 8                       Tag: BOOLEAN
 9                     END;
10     VAR  Zeit [40H:6CH] : BIOSZeit;
11          Stunde, Minute, Sekunde, temp: CARDINAL;

12   BEGIN
13     DISABLE;
14     Stunde := Zeit.hi;
15     temp   := Zeit.lo;
16     ENABLE;
17     Minute := TRUNC(FLOAT (temp)*60./65536.);
18     Sekunde:= temp - TRUNC(FLOAT(Minute)*65536./60.);
19     Sekunde:= TRUNC(FLOAT(Sekunde)*3600./65536.);
20     WriteString ('Es ist jetzt ');
21     WriteCard (Stunde, 0); Write (':');
22     IF Minute  < 10  THEN  Write ('0') END;
23     WriteCard (Minute, 0); Write (':');
24     IF Sekunde < 10  THEN  Write ('0') END;
25     WriteCard (Sekunde,0); WriteLn
26   END Zeitansage2.
```

Die genannte Implementierung hat ihre spezifischen Eigenheiten, die u.a. im Modul SYSTEM sichtbar werden: Die Prozeduren ENABLE und DISABLE gestatten bzw. maskieren Interrupts (= Unterbrechungen des Prozessors auf der unteren Betriebssystemebene). Dies bedeutet auch, daß Timer-Interrupts, die die Uhrzeit an einer bestimmten, vom „Basic Input Ouput System" (BIOS) – einer Komponente des Betriebssystems – verwalteten Hauptspeicherstelle hochzählen, vor dem Lesen dieser Speicherstelle (Zeile 14 und 15) nicht zugelassen („disabled") werden, um die Uhrzeit ungestört auslesen zu können.

Achtung: Diese Routine maskiert alle Arten von Interrupts! Damit nicht nur die Uhr, sondern auch andere Betriebssystemkomponenten normal weiterarbeiten können, müssen Interrupts unmittelbar danach wieder zugelassen („enabled") werden.

Die Angabe der direkten Speicheradresse in eckigen Klammern nach der Variablenbezeichnung (Zeile 10) wird in der Syntax der Deklaration nicht erwähnt, ist aber dennoch in den meisten Implementierungen zugelassen (eine Ausnahme bildet derzeit die Waterloo-Implementierung).   Läßt sich der Adreßraum des Rechners durch den Bereich der CARDINAL-Zahlen überdecken, so sind für die Adreßangaben alle CARDINAL-Zahlen zulässig. Beim IBM-PC ist wegen der Diskrepanz der Größe des CARDINAL-Bereichs (64 KB) und des maximalen Speicherbereichs (1 MB) an dieser Stelle die Angabe „DX:DS" zu machen wobei die CARDINAL-Zahlen DS (Segment) und DX (Offset) die Speicherstelle beschreiben. Näheres – insbesondere die angegebene Adresse der „Uhr" – ist dem technischen Handbuch dieses Rechnertyps zu entnehmen.

Das Auslesen der Uhr kann auch mit BIOS-Routinen bewirkt werden, die in PC-Implementierungen in zusätzlichen systemnahen Moduln zu finden sind (vgl. die Übungen). Die obige Anwendung, die die Uhrzeit nur genähert liefert, sei hier deshalb nur als Demonstration der direkten Adressierung verstanden.

11.4   Die Prozedur CODE

In den voraufgehenden Abschnitten haben wir die Sprachmittel von Modula zur systemnahen Programmierung kennengelernt. Weitere Möglichkeiten sind in den oben erwähnten implementationsspezifischen systemnahen Moduln enthalten, über die man sich in den jeweiligen System-Handbüchern informieren kann.

Eine extreme Einbindung maschinenabhängiger Ausdrucksformen ist überall dort gegeben, wo Assemblerroutinen mit dem Linker in einen übersetzten Modul eingebunden werden. Dies gehört nicht mehr zur Beschreibung der Sprache Modula und soll deshalb wieder in der entsprechenden Systemliteratur nachgelesen werden. Wohl aber soll die Fähigkeit einzelner Implementierungen vorgestellt werden, Assembler-Code direkt in das Modula-Quellprogramm hineinzuschreiben, so daß der Compiler diesen lediglich in das übersetzte Programm einzufügen braucht. Hierzu wird eine Prozedur mit dem Namen CODE bereitgestellt, die beliebig viele Parameter vom Typ BYTE besitzen kann. BYTE ist – ähnlich wie die Typen WORD und ADDRESS – ein allgemeiner Datentyp, der mit allen Typen verträglich ist, die zur Speicherung ein Byte vorsehen, z.B. der Typ CHAR. Aber auch CARDINAL-Zahlen im Bereich zwischen 0 und 255 können in dezimaler, oktaler oder hexadezimaler Form als Argumente von

CODE verwendet werden. Da diese vom Compiler direkt zur Code-Generierung herangezogen werden, sind bei allen Formen für die Argumente nur Konstanten zugelassen.

Im nachstehenden Beispiel wird Maschinen-Code als Folge von hexadezimalen Konstanten angegeben, deren Bedeutung in der Assembler-Sprache des 8088-Prozessors im Kommentar der jeweiligen Zeile angedeutet ist:

```
 1  MODULE Tonleiter;
 2    FROM SYSTEM IMPORT CODE;
 3    VAR  i: CARDINAL;

 4    PROCEDURE Beep (t: CARDINAL);
 5    BEGIN
 6      CODE (0B3H,  02H);        (*     MOV BL,2         *)
 7      CODE (0B0H, 0B6H);        (*     MOV AL,10110110B *)
 8      CODE (0E6H,  43H);        (*     OUT TIMER+3,AL   *)
 9      CASE t OF
10        1:  CODE (0B8H,  0H, 20H) | (* MOV AX,2000H  *)
11        2:  CODE (0B8H, 82H, 1CH) | (* MOV AX,1C82H  *)
12        3:  CODE (0B8H, 66H, 19H) | (* MOV AX,1966H  *)
13        4:  CODE (0B8H, 0F9H, 17H) | (* MOV AX,17F9H  *)
14        5:  CODE (0B8H, 5CH, 15H) | (* MOV AX,155CH  *)
15        6:  CODE (0B8H, 07H, 13H) | (* MOV AX,1307H  *)
16        7:  CODE (0B8H, 0F4H, 10H) | (* MOV AX,10F4H  *)
17        8:  CODE (0B8H,  0H,  10H)   (* MOV AX,1000H  *)
18      END;
19      CODE (0E6H,  42H);        (*     OUT TIMER+2,AL   *)
20      CODE ( 8AH, 0C4H);        (*     MOV AL,AH        *)
21      CODE (0E6H,  42H);        (*     OUT TIMER+2,AL   *)
22      CODE (0E4H,  61H);        (*     IN  AL,PORT_B    *)
23      CODE ( 8AH, 0E0H);        (*     MOV AH,AL        *)
24      CODE ( 0CH,  03H);        (*     OR  AL,03        *)
25      CODE (0E6H,  61H);        (*     OUT PORT_B,AL    *)
26      CODE ( 2BH, 0C9H);        (*     SUB CX,CX        *)
27      CODE (0E2H, 0FEH);        (*     LOOP            *)
28      CODE (0FEH, 0CBH);        (*     DEC BL          *)
29      CODE ( 75H, 0FAH);        (*     JNZ *-4         *)
30      CODE ( 8AH, 0C4H);        (*     MOV AL,AH        *)
31      CODE (0E6H,  61H)         (*     OUT PORT_B,AL    *)
32    END Beep;

33  BEGIN
34    FOR i := 1 TO 8 DO        Beep (i) END;
35    FOR i := 8 TO 1 BY -1 DO Beep (i) END
36  END Alarm.
```

Das Programm enthält mit der Prozedur Beep eine Modifikation der BIOS-Routine gleichen Namens, bei der die Teilerzahlen für die Grundfrequenz zur Erzeugung der 8 Töne einer (Dur-)Tonleiter in der CASE-Anweisung (Zeilen 9 bis 18) zur Auswahl stehen. Der Lautsprecher des PC wird hierbei unter dem symbolischen Namen PORT_B (Adresse 61H) angesprochen (siehe Zeile 22, 25 und 31). Auf weitere Details der verwendeten Assemblersprache soll nicht näher eingegangen werden.

Das Hauptprogramm spielt die Tonleiter in den beiden FOR-Schleifen (Zeile 34 und 35) sowohl vorwärts als auch rückwärts.

11.5   Parallelverarbeitung

In Modula ist in einem gewissen Sinne Parallelverarbeitung möglich, d.h. daß Programmteile quasi gleichzeitig ablaufen können. Echte Gleichzeitigkeit ist natürlich nur dann möglich, wenn in einem Rechner mehrere Prozessoren vorhanden sind. Ist dies nicht der Fall, so kann die Gleichzeitigkeit nur in dem Sinne stattfinden, daß mehrere „Prozesse" den Prozessor abwechselnd in kurzen Zeitabschnitten hintereinander benutzen. Solche Programmteile, die eine gewisse Zeit den Prozessor nutzen, dann unterbrochen werden, um einem anderen Programmteil die Benutzung des Prozessors zu ermöglichen, und wieder aktiviert werden können, nennt man auch **Coroutinen**.

Eine Coroutine ist als parameterlose Prozedur anzugeben, die im Hauptprogramm global, also nicht in einer anderen Prozedur enthalten ist. Da das Hauptprogramm in dem oben genannten Sinne auch ein Prozeß ist – die einzige Art Prozeß, die wir bisher kennengelernt haben – ist ein spezieller Mechanismus vorgesehen, der den Hauptprozeß („Main") deaktiviert und die Kontrolle an einen anderen Prozeß überträgt, dies nennen wir „Transfer". Dieser neue Prozeß kann nun die Kontrolle wieder an den Hauptprozeß oder an einen anderen Prozeß transferieren.

Ein typisches Beispiel für das Coroutinen-Konzept liegt im Spiel vor. Hier ist immer ein Spieler aktiv, indem er die Spielsituation analysiert und den besten Zug ermittelt, während der andere auf den Zug des Gegners wartet. Hat der erste Spieler seinen Zug gemacht, pausiert er solange, wie sein Gegner nachdenkt, seinen Zug ausführt und dem ersten Spieler wieder die „Kontrolle" über das Spiel übergibt. Der Einfachheit halber soll nicht das Schachspiel als Beispiel dienen, sondern das Spiel „17 und 4":

```
 1   MODULE SiebzehnUndVier;
 2     FROM InOut  IMPORT WriteString, WriteCard, WriteLn;
 3     FROM SYSTEM IMPORT ADR, WORD, SIZE,
 4                            PROCESS, NEWPROCESS, TRANSFER;
 5     VAR  Spieler1, Spieler2, Main: PROCESS;
 6          B1, B2: ARRAY [1..200] OF WORD;

 7     MODULE Zufall;
 8       EXPORT Karte;
 9       CONST  Inkr = 25543;
10       VAR    Seed: CARDINAL;

11     PROCEDURE Karte (): CARDINAL;
12       BEGIN
13         Seed := (Seed+Inkr) MOD 1000;
14         RETURN Seed MOD 10 + 2
15       END Karte;

16     BEGIN
17       Seed := 13297
18     END Zufall;

19     PROCEDURE S1;
20       VAR Punkte: CARDINAL;
21     BEGIN
22       Punkte := 0;
23       LOOP
24         INC (Punkte, Karte());
25         WriteString ('Spieler 1: '); WriteCard (Punkte,0);
26         WriteString (' Punkte'); WriteLn;
27         IF Punkte >= 21 THEN
28           IF Punkte = 21 THEN
29               WriteString ('Spieler 1 gewinnt.'); WriteLn
30           ELSE
31               WriteString ('Spieler 2 gewinnt.'); WriteLn
32           END;
33           TRANSFER (Spieler1, Main)
34         ELSE
35           TRANSFER (Spieler1, Spieler2)
36         END
37       END
38     END S1;
```

```
39      PROCEDURE S2;
40        VAR Augen: CARDINAL;
41      BEGIN
42        Augen := 0;
43        LOOP
44          INC (Augen, Karte());
45          WriteString ('Spieler 2: '); WriteCard (Augen,0);
46          WriteString (' Augen'); WriteLn;
47          IF Augen >= 21 THEN
48            IF Augen = 21 THEN
49                WriteString ('Spieler 2 gewinnt.'); WriteLn
50            ELSE
51                WriteString ('Spieler 1 gewinnt.'); WriteLn
52            END;
53            TRANSFER (Spieler2, Main)
54          ELSE
55            TRANSFER (Spieler2, Spieler1)
56          END
57        END
58      END S2;

59  BEGIN
60    NEWPROCESS (S1, ADR (B1), SIZE (B1), Spieler1);
61    NEWPROCESS (S2, ADR (B2), SIZE (B2), Spieler2);
62    TRANSFER (Main, Spieler1)
63  END SiebzehnUndVier.
```

Aus dem Modul SYSTEM werden der Typ PROCESS und die Routinen
NEWPROCESS und TRANSFER importiert[15].

PROCESS ist ein verdeckter Datentyp, hinter dem sich ein Pointer auf eine
Kontrollstruktur verbirgt, die den Zustand eines Prozesses beschreibt. Er
gestattet es, einen Prozeß als dynamische Ausprägung einer Prozedur aufzufassen. In Zeile 5 werden der Hauptprozeß Main und die Prozesse Spieler1
und Spieler2 deklariert.

Während der Hauptprozeß Main (Zeile 59 bis 63) implizit als solcher deklariert
ist und vom Betriebssystem aktiviert wird, müssen die abhängigen Prozesse
Spieler1 und Spieler2 als solche bezeichnet werden. Dies geschieht jeweils
durch Aufruf der Prozedur NEWPROCESS, die vier Parameter besitzt. Die Prozedurdeklaration dieser Prozedur kann folgendermaßen beschrieben werden:

---

[15] Diese sind nicht in der benutzten Version 2 der Waterloo-Implementierung enthalten, da dort das
Coroutinen-Konzept nicht realisiert ist.

```
PROCEDURE NEWPROCESS (R: PROC; A: ADDRESS; N: CARDINAL;
                      VAR P: PROCESS);
```

Die parameterlose Prozedur R (Typ PROC) wird hierdurch „prozeßfähig", d.h. sie wird in die Lage versetzt, parallel neben einer anderen Prozedur abzulaufen, sie wird jedoch noch nicht aktiviert. Der Parameter A zeigt auf einen Speicherbereich der Länge N (3. Parameter), der dem neuen Prozeß als Arbeitsbereich zugewiesen wird. Dieser Bereich wird zweckmäßig als Array deklariert (Zeile 6), dessen Größe willkürlich festgelegt ist und im Bedarfsfall vergrößert werden müßte. Der 4. Parameter wird durch NEWPROCESS besetzt und enthält die Kontrollinformation des Prozesses.

Die Prozedur TRANSFER ist deklariert als

```
PROCEDURE TRANSFER (VAR A, B: PROCESS);
```

Durch ihren Aufruf wird die Kontrolle vom Prozeß A auf den Prozeß B übertragen, d.h. der Prozeß A wird inaktiv, während B aktiviert wird. Ein zum ersten Mal aktivierter Prozeß wird am Anfang der betreffenden Prozedur begonnen, ansonsten wird er dort fortgesetzt, wo er das letzte Mal unterbrochen wurde. Eine als Prozeß gestartete Prozedur muß die Kontrolle wieder an einen anderen Prozeß abgeben, bevor sie beendet wird, da sonst unklar ist, welcher von ggf. mehreren Prozessen die Kontrolle erhalten soll. Dies liegt in der Verantwortung des Programmentwicklers (vgl. Zeile 33, 35, 53 und 55).

Bei der Durchführung des Spiels wird das Ziehen der Karten von einem Stapel durch einen Zufallszahlengenerator simuliert (Zeile 7 bis 18), der ähnlich dem auf Seite 141 als lokaler Modul deklariert ist und entsprechend dem Wert der Spielkarten „Bube" bis „As" zufällig Zahlen zwischen 2 und 11 erzeugt.

Die Prozeduren S1 und S2 sind den Prozessen Spieler1 und Spieler2 zugeordnet und völlig gleich aufgebaut, wir wollen daher nur S1 erläutern: Vor Spielbeginn wird die Punktezahl des betreffenden Spielers auf Null gesetzt (Zeile 22). In einer Endlosschleife (Zeile 23 bis 37) zieht der Spieler eine Karte und addiert die Punktezahl zu der bisherigen (Zeile 24). Hat er 21 Punkte oder mehr, so wird das Spiel beendet (bei genau 21 Punkten hat der Spieler gewonnen, sonst verloren), d.h. die Kontrolle wird an den Hauptprozeß (Main) abgegeben (Zeile 33). Anderenfalls ist der andere Spieler am Zug, der ihm zugeordnete Prozeß erhält die Kontrolle (Zeile 35)[16].

---

[16] Die Entscheidung, ob ein Spieler bei mehr als 9 Punkten aussetzt, um nicht über 21 Punkte zu gelangen, ist hier nicht realisiert (vgl. die Übungen).

Während dieses Beispiel die Gleichrangigkeit zweier konkurrierender Prozesse veranschaulicht (abgesehen von der Frage, wer anfangen soll, sind beide Spieler gleichberechtigt), kommt es in der Praxis oft vor, daß ein Prozeß den Zulieferer für einen anderen darstellt. Der eine Prozeß wirkt somit als **Erzeuger-** (producer) und der andere als **Verbraucher-Prozeß** (consumer). Als Beipiel möge ein Erzeuger-Prozeß dienen, der Zeichen von der Tastatur empfängt, sie in einer Zeichenkette abspeichert und nach jedem empfangenen Buchstaben die Steuerung wieder an einen Verbraucher-Prozeß abgibt:

```
 1   MODULE   Tastatur;
 2     FROM   InOut     IMPORT WriteLn, WriteString, Read,
 3                             WriteCard, Write, EOL;
 4     FROM   Keyboard IMPORT KeyPressed;
 5     FROM   SYSTEM    IMPORT WORD, PROCESS, ADR, SIZE,
 6                             NEWPROCESS, TRANSFER;
 7     FROM   Strings   IMPORT CompareStr;

 8     CONST EOS = 0C;
 9     TYPE  String = ARRAY [0..79] OF CHAR;

10     VAR   Main, p1, p2: PROCESS;
11           B1, B2:  ARRAY [1..1000] OF CHAR;
12           Zeile :  String;

13     PROCEDURE Arbeit;
14       VAR i:  CARDINAL;
15     BEGIN
16       i := 0;
17       REPEAT
18         IF KeyPressed() THEN
19           TRANSFER (p1, p2)
20         ELSE
21           INC (i)
22         END
23       UNTIL CompareStr (Zeile, 'stop') = 0;
24       WriteCard (i,0); WriteString (' Wartezyklen');
25       TRANSFER (p1, Main)
26     END Arbeit;
```

```
27     PROCEDURE Tasten;
28       VAR i:  CARDINAL;
29           z:  CHAR;
30     BEGIN
31       i := 0;
32       LOOP
33         Read (z); Write (z);
34         IF z # EOL THEN
35           Zeile [i] := z;
36           INC (i)
37         ELSE
38           Zeile [i] := EOS;
39           i := 0
40         END;
41         TRANSFER (p2, p1);
42       END
43     END Tasten;

44   BEGIN
45     NEWPROCESS (Arbeit, ADR(B1), SIZE(B1), p1);
46     NEWPROCESS (Tasten, ADR(B2), SIZE(B2), p2);
47     TRANSFER (Main, p1)
48   END Tastatur.
```

Der Verbraucher-Prozeß p1, in Zeile 45 definiert und mit der Prozedur Arbeit verknüpft, erhält zu Beginn die Kontrolle (Zeile 47). Er fragt innerhalb einer Schleife (Zeile 17 bis 23) ab, ob eine Eingabe von der Tastatur erfolgt ist. Dies geschieht durch die boolesche Funktion KeyPressed (aus dem Modul Keyboard des LOGITECH-Modula-Systems), die dann den Wert TRUE hat, wenn eine Taste gedrückt wurde. Die Kontrolle geht nun an den Verbraucherprozeß p2 über, dem die Prozedur Tasten (Zeile 46) zugeordnet ist. Dort wird ein einziges Zeichen, das von der Tastatur anliegt, eingelesen und auf dem Bildschirm ausgegeben. Dieses Zeichen wird an die globale String-Variable Zeile angehängt, wobei am Ende der Eingabe (nach Drücken der ENTER-Taste) Zeile durch das Zeichen EOS (Zeile 8) abgeschlossen wird, damit im Verbraucher-Prozeß eine vollständige Zeichenkette weiterverarbeitet werden kann (was im Beispiel jedoch nicht geschieht).

Es ist zu beachten, daß in LOGITECH-Modula die Zeichenkonstante EOS und der Datentyp String nicht aus dem Modul Strings exportiert werden, weswegen sie hier eigens deklariert werden müssen (Zeile 8 und 9).

Wenn der Erzeuger-Prozeß p2 ein Zeichen eingelesen hat, erhält der Verbraucher-Prozeß p1 wieder die Kontrolle (Zeile 41). Er prüft, ob in der Variablen Zeile die Zeichenkette 'stop' gespeichert ist, um aufzuhören.

Anderenfalls verarbeitet er weitere Zeichen von der Tastatur. Falls dort keine anliegen, führt er eine andere Aufgabe aus (in Zeile 21 werden – statt einer sinnvollen anderen Arbeit – hier nur die Wartezyklen weitergezählt). Der Unterschied zwischen beiden Prozessen besteht darin, daß p1 nur mit p2 kommuniziert, während letzterer auch die Kontrolle an das Hauptprogramm zurückgeben kann (Zeile 25), wenn seine Aufgabe beendet ist.

11.6   Übungen

Aufgabe 44:

Schreiben Sie ein einfaches Unterprogramm EVEN, das nach Prüfung des Bit 31 von CARDINAL- und INTEGER-Zahlen (Verwendung der Typ-Transferfunktion BITSET) testet, ob diese Zahl gerade ist oder nicht. Die Funktion soll einen Wert vom Typ BOOLEAN ermitteln. Testen Sie das Unterprogramm mit den Zahlen –10 bis 10.

Aufgabe 45:

In WATERLOO-Modula existiert ein Modul Convert, in dessen Definitionsmodul folgende Deklarationen enthalten sind:

```
TYPE S2RStatus = (Ok, Underflow, Overflow);
PROCEDURE CvtS2R (str: ARRAY OF CHAR; VAR start: CARDINAL;
                  end: CARDINAL; VAR num: REAL): S2RStatus;
```

Die Funktion CvtS2R („Convert String to Real") versucht, die Zeichenkette str in die REAL-Zahl num umzuwandeln, wobei start und end Anfangs- und Endposition in str markieren (in der Regel 0 und Length(str)-1). Die Konvertierung endet am Ende der Zeichenkette bzw. bei dem ersten angetroffenen ungültigen Zeichen, dessen Index innerhalb von str an start zurückgegeben wird. Konnte eine gültige REAL-Zahl gespeichert werden, so ist der Funktionswert Ok, anderenfalls Underflow bzw. Overflow, je nachdem, ob die Zahl zu klein bzw. zu groß war, um in der REAL-Darstellung einen gültigen Wert zu repräsentieren.

Schreiben Sie das Programm Kuerzen auf Seite 118 so um, daß die dort vorhandene Prozedur Extract unter Verwendung von CvtS2R vereinfacht werden kann. Beachten Sie die erforderlichen Typumwandlungen!

Aufgabe 46:

In LOGITECH-Modula sind im Modul TimeDate folgende Deklarationen enthalten:

```
TYPE Time = RECORD day, minute, millisec: CARDINAL END;
PROCEDURE GetTime (VAR curTime: Time);
PROCEDURE SetTime (    curTime: Time);
```

Hierbei sind Tag, Monat, Jahr, Stunde, Minute, Sekunde und Millisekunde in den RECORD-Elementen day, minute und millisec folgendermaßen komprimiert:

day	Bits 0 bis 4: Tag vom Typ [1..31], Bits 5 bis 8: Monat vom Typ [1..12], Bits 9 bis 15: Jahr vom Typ [0..99],
minute	Stunde * 60 + Minute
millisec	Sekunde * 1000 + Millisekunde

Entwerfen Sie ein Programm, daß das Datum als „Tag/Monat/Jahr" und die Zeit als „Stunde:Minute:Sekunde" mit Hilfe der Prozedur GetTime anzeigt, wobei alle Komponenten zweistellig (mit führender Null!) anzugeben sind. Im selben Programm soll das Setzen der Uhr nach Abfrage der Komponenten Tag, Monat, Jahr, Stunde, Minute, Sekunde vom Terminal unter Verwendung von SetTime möglich sein.

Aufgabe 47:

Verändern Sie das Programm SiebzehnUndVier so, daß ein Spieler bei mehr als 9 Punkten aussetzen darf, um nicht über 21 Punkte zu kommen (Zufallsgenerator verwenden! Gerade Zahl bedeutet aussetzen, ungerade Zahl nicht). Wenn beide Spieler aussetzen, ist das Spiel beendet. Verloren hat in jedem Fall der Spieler, der über 21 Punkte gezogen hat, anderenfalls der Spieler mit der niedrigeren Punktezahl.

Aufgabe 48:

Modifizieren Sie das Programm Tastatur so, daß es im Erzeuger-Modul nur Ziffern akzeptiert und bei fehlerhafter Eingabe einen Alarmton erklingen läßt (unter Verwendung einer vereinfachten Version der Prozedur Beep des Programms Tonleiter).   Mit der ENTER-Taste ist die Eingabe einer CARDINAL-Zahl abgeschlossen.   Sie ist im Verbraucher-Prozeß in eine lineare Liste einzuordnen. Nach Beendigung der Eingabe durch die ESCAPE-Taste (ASCII-Code 27) ist im Hauptprogramm die sortierte Zahlenfolge auszugeben.

12   BIBLIOTHEKSMODULN

Dieses Kapitel soll als Referenz für die Benutzung der von N. Wirth vorgeschlagenen Bibliotheksmoduln dienen. Sie sollten daher zum Umfang einer Implementierung von Modula auf einem beliebigen Rechner gehören. Dennoch kommen Abweichungen vor, über die von Fall zu Fall in den Handbüchern der Implementierer Auskunft eingeholt werden muß.

12.1   InOut

```
DEFINITION MODULE InOut;

    CONST EOL = 17C;          (* End-Of-Line-Zeichen = X'F'            *)
    VAR   Done: BOOLEAN;      (*  TRUE, wenn die aufgerufene Prozedur
                                  erfolgreich war, sonst FALSE         *)

    termCH: CHAR;            (* Zeichen, vor dem die Eingabe von INTEGER,
                                CARDINAL oder String endete            *)

    PROCEDURE OpenInput (fname: ARRAY OF CHAR);
```

(* Die Prozedur öffnet die mit fname bezeichnete externe Datei für die Eingabe.
In der Waterloo-Implementierung erfragt die Prozedur jedoch nach der Aufforderung

```
        Enter input filename:
```

eine Zeichenkette von der Tastatur. Enthält diese am Ende ein Blank, so wird fname an diese angehängt und als Dateibezeichnung benutzt. Anderenfalls wird fname ignoriert und die eingegebene Zeichenkette wird die Dateibezeichnung. Kann die betreffende Datei geöffnet werden, so wird die vorherige Eingabeeinheit (anfangs das Terminal) geschlossen, anderenfalls bleibt sie Eingabedatei.

Falls eine neue Datei eröffnet werden konnte, ist Done TRUE, sonst FALSE. Jede weitere Eingabe kommt von dieser Datei.   *)

```
PROCEDURE OpenOutput (fname: ARRAY OF CHAR);
```

(* Die Prozedur öffnet die mit fname bezeichnete externe Datei für die Ausgabe.

In der Waterloo-Implementierung erfragt die Prozedur jedoch nach der Aufforderung

```
      Enter output filename:
```

eine Zeichenkette von der Tastatur. Enthält diese am Ende ein Blank, so wird fname an diese angehängt und als Dateibezeichnung benutzt. Anderenfalls wird fname ignoriert und die eingegebene Zeichenkette wird die Dateibezeichnung. Kann die betreffende Datei geöffnet werden, so wird die vorherige Ausgabeeinheit (anfangs das Terminal) geschlossen, anderenfalls bleibt sie Ausgabedatei.

Falls eine neue Datei eröffnet werden konnte, ist Done TRUE, sonst FALSE. Jede weitere Ausgabe geht zu dieser Datei.   *)

```
PROCEDURE CloseInput;
```

(* schließt die aktive Eingabe-Datei, so daß jede weitere Eingabe vom Terminal kommt. Der Aufruf dieser Prozedur ist wirkungslos, wenn die aktive Eingabe-Datei das Terminal ist.   *)

```
PROCEDURE CloseOutput;
```

(* schließt die aktive Ausgabe-Datei, so daß jede weitere Ausgabe zum Terminal geht. Der Aufruf dieser Prozedur ist wirkungslos, wenn die aktive Ausgabe-Datei das Terminal ist.   *)

```
PROCEDURE Read (VAR ch: CHAR);
```

(* liest ein Zeichen von der aktiven Eingabe-Datei. Es können EOL = X'F' und EOF = X'3' abgefragt werden. Im letzteren Fall wird Done FALSE gesetzt.   *)

```
PROCEDURE ReadString (VAR s: ARRAY OF CHAR);
```

(* liest einen String in s ein, wobei führende Leerstellen unterdrückt werden.
   Wenn der String voll ist, oder eine Leerstelle oder EOL angetroffen wird,
   wird die Eingabe beendet. `termCH` wird mit dem Zeichen belegt, das die
   Beendigung des Lesens verursacht hat.   *)

```
PROCEDURE ReadInt (VAR x: INTEGER);
```

(* liest eine INTEGER-Zahl, ohne Bereichsprüfung. Falls eine Zahl gelesen
   wurde, wird Done TRUE gesetzt. `termCH` wird mit dem Zeichen belegt,
   das nach der eingelesenen INTEGER-Zahl steht.   *)

```
PROCEDURE ReadCard (VAR x: CARDINAL);
```

(* liest eine CARDINAL-Zahl, ohne Bereichsprüfung. Falls eine Zahl gelesen
   wurde, wird Done TRUE gesetzt. `termCH` wird mit dem Zeichen belegt,
   das nach der eingelesenen CARDINAL-Zahl steht.   *)

```
PROCEDURE Write (ch: CHAR);
```

(* schreibt das Zeichen ch in die aktuelle Ausgabe-Datei. Write(EOL) ist
   gleichbedeutend mit WriteLn.   *)

```
PROCEDURE WriteLn;
```

(* beendet die aktuelle Ausgabe-Zeile (s. Write)   *)

```
PROCEDURE WriteString (s: ARRAY OF CHAR);
```

(* schreibt den String s in die aktuelle Ausgabe-Datei.   *)

```
PROCEDURE WriteInt (x: INTEGER; n: CARDINAL);
```

(* schreibt die INTEGER-Zahl x in die aktuelle Ausgabe-Datei mit wenigstens n Stellen. Ist n größer als der benötigte Platz, so werden links
   Leerstellen aufgefüllt.   *)

```
PROCEDURE WriteCard (x, n: CARDINAL);
```

(* schreibt die CARDINAL-Zahl x in die aktuelle Ausgabe-Datei mit wenigstens n Stellen. Ist n größer als der benötigte Platz, so werden links
   Leerstellen aufgefüllt.   *)

```
PROCEDURE WriteOct (x, n: CARDINAL);
```

(* schreibt die CARDINAL-Zahl x im Oktal-Format in die aktuelle Ausgabe-
Datei mit wenigstens n Stellen. Ist n größer als der benötigte Platz, so
werden links Nullen aufgefüllt.   *)

```
PROCEDURE WriteHex (x, n: CARDINAL);
```

(* schreibt die CARDINAL-Zahl x im Hexadezimal-Format in die aktuelle
Ausgabe-Datei mit wenigstens n Stellen. Ist n größer als der benötigte
Platz, so werden links Nullen aufgefüllt.   *)

END InOut.

12.2 *RealInOut*

```
DEFINITION MODULE RealInOut;
```

```
VAR Done: BOOLEAN;       (* FALSE, wenn keine Real-Zahl gelesen wer-
                            den konnte, sonst TRUE              *)
```

```
PROCEDURE ReadReal (VAR x: REAL);
```

(* liest die REAL-Zahl x von der aktuellen Eingabe-Datei (vgl. MODULE
InOut). Die Variable Done wird nur dann FALSE gesetzt, wenn die
gelesene Zahl zu groß ($> 7.2 \cdot 10^{75}$) oder zu klein ist ($< 5.4 \cdot 10^{-79}$).
Done wird nicht FALSE, wenn die REAL-Zahl syntaktisch inkorrekt ist. *)

```
PROCEDURE WriteReal (x: REAL; n: CARDINAL);
```

(* schreibt die REAL-Zahl x in die aktuelle Ausgabe-Datei. Es werden mindestens n Stellen ausgegeben, mit führenden Leerstellen, falls die Ausgabe von x weniger als n Stellen benötigt.   *)

```
PROCEDURE WriteRealHex (x : REAL);
```

(* Schreibt die REAL-Zahl x in hexadezimaler Form in die aktuelle
Ausgabe-Datei. (In Waterloo-Modula ist diese Prozedur Ersatz für
WriteRealOct.)   *)

END RealInOut.

12.3 *Strings*

```
DEFINITION MODULE Strings;

   CONST  StrLen = 80;
          EOS    = 0C;

   TYPE   String = ARRAY [0..StrLen-1] OF CHAR;

   PROCEDURE Assign (source: ARRAY OF CHAR;
                     VAR dest: ARRAY OF CHAR);
```

(* kopiert source nach dest. Hängt EOS an, wenn source kürzer als
   dest ist. Keine Prüfung, ob source undefiniert ist.   *)

```
   PROCEDURE CompareStr (s1, s2: ARRAY OF CHAR): INTEGER;
```

(* vergleicht s1 und s2.
   Wert: -1,   wenn s1 < s2,
          0,   wenn s1 = s2,
         +1,   wenn s1 > s2 ist   *)

```
   PROCEDURE Concat (s1, s2: ARRAY OF CHAR;
                     VAR result: ARRAY OF CHAR);
```

(* verkettet s1 und s2, Ergebnis in result   *)

```
   PROCEDURE Copy (str: ARRAY OF CHAR; index, len: CARDINAL;
                   VAR result: ARRAY OF CHAR);
```

(* kopiert bis zu len Zeichen von str nach result, beginnend bei
   str[index].   *)

```
   PROCEDURE Delete (VAR str: ARRAY OF CHAR;
                     index, len: CARDINAL);
```

(* löscht bis zu len Zeichen von str, beginnend bei str[index].   *)

```
   PROCEDURE Insert (substr: ARRAY OF CHAR;
                     VAR str: ARRAY OF CHAR; index: CARDINAL);
```

(* fügt substr in str ein, beginnend bei str[index].
   Ist index > Length(str), so werden Leerstellen zwischen str und
   substr eingefügt.   *)

```
PROCEDURE Length (str: ARRAY OF CHAR): CARDINAL;
```

(* bestimmt die Anzahl der Zeichen in `str`.   *)

```
PROCEDURE Pos (substr, str: ARRAY OF CHAR): CARDINAL;
```

(* untersucht, ob `substr` in `str` enthalten ist, und bestimmt dann die Position des ersten Zeichens von `substr` in `str`, anderenfalls `HIGH(str) + 1`.   *)

```
END Strings.
```

12.4 MathLib0

Dieser Modul enthält die wichtigsten mathematischen Funktionen. Gelegentlich findet man auch einen Modul `MathLib1`, etwa wenn ein Mathematik-Coprozessor (8087, 80287 o.ä) in einer Implementierung für einen PC zur Verfügung steht. Die dort enthaltenen Routinen benutzen den Coprozessor etwa zur Berechnung der Winkelfunktionen und sind erheblich schneller.

```
DEFINITION MODULE MathLib0;
```

(* Folgende Konstanten sind nicht Bestandteil von Wirth's Definition des MathLib0-Moduls, sie stehen aber in Waterloo-Modula Benutzerprogrammmen zur Verfügung.   *)

```
CONST pi   = 3.14159265358979;
      e    = 2.71828182845904;
      ln10 = 2.30258509299405;

PROCEDURE sqrt (x: REAL): REAL;
```

(* berechnet die Quadratwurzel („square root") √x. Wenn x < 0 ist, wird als Wert x zurückgegeben.   *)

```
PROCEDURE exp (x: REAL): REAL;
```

(* berechnet den Wert der e-Funktion in x.   *)

```
PROCEDURE ln (x: REAL): REAL;

(* berechnet den natürlichen Logarithmus von x. Wenn x ≤ 0 ist, wird als
   Wert x zurückgegeben.                                                *)

PROCEDURE sin (x: REAL): REAL;

(* berechnet den Wert der Sinus-Funktion in x.                         *)

PROCEDURE cos (x: REAL): REAL;

(* berechnet den Wert der Cosinus-Funktion in x.                       *)

PROCEDURE arctan (x: REAL): REAL;

(* berechnet den Wert der Arcustangens-Funktion in x.                  *)

PROCEDURE real (x: INTEGER): REAL;

(* konvertiert eine INTEGER- in eine REAL-Zahl.                        *)

PROCEDURE entier (x: REAL): INTEGER;

(* berechnet die größte INTEGER-Zahl, die kleiner oder gleich der
   REAL-Zahl x ist. *)

END MathLib0.
```

12.5 *Storage*

Der Modul Storage zur dynamischen Speicherverwaltung enthält in einigen
Implementierungen auch die Funktionen NEW und DISPOSE zum Anlegen bzw.
Freigeben eines Speicherplatzes, die lediglich eine Adresse als Parameter ent-
halten. Sie benutzen die Prozeduren ALLOCATE bzw. DEALLOCATE, die an
Stelle von NEW bzw. DISPOSE importiert werden müssen. In der Waterloo-
Implementierung sind NEW und DISPOSE nicht vorgesehen.

```
DEFINITION MODULE Storage;

   FROM SYSTEM IMPORT ADDRESS;

   PROCEDURE ALLOCATE (VAR a: ADDRESS; size: CARDINAL);
```

(* reserviert `size` Bytes dynamischen Speicher und speichert die Adresse dieses Speichers in a. Fehleranzeige, wenn nicht genügend Speicherplatz vorhanden ist, vgl. `Available`   *)

```
PROCEDURE DEALLOCATE (VAR a: ADDRESS; size: CARDINAL);
```

(* gibt den Speicherbereich frei, der vorher mit ALLOCATE (a, size) angelegt worden ist.   *)

```
PROCEDURE Available (size: CARDINAL): BOOLEAN;
```

(* stellt fest, ob noch `size` Bytes für das Anlegen eines dynamischen Speicherbereichs zur Verfügung stehen.   *)

END Storage.

12.6 SYSTEM

Während die vorgenannten Definitionsmoduln in Form ihrer Quellenprogramme vorliegen und in den verschiedenen Implementationen auch als solche dem Benutzer zur Verfügung stehen, ist der hier zu beschreibende Modul SYSTEM in der Regel nicht (bzw. nicht vollständig) in Modula geschrieben. Zur abkürzenden Erklärung sei hier ein „Pseudo-Definitionsmodul" angegeben. Es sei betont, daß dieser systemabhängige Modul in den einzelnen Implementierungen sehr unterschiedlich realisiert ist. So enthält die derzeitige Version von Waterloo-Modula nicht den Typ PROCESS und die Prozeduren CODE, NEWPROCESS und TRANSFER.

```
DEFINITION MODULE SYSTEM;

   TYPE BYTE;
        WORD;
        ADDRESS = POINTER TO WORD;
        PROCESS;

   PROCEDURE ADR (x: beliebigerTyp): ADDRESS;
```

(* ergibt die Adresse von x   *)

```
PROCEDURE CODE (b1, b2, ... : BYTE);
```

(* b1, b2, ... sind Konstanten, die einen an der Stelle des Aufrufs einzufügenden Maschinencode beschreiben.   *)

```
PROCEDURE TSIZE (beliebigerTyp): CARDINAL;
```

(* ergibt den Speicherbedarf einer Variablen des genannten (beliebigen)
Typs in Bytes   *)

```
PROCEDURE NEWPROCESS (P: PROC; A: ADDRESS; n: CARDINAL;
                      VAR q: PROCESS);
```

(* P ist eine parameterlose Prozedur, die als Coroutine gestartet wird und
q eine Referenz zu dieser Coroutine. n ist die Größe eines dynamischen
Speicher-Bereichs und A eine Referenz zu diesem Bereich, der dazu
dient, die lokalen Variablen von P und den Zustand des Prozesses q zu
speichern.   *)

```
PROCEDURE TRANSFER (VAR p, q: PROCESS);
```

(* hält den Prozeß p an und aktiviert den Prozeß q, (überträgt die Kontrolle
vom Prozeß p zum Prozeß q). p und q sind im Normalfall mittels
NEWPROCESS definiert worden (ausgenommen der Prozeß Main).   *)

```
END SYSTEM.
```

INDEX

A

B

C

P

Parallele Programmierung mit Modula-2

von Ernst A. Heinz

1990. X, 255 Seiten. Kartoniert DM 59,–
ISBN 3-528-04717-8

Das Buch bietet sowohl eine praxisorientierte Einführung in die Theorie paralleler Programmierung wie auch eine wertvolle Toolsammlung für Programmierer, die professionell mit Modula-2 programmieren wollen.

Modula-2 ist die einzige Programmiersprache, die parallele Prozesse auch auf kleinen Rechnern wie PCs unterstützt. Das hier vorgestellte Buch zeigt, wie diese Möglichkeiten systematisch ausgenutzt und in effiziente Programme und Bibliotheksmodule verwandelt werden können. Durchsetzt von vielen Beispielen, die sukzessive eine sinnvolle Sammlung von Programmbausteinen ergeben, werden die Grundlagen der Parallelprogrammierung entwickelt. Angefangen bei Coroutinen über die Untersuchung von Prozessen, Zentrales Dispatchen, Signale als Synchronisationselemente, Semaphore bis hin zu botschaftsgekoppelten Prozeßsystemen findet der ernsthafte Modula-2 Programmierer alles, was er für die professionelle Programmierung mit Modula-2 benötigt.

Ernst A. Heinz ist am Fachbereich Informatik der Universität Karlsruhe tätig und ist mehrfacher Autor.

Vieweg Verlag · Postfach 58 29 · D-6200 Wiesbaden 1